税制再建

成熟経済下における政策税制のあり方

井上喜文 著

本書は「日本の現況、すなわち成熟経済下における税制のあり方を明らかにすること」を目的としている。筆者の問題意識が「今でも（成熟経済下でも）、昔の（高度成長期の）政策を引きずって使い続けてよいのか」という点にあることはすでに述べた。この政策検証のフレームワークが「高度規制型」と「成熟市場型」の対比となる。

ここで触れておきたいのは、「個々の企業行動の総和（シグマ）が経済である」という（経済・社会状況をとらえるに際しての）筆者独自のものの見方である。

「法律上の制度」と「経済」との関係は、しばしばマクロ的な数値や因果関係で語られる。しかし現実には、法律上の制度が「個々の企業」の意思決定に影響を与えた「結果の集積」が、経済現象として顕在化しているのである。

すなわち、「法律」上の制度が「経済」に期待される影響を与える場合には、常に個々の「企業（経営）」における意思決定を経由することが考えられるので、この基本的な見方に立って、法学と経済学と経営学（企業経営）の重なり具合・相互作用をできるだけ定量的（実証的）に把握するよう努める。

なお、この見方の効用は、次のような点にある。つまり、「成熟市場型」においてはマーケット・メカニズムを重視することが大前提として存在するため、市場における企業の動きをつかんでおくことが、「市場」と「政府」の距離感（どこまで政府は市場に関与するのか、また政府による当該関与の効果）を測るうえで肝要となる。本書では、こうした見方に基づいて実証研究を積み重ねていくに従い、市場の声を聞く（企業実態を踏まえる）ことの重要性が改めて確認できればよいと考える。

清文社

はしがき

税制のあり方は経済再生の確固たる基盤を築く鍵であるとして、昨今、税制論議がかまびすしい。すなわち、日本が少子高齢化の進展により、「活力なき老大国」となるのではないかという懸念から、「経済活性化につながる抜本的な税制改革」について、喫緊の課題として多方面から税制に関する政策提言がなされている。

本書は、高度成長期から成熟経済へと我が国の経済状況が移行したことに対して、現在の政策税制が整合的に変更されていないことを実証的な調査を踏まえて論証し、あるべき「政策税制のあり方」を提言したものであり、とかく観念的な議論に陥りやすい租税優遇措置等の検討を実証的に行った点に特徴がある。

筆者は、日経金融新聞のコラム欄を担当するなど、日本の経済・社会情勢に対して定期的に政策提言を行ってきた。ここで常に示してきた基本的なものの見方、すなわち、日本の現況はかつての高度成長時代とは「明らかに断絶がある」という時代認識をベースにして、政策税制のあり方を検討している。この検討に際しての問題意識は、次の３点である。

つまり、「①成熟経済下でも昔（高度成長期）の政策を引きずって使い続けてよいのか」「②高度成長期と成熟経済下では必要とされる政策の中身は何が違うか」「③高度成長期の政策を成熟経済下でどう適応させればよいか」を切り口にして、現行の政策税制を評価し、政策提言を行った。

本書は５つの章から成り立っている。日経金融新聞等に寄稿したコラムなどを踏まえて、時代認識・問題意識・作業仮説を示した「第１章 序論」から始まり、企業課税（政策税制）と企業行動の関連をいくつかの分野において実証的あるいは歴史的に検証する「第２章 産業政策における租税優遇措置」、「第

３章 産業再生政策における税制」、「第４章 フリンジ・ベネフィット課税と企業行動」、さらに結論を提示する「第５章 『成熟市場型』政策としての税制」から構成されている。

第２章は、財団法人 納税協会連合会主催の「納税月報600号記念 税の小論文」で入選したものに加筆し、第４章は、日本税理士連合会・財団法人 日本税務研究センター共催の「日税研究賞（第23回 研究者の部）」での入選論文に海外の事例等を付け加えて大幅加筆したものである。また、第３章は経済産業省（旧 通商産業省）の産業再生政策の歴史的変遷を「税制」を切り口に考察したものであり、第２章、第３章、第４章は各々にまとまりある内容となっているので、読者諸氏におかれては興味のあるところから読み進めていただければありがたい。

成熟経済下における政策税制のあり方の提示といった課題に取り組むのは、研究を志してからたかだか６年の筆者が取り組むテーマとしては内容的に欲張ったものである。この点は読者諸氏のご批判を仰ぎつつ、学界と実務界の架橋を志向する筆者としては、それを真摯に受け止め、今後の研究の糧としたい。

ただ、本書の内容に関する責任の一切は筆者にあるものの、その浅学菲才の筆者が本書を世に問い、本としての体裁をどうにか保つことができたのは、多くの方々からのご指導、ご支援によるものであることは明記しておきたい。

まず、お二人の恩師にお礼を申し上げたい。

神戸大学法学研究科教授 山下淳先生には、「税制と企業行動の関連」という新しい学問領域への関心を掻き立てていただいた。

神戸大学法学研究科教授 佐藤英明先生には、「租税法」の基礎から教えていただき、ゼミナール一期生としてひとかたならぬご指導を賜った。仮に、筆者に研究基盤というものがあるならば、それは佐藤先生より植え付けていただいたものである。また、本書の刊行に際してもご高配を賜った。

次に、「法学と経済学と経営学の交叉」という視点で筆者を鍛えていただいた方々に感謝したい。日本経済新聞社元証券部長 和佐隆弘先生、同論説委員兼編集委員 末村篤先生からは、日本の経済・社会をどう見ればよいかというビューポイントを鍛えていただき、日本経済新聞社 東京本社関連企業室担当部長 村松孝訓先生からは、日経金融新聞のコラム執筆のご縁を頂戴するなど大変お世話になった。心からお礼を申し上げたい。

また、筆者が勤務している松下電工株式会社では、実務と研究の二足の草鞋をお許しいただき、申し分ない環境を与えていただいた。特に、筆者が秘書としてお支えした故・三好俊夫名誉会長には、その社長時代から通算して８年間の長きにわたり「経営者としての物事の見方」を鍛えていただいた。筆者の今日があるのも故三好名誉会長のご指導の御蔭である。上司として温かいご配慮をいただいた日野田知也部長、同僚として支えてくれた平松照久主任にも、ここに衷心より謝意を申し上げる。

さて、政策税制のあり方は、まさに新興研究領域・テーマである。本研究をめぐる取材では、多くの実務家や税理士の諸先生からのご支援を頂戴した。関西経営者協会理事 松原武夫氏にはサーベイ調査にご協力いただいた。大学院で一緒に勉強させていただいた税理士の垂井英夫先生、公認会計士の倉島鉄一先生からは、多くのヒントを与えていただいた。近畿税理士会東住吉支部の桑野秀朗先生、太口登喜一先生、竹岡裕章先生、喜多綾子先生、奥野茂広先生などの諸先生方からは、日ごろから税務の現場についての生の情報を提供下さっている。筆者にいろいろな情報を提供下さったお一人お一人のお名前を挙げることは叶わないが、改めて感謝する次第である。また、本書の刊行・編集作業に労をとっていただき、校正面で懇切丁寧なアドバイスを下さった清文社取締役吉永洋輔氏、出版開発室の坂田啓氏に心からお礼を申し上げる。

最後に、実務と研究というハードな生活を許し、支えてくれた妻 麻紀と皓喜・由麻の二人の子供にも感謝したい。

2002年３月

大阪（平野）にて

井上喜文

目　次

第２章　産業政策における租税優遇措置

第３章　産業再生政策における税制
——通商産業省（現 経済産業省）の時限立法群の考察——

第５章　『成熟市場型』政策としての税制

装幀　東 雅之

第1章　序　論

第1節　時代認識

〔1〕はじめに

日本の経済・社会が大きな転機を迎え、これまで続けられてきた諸々の制度や政策などに「変化が必要である」との指摘は、すでに各界で多くなされている[(1)]。

しかし、特に政策について個々に見れば見るほど「変化」があまり感じられない。すなわち、為政者（政治家や官僚）の大半が未だ「昨日かくてありけり明日もまたかくてありなん」という過去の延長で将来を見るという発想から抜けきれていないと筆者は考えている。

日本の諸状況が変わっているのに未だ政策は変化（対応）しきれていないのではないかという筆者の感覚について、その実態はどうなのか、「本当に時代の変化と政策にギャップがあるのか」を本書では検証していきたい。

まずは本書が「日本の現況、すなわち成熟経済下における税制のあり方を明らかにすること」を目的としていることに関連して、「日本の現況」の筆者なりのとらえ方について論述する。

各種の統計データによる日本の現況に関する筆者のとらえ方の裏付けは、次の〔2〕項にゆずるとして、ここでは筆者がこの分野の研究を開始した1996年頃から一貫して持ち続けていた日本の経済・社会情勢に対する認識を示しておきたい。ちなみに、筆者は『日経金融新聞』(2)のコラムを1996（平成8）年11月から2000（平成12）年2月まで計34回担当し、執筆した。ここで論述した内容をいくつか紹介することで、筆者が今なお低迷する日本の経済・社会をどう見ているかを明らかにしたい。

【過去の高度成長時の感覚を引きずる危険性】

第1に国民（政治家・官僚・経営者・従業員・その他一般大衆・メディア）の大部分が、未だ「日本が成熟経済社会に突入したこと」を明確に意識していないのではないかという疑念を筆者は1996年頃抱いていた。

例えば、96年（暦年ベース）の日本の実質ＧＤＰ(3)成長率は3.6%であり、91年は3.8%であったので、数値上、96年当時はバブル絶頂期と同等の水準にあった。しかし、当時の「日銀短観」(4)を踏まえて、日本銀行および政府は「緩やかな回復」と景況を表現した。これは景況判断を下した日本の経営者が、当時、「良い」が「悪い」を若干上回る回答を寄せたためである。ただし、この時点での景況感を「悪い」と回答した企業の経営者は、本当に業況が悪いから「悪い」としたのか、インフレ的な（名目値の）成長感がないと「良い」と答えられなかったのか、どちらであったのかという疑問が残る。筆者は当時、成熟経済下における日本経済の構造調整途上にあっては「今が景気のピーク」くらいの肌感覚が必要であると指摘し、また政府も「緩やかな」という言葉で、今後まだまだ景気が良くなるという幻想を国民に与えるべきではないと提言した。

（「景況 肌感覚の修正を」97年4月21日付『日経金融新聞』）

その後の政府の動きを見れば、短期的な景況判断については現実を直視して率直な表現に改める動きが見えた。特に、98年に堺屋太一氏が経済企画庁長官となってからは「月例経済報告」[5]が分かりやすく書き直され、いたずらに国民の期待を煽ってきたことが反省された。しかし、政府の中長期の見通しは楽観的であり続けた。堺屋長官は就任記者会見で「1,200兆円の個人金融資産など日本経済は基本的に強く、もっと自信をもってほしい」と述べたが、筆者は、個人金融資産は政府部門などその運用先でのＲＯＩ（投資利益率）軽視の放漫運用で相当傷んでいることを指摘し、日本の中・長期の見通しを正確に示す必要があると論じた。

（「企画庁長官への期待」98年８月31日付『日経金融新聞』）

【異常低金利と破壊的財政負担を是認することの危険性】

第２に、96年頃の世相として、国民の大部分が従来型の景気浮揚政策を依然として望み、構造改革に踏み出すことを躊躇しているのではないかという疑念を筆者は抱いていた。

例えば、95年４月19日に外国為替相場で１ドルが80円を割り込んだことに対応して、輸出企業を中心に人員削減を含む荒療治が随所で断行され、「自助努力による現状打破」は大企業から中小企業まで浸透していたにもかかわらず、96年11月頃に１ドルが110円台となるに至って企業の自助努力による構造改革の動きが緩慢となり、補正予算編成時には「もっと大規模な予算を」という声が各種経済団体から出されるようになった。このような世論に対して筆者は、破壊的財政負担を是認してこれを前提に経営することの危うさを指摘し、痛みを伴う改革に耐えられない人々が増えているとすれば問題であると論じた。

（「攻めの経営しかない」96年12月13日付『日経金融新聞』）

また、もう１つの経営の前提となりつつあったのが異常低金利である。97年の春頃、自民党行革本部に代表される政界や連合など労働界からは、外為法改正後の資本の海外への逃避懸念や年金生活者の苦しさを理由に、当時の公定歩合0.5％の引上げを求める声が強まった。筆者は、こうした声には論理の飛躍性や多分に情緒的な面もあるので直接的には賛意を示しかねるが、そもそも超低金利政策は緊急避難として実施されたはずで、20ヶ月あまりも緊急状態を続けてよいかどうかは疑問であると指摘し、企業経営者の意識の中で「金利は本来、動くものである」という認識が薄らいでいる危険性を述べて金融政策に機動性を取り戻す必要性を説いた。

（「低金利への避難、もう十分」97年５月29日付『日経金融新聞』）

【土地神話（右肩上がりの地価）復活期待の危険性】

第３に、90年代後半に入って地価が続落傾向を続けていたにもかかわらず、いずれまた地価は右肩上がりに戻り、「地価上昇がすべての傷をいやす」という資産インフレ期待が、国民の中にしぶとく残っているのではないかという疑念を筆者は抱いていた。

97年の初め頃、不良債権処理に絡めて「土地対策求む」という声が高まり、地価を無理やり押し上げようとする動きが見られた。しかし、筆者は地価の動きを名目国内総生産（ＧＤＰ）との倍率で経年的に見ることで分析し、資産インフレとその反動は過去３回あり、回を重ねるごとにひどくなっていると指摘した。すなわち、土地資産額（時価）を分子に、名目国内総生産を分母にとれば、最初の山は1962（昭和37）年で、土地の対ＧＤＰ比は約2.0倍であり、２度目は列島改造ブームを受けての73年で約3.2倍に達した。この後、一時、2.3倍まで縮小したが、再びバブル期に拡大して90年に３度目の山をつけて土地の対ＧＤＰ比は約5.5倍となった（次頁の**図表Ⅰ-１　土地価格の対名目ＧＤＰ比（倍率）**を参照されたい）。日本企業は、この価格面で右肩上がりを続けてきた土地を担保に金融機関からの融資を受けることが多く、また経営者も土地に関する簿価と時価の差（含み益）を前提に経営をしている限り、深層意識から資産インフレ期待が消えることがない、と論じて時価会計の導入と資産再評価の必要性を訴え、さらに「上がる所は上がり、下がる所は下がる」という地価の二極分化が望ましいと結論付けた。

（「土地対策で資産インフレ禁物」97年１月31日付『日経金融新聞』）

図表Ⅰ-1　土地価格の対名目GDP比（倍率）　　**暦年ベース**

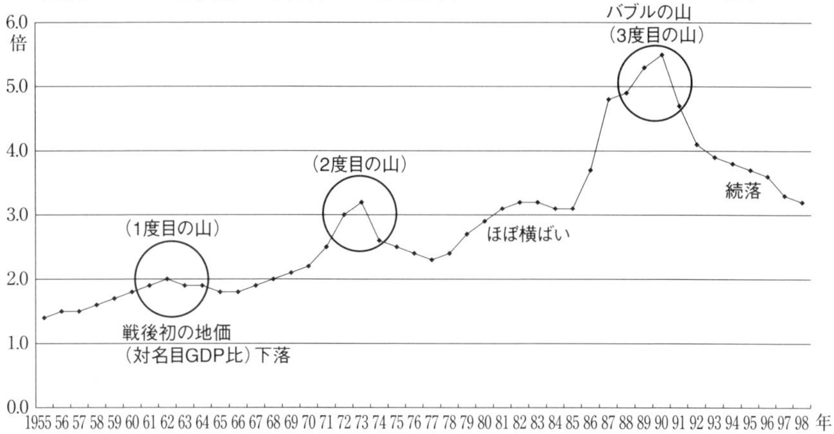

(暦年ベース)			単位:10億円	
	元号	a GDP（名目）	b 土地	倍率b/a
1955	S30	8,370	11,814	1.4
1956	31	9,422	13,913	1.5
1957	32	10,858	16,066	1.5
1958	33	11,538	18,747	1.6
1959	34	13,190	22,227	1.7
1960	35	16,010	29,105	1.8
1961	36	19,337	35,782	1.9
1962	37	21,943	43,105	2.0
1963	38	25,113	47,688	1.9
1964	39	29,541	55,688	1.9
1965	40	32,866	60,452	1.8
1966	41	38,170	70,514	1.8
1967	42	44,731	85,661	1.9
1968	43	52,975	106,926	2.0
1969	44	62,229	132,758	2.1
1970	45	73,345	162,975	2.2
1971	46	80,701	197,998	2.5
1972	47	92,394	277,272	3.0
1973	48	112,498	356,349	3.2
1974	49	134,244	354,198	2.6
1975	50	148,327	376,674	2.5
1976	51	166,573	400,959	2.4

(暦年ベース)			単位:10億円	
	元号	a GDP（名目）	b 土地	倍率b/a
1977	52	185,622	430,384	2.3
1978	53	204,404	490,726	2.4
1979	54	221,547	590,143	2.7
1980	55	240,176	700,107	2.9
1981	56	257,963	798,351	3.1
1982	57	270,601	855,064	3.2
1983	58	281,767	888,576	3.2
1984	59	300,543	927,788	3.1
1985	60	320,419	1,003,392	3.1
1986	61	335,457	1,257,118	3.7
1987	62	349,760	1,671,873	4.8
1988	63	373,973	1,840,216	4.9
1989	H1	399,998	2,136,854	5.3
1990	2	430,040	2,365,364	5.5
1991	3	458,299	2,173,287	4.7
1992	4	471,021	1,944,174	4.1
1993	5	475,381	1,864,596	3.9
1994	6	479,260	1,823,876	3.8
1995	7	483,220	1,774,703	3.7
1996	8	500,310	1,777,845	3.6
1997	9	509,645	1,680,063	3.3
1998	10	498,499	1,616,473	3.2

出典　長期遡及主要系列「国民経済計算報告」－平成２年基準－（昭和30年～平成10年）
内閣府経済社会総合研究所編

また、98年９月にこの年の基準地価が発表され、「７年連続下落」を受けて、ある識者は「国内総生産（ＧＤＰ）と地価との関係を長期的に見ると、最近の地価の下落は行き過ぎ」と指摘するなど、地価に関して、依然として過去の延長で将来を見る意見も聞かれた。しかし、筆者はあえて2050年の社会を人口面から考察することで、土地神話の復活はあり得ないと指摘した。すなわち、厚生省（現 厚生労働省）の将来人口予測の低位推計(6)によると、2050年の日本の総人口は約9,230万人となり、約50年間で人口が3,390万人も減少することが見込まれ、国全体で人口が増えている時と減っている時では土地需要に雲泥の差がある点を強調した（詳細は〔２〕項【人口・世帯】（15頁）を参照されたい）。さらに、イギリスやアメリカでは土地の対ＧＤＰ比は約1.0倍前後で長期間安定しているのに対して、日本では96年時点でも依然として約3.6倍と高いことなどを踏まえ、現下の地価下落は、土地による過剰な信用創造を行ってきたことへの是正という側面もあって、地価の二極化が恒久化することを冷静に受け止める必要があると論じた。

（「土地神話 復活あり得ず」98年９月29日付『日経金融新聞』）

【政府による「市場」統制の危険性】

第４に、為政者（政治家・官僚）の一部には「市場をコントロールしたい」あるいは「支配可能である」という意識が依然として根強く存在しているのではないか、という疑念を筆者は抱いている。

例えば、98年３月期末に向けての株価対策は、日本の証券市場の将来に禍根を残すひどいものであった。97年末頃から政府・与党の要人などによる口先介入が激化し、その節目ごとに当局が公的資金で買い支えて株価が「上がった」とアナウンスし、株価維持（ＰＫＯ(7)）に狂奔していた。仮に、証券市場において公的資金による「買い」が入る水準が日経平均株価で１万5,000円であるとすれば、市場参加者は１万5,000万円水準まで安心して「売り」基調の取引ができる（日経平均株価の算出基準になるのは225銘柄と特定されており、しかも公的資金が「買い」を入れる銘柄は産業分野ごとの代表的企業と予想されることから、市場参加者が「売る」銘柄を絞り込みやすいのが実情であった)。すなわち、どこまで売り込めば「ＰＫＯ」が発動されるか、カラ売り[8]派にとって分かりやすい『市場』にしておきながら、他方、カラ売りがひどくなると、これを規制するなどの措置がとられた。筆者は、このような事態に接し、「多くの主体が出てきて売買する、自由で透明な価格形成の場が『市場』であるはず」と指摘し、市場に大衆資金を呼び込む処方箋を書かずに場当たり的対策に終始する政府・与党の姿勢に疑問を投げかけた。そして、98年時点で「ＰＫＯ」が本格的に始まって６年目を迎え、巨額の資金で買い支えれば買い支えるほど市場参加者が減っていくという悪循環を清算すべきであると提言し、眼前に広がる『統制の場』を市場と呼ばなければならないところに、日本の真の危機があると結論付けた。

(「市場破壊するＰＫＯ」98年３月31日付『日経金融新聞』)

【政府による「禁じ手」的政策出動の危険性】

第５に、後の処理の見通しを持たずに、いわゆる相撲で言うところの「禁じ手」的な政策を為政者が打つのではないか、という疑念を持っている。

例えば、99年の春頃、すでに秋口をにらんで「もっとお金をだぶつかせよう」とか「もっと公共投資を追加させよう」といった議論が行われ、いわゆる「何でもあり」路線で近視眼的対策が多く構想されていた。具体的には、市中消化の難しいような企業の社債を日銀が購入してはどうか、といった政策提起などが行われた。筆者は、こうした政策はかえって日本の経済力を弱めることを説き、仮にこうした政策が実行された場合の結果責任は誰がとるのか、と疑問を投げかけた。すなわち、信用リスクの高い企業の社債を日銀が買い支えることは、国による企業総抱えと同じことであり、結果的に非効率企業の「市場からの退場」を阻害する点を指摘し、こうした安易な政策によって経済がクラッシュした場合の国民への被害は甚大なものになると警鐘を鳴らした。

(「最悪の場合の説明が必要だ」99年４月13日付『日経金融新聞』)

また、99年秋には日銀の国債直接引受け(9)が政府で検討され、調整インフレ論(10)なども聞かれるようになった。例えば、元官房長官の梶山静六氏は「政府、大蔵省、財界、産業界は口にこそ出さないが、インフレを心の中で期待している。インフレでないと今の日本を救えない」と講演したことが報じられた(11)。筆者は、こうした報道に接し、「対話でなく力ずく」「透明でなく恣意的に」という政府の市場軽視の政策姿勢を批判した。そもそもインフレ政策というのはブラジルのようなハイパーインフレ(12)下でインフレを抑制する政策であり、現状のデフレ(13)ですらコントロールできないのに、インフレを「調整」したり目標を「設定」するのは無理であり、最悪の事態を想定すれば、国債の暴落あるいは統制不能な暴走インフレの発生など経済的弱者の困窮が見えている、と指摘した。すなわち、経済構造の改革途上の「高失業率下のインフレ」は悲惨であり、賃金の名目値の伸びはあまり期待できず、住宅ローンなどの負債額の膨らむスピードは速く、何より、一次産品や公共料金などの価格上昇についていけないのは年金生活者や失業者である点を強調したうえで、我々国民は、今後繰り出される政策を目利きする力を養う必要がある、と結論付けた。

(「国債の国民保有　要注意」99年11月24日付『日経金融新聞』)

【〔1〕の小括】

この項で示した5つの疑念を総合して勘案するに、筆者は日本の為政者たちの多くが「明日もまたかくてありなん」という、過去の延長（高度成長期的な感覚）で将来（成熟期に突入した日本経済）を見る姿勢を未だに持ち続けている、と結論付ける。

しかし、はたしてこれでよいのであろうか。筆者は為政者たちのこうした姿勢を非常に危惧する。

本来、中長期の冷徹な見通しから「今」を考えて政策を打つべきであると筆者は思っている。ＧＤＰの成長軌跡を構成要素別に厳しく見通せば、①民間設備投資の伸び率は（何の政策措置も講じられなければ）低下し、②公共投資も（一時的な政策発動を別にすれば）伸び率低下は必至で、③経常海外余剰(14)も直接輸出の減少から黒字幅が大幅に縮小し、④住宅投資や民間最終消費支出は失業率の上昇など所得環境の悪化がマイナスの効果を及ぼすというように、日本の中期的な成長率は、ごく小幅のプラスにしかならない。英国病と言われた頃のイギリスは、改革の痛みを嫌がる国民と無為無策の政治家によって長期間低迷し(15)、サッチャー女史が保守党党首に選出された1975年の実質ＧＤＰ伸び率はマイナス0.6％であった。女史の政権一期目（1979-82年）は平均でゼロ成長であり、日本も構造改革途上では、数年間は成長率の低迷が続くことを覚悟しなければならないと考える。イメージ的には、日本の実質ＧＤＰ成長率は、構造改革中、１％台後半も伸びれば上出来であり、例えば１％程度の成長率を前提に、財政再建や経済の構造改革に結びつく政策を行う必要がある。

次の〔２〕項では、（この項で論述したような）筆者が肌で感じている時代感覚、すなわち、高度成長社会と成熟社会の「非連続な部分」を各種の経済・社会指標の推移を見ることで、できるだけ客観的に明らかにしてみたい。

---

(1)　「変化への対応が肝要である」あるいは「日本の現況を踏まえた“従来型ではない”政策対応が必要である」といった変化の必要性を説く論者は多い。ここでは、筆者が本研究を行うに至った問題意識を持つうえで、大きな影響を受けた著書・論考等を紹介しておきたい。

まず、政治学的な見地から成熟経済に突入した日本の経済・社会が、「痛みを伴う構造改革に躊躇し、変革を先送りする様子」をかつての大英帝国の衰亡と重ね合わせて警鐘を鳴らしておられる中西輝政教授の歴史観からは、多くの示唆を得た。

中西輝政『大英帝国衰亡史』ＰＨＰ研究所（1997）201頁。

「歴史上、多くの大国が衰退していったが、どの大国も自らの衰退について気づかないまま、没落の日を迎えたものはなかった。それどころか、ほとんどの場合、迫り来る衰退の兆しに数々の“改革”策が繰り返し唱えられ、しばしば喧々囂々の大論争が行われ、しかもその果てに、結局は没落してゆくのであった。それにはおおざっぱに言って次の理由が考えられる。まず、それまでの長い成功を支えてきたシステムを変えること、それ自体の難しさがあげられる」

こうした歴史的な考察について、法政策の観点からどういうスタンスで理解すればよいかについて、阿部泰隆教授のご指摘を真摯に受け止めて、これを筆者の研究上のアプローチに反映させている（本書では、特に第３章での歴史的考察部分を参照されたい）。

阿部泰隆『政策法学の基本指針』弘文堂（1996）36頁。

「歴史はたんに過去に存在するものではなく未来のためにある。実定法学にかかわる歴史研究にあっては、現在および未来の法律学にとってどんな示唆が得られるかが明らかにされなければならない」

次に、時代の変化についてどう考えればよいのかを筆者に直接ご教示下さったのが、経済学者の宇沢弘文教授である。宇沢教授には1997（平成9）年12月29日に直接お話を聞く機会を得た。宇沢教授は「かつての社会主義的な計画経済は破綻し、今は、資本主義市場経済の世の中となった。ここでは“市場は間違うかもしれないが、それでも市場に委ねるより他ない。市場に委ねた方が結果的に効率的な資源配分がなされる”という合意を多くの者が持つことが大事である」と指摘され、現在においては、政府の統制ではなく市場を活用することの大切さを説かれた。このようなお考えは、宇沢弘文『宇沢弘文著作集　新しい経済学を求めて』岩波書店（1995）に示されている。

以上のような「公正な市場」を用いて、ある法政策を行って良いか悪いかの基準を出させようとした根岸哲教授の発想からは多くの影響を受けた（この点に関しては根岸哲「産業補助金・融資と法」『岩波講座　現代の法８　政府と企業』岩波書店（1997）146-147頁を参照されたい）。また特に、根岸教授はかなり早い時期（日本が成熟経済に突入する前段階）から、法政策の良し悪しをその目的と手段に分けてみることの重要性を指摘しておられる（これについては、根岸哲「企業の公的規制と補助」『岩波講座　基本法学７　企業』岩波書店（1983）254-255頁を参照されたい）。筆者もこの研究を通じて、ある政策の目的合理性と手段合理性を各々の観点から考察するアプローチにこだわっている。

宇沢教授の他にも、時代に合わせて政策の変化が必要であり、それは「市場」重視の方向で解決を図るべきとする方は多く、経済学者の伊藤元重教授や経済評論家の田中直毅氏など挙げればきりがないほどである。最近の論考で伊藤教授は、「産業の空洞化現象」について「空洞化は失業の増加や技術力の衰え、地方経済の停滞を引き起こしているが、しかしここで必要な政策は従来型の国内産業の安易な保護等ではなく、新産業の振興や研究開発支援、企業誘致に頼りすぎない地域活性化策などで（この空洞化を）乗り越えていくべきである」と指摘しておられる（これについては、伊藤元重『経済教室』日本経済新聞朝刊（2001年11月５日）を参照されたい）。また、田中氏は、従来型の政策の典型例である公共投資による景気下支えと国債の増発といった「大きな政府」指向を否定し、「日本がグローバル経済の動向に手も足もでなくなったのは、構造改革なきまま政府需要の積み上げ策を続けてきた結果である。財政規律の確立を通じて外からの衝撃にも強い日本経済の骨格を作り上げるべきである」と指摘している（これに関しては、田中直毅『経済教室』日本経済新聞朝刊（2001

年11月23日）を参照されたい)。

最後に、政策のうち筆者の主たる関心事が税制による政策誘導にあることに関連して、影響を大きく受けた論考を３つほど紹介しておきたい。第１に、「市場」重視時代の政府による民間部門の誘導的手法の１つとして「税制」を取り上げておられるのが中里実教授である。

中里実「国家活動と市場秩序」『公法学の法と政策（上)』有斐閣（2000）101頁。

「行政法“各論”＝実体法が（公共）政策法である以上、それが公共経済学と密接な関連を有するのはむしろ当然のことといえよう。このように考えていくと、経済学と親和的な法律学を公法の分野において打ち立てることが可能となる（一種の「法と経済学」)。公共政策法における各論＝実体法の望ましいあり方は、それが政策に関するものであるが故に、経済学の様々な分野と密接に関連してくるからである」

このような政策手段としての税制は、具体的には「租税特別（優遇）措置法」により規定される。第２に、この租税優遇措置について従来からの学説は「これをすみやかに全廃すべき」というのが大勢を占めていたが、現実に存在し続けているのだから、これを望ましい方向に「統制」するにはどうすればよいかという視点から、租税優遇措置の変化・変遷を研究することの大切さを指摘されたのが佐藤英明教授である。

佐藤英明「租税優遇措置」『岩波講座　現代の法８　政府と企業』岩波書店（1997）161-162頁。

「(前略）租税優遇措置は現実の政策手段として種々の場面で用いられている。これら多数の租税優遇措置は、すべて、学説が批判するような、いわば“裏の”理由のみで用いられているのであろうか。むしろ、租税優遇措置には、これまで学説があまり議論してこなかった何らかの合理性があると考えるべきなのではないだろうか。そして、もしもそのような“合理性”があるとすれば、それは限定的にせよ租税優遇措置を許容しうる基礎となると同時に、そのような合理性を有しない場面では租税優遇措置の利用は否定されるべきだ、という形で、租税優遇措置の統制論に新たな要素を付け加えることができると期待されるのである」

租税優遇措置が使われるか使われないかは、これも「時代の変化」によるものと筆者は考える。この際、例えば法人税に関する租税優遇措置であれば、企業の経営者や実務担当者が、当該租税優遇措置をどう考えるか（あるいは考えるようになったか）という人々の意識（心）まで踏み込むことが大事ではないかと考える。第３に、こうした人々の意識まで踏み込んで時代の変化をとらえることの重要性を指摘されたのが青木昌彦教授である。

青木昌彦「心の中の制度」『あすへの話題』日本経済新聞夕刊（2001年９月14日)。

「(前略）これまではうまく働いてきたと思われた諸制度の存在意義がいま問われている。しかし、制度というものは、どう変わりうるだろうか。学界のフロンティアでは、最近、制度を制度たらしめている本質は、法とか、政治機構の形式というよりは、そうしたものが作り出す、人々が共通に抱いている期待や信念にある、と考えるようになってきた。たとえば、終身雇用という制度は、私はこの企業に定年まで勤めるだろうという予想が多くの人によって当たり前のこととみなされている状態である。それが当たり前のものでなくなってきたという意味で、今は終身雇用制度の危機である」

(2) 日本経済新聞社の金融情報を専門に扱う日刊紙。発行部数約4.8万部で、企業の経営者・財務・経理・企画部門担当者、金融機関、機関投資家、高額所得者などが購読。

(3) 国内総生産（Gross Domestic Product）の略で、一国の経済成長度を示す。詳しくは〔2〕の【国民経済計算】およびその注解を参照されたい。

(4) 日本銀行が四半期ごとに実施する短期経済観測のことで、正式には「日本銀行 企業短期経済観測調査」という。主要企業が調査の対象で、景気の現状を調査し、設備投資や在庫投資、景況感の予測に使用する。計数調査（売上高、人件費など）と判断調査（現状および先行き見通しについて企業の判断をアンケート）の２本立てからなり、回答・回収には電話フォローを実施するなどその信頼性は高い。

(5) 経済企画庁（現 内閣府）が経済動向の微妙な推移に対して適切な判断を与え、政策発動の時期を誤らないように毎月、経済報告を幹部会議などによりまとめ、企画庁長官が月例経済報告閣僚会議に報告する。その月の主要経済指標の動きを説明し、それらを総合して現在の経済がどんな景気段階にあるかを判断し、経済情勢に対する統一的な見解を生み出すのが狙い。

(6) １人の女性が生涯にわたって産む子供の数（合計特殊出生率）を2030年時点で「1.61」と低く見て試算したものを低位推計という。ちなみに中位推計では「1.86」と見ている。詳しくは〔2〕の【人口・世帯】およびその注解を参照されたい。

(7) 株式ＰＫＯ（Price Keeping Operation）の略で、政府や公的機関による株価水準維持策の通称。郵便貯金や簡易保険資金を原資として株価を買い支える行為を指し、このＰＫＯという言葉自体は、1992(平成４)年の秋頃から市場で使われ始めた。

(8) 株式の信用取引を利用すると、一定の保証金を積むことによって現在持っていない株式を売ることができる。証券会社や証券金融会社から借りてきて株を売るもので、実物取引の形だが、持っていない株を売るためカラ（空）売りという。カラ売りしている株が値下がりした時、その株を買い戻して値ざやを稼ぐのが目的。1998年12月から一般の株券貸借市場で借り入れた株式（借株）による売りもカラ売り規制の対象に含めるよう制度が改正された。

(9) 国が発行した国債を日銀が市場を経ずに直接買い入れること。財政法第５条では、特別な理由で国会の議決がない限り日銀の公債引受けを禁じている。1998年末、国債増発による需給悪化懸念で長期金利が急上昇した。景気回復前の金利上昇は日本経済にマイナスとなるため、政治家などから日銀の国債引受けで国債の消化を促すべきだとの声が出た。しかし日銀は、「日銀が財政資金を融通することになり、通貨の増発に歯止めがかからず悪性インフレを招くことになる」として拒否している。先進各国でも中央銀行による国債引受けは制度的に禁止されている。

なお、1999年6月に自民党の大原議員は「日銀は国債引受けを」と発言し（「日経金融新聞」1999年6月10日)、また同年秋にかけて「日銀、外部圧力に屈した？」と題する記事も出るなど（「日経金融新聞」1999年10月14日)、99年末にかけてさかんに「日銀による国債の直接引受け」が論じられた。

(10)　国際収支の黒字超過や税収不足を是正するため、外国とのインフレ調整を目的に国内でとられるインフレ政策。物価を上げて国際競争力を弱め、国際収支をバランスさせたり、物価と関わりの深い法人税、物品税などを増やしたりしようとする考え方。バブル崩壊後の資産価格急落局面では、不良債権の急増を食い止めるとして、銀行関係者から調整インフレを促す意見が出された。

(11)　日本経済新聞朝刊の報道による（1999年10月19日)。

(12)　超インフレ（Hyperinflation）のこと。ちなみにブラジルの場合、ハイパーインフレを克服するために「レアル・プラン（Real Plan)」を実施した。レアルプランとは、ピーク時に2,708.6%というインフレ率を記録したブラジルが、95年に就任したカルドーゾ大統領が「通貨をレアルに改めて為替相場を固定」したおかげで、96年にはインフレ率を8.2%にまで下げることに成功した、一連の施策をいう。

(13)　デフレーション（deflation）の略。インフレが広範な超過需要の存在する状態であるのに対して、デフレは広範な超過供給の存在する状態である。インフレは物価騰貴をもたらすが、デフレは継続的な物価下落をもたらす。例えば生産過剰から供給過剰になっている状態はデフレである。一般に供給が需要より多ければ物価は下がり、企業の収益は減るか欠損を出すために不況となる。もし、価格協定などによって物価の下落が食い止められることはあっても、失業の増大という形で不況に陥る。以上はモノの面から見た場合であるが、おカネとモノの関係からみると、通貨量が物資の流通量より少ない状態とされている。デフレには好景気、不景気の交代とともに起こる循環デフレとインフレ抑制のための政策デフレがある。政策デフレは金融引締めや財政緊縮などによって起こる。

(14)　国民所得統計の一項目。輸出や輸入など対外経常取引を通じた経済活動の動きを示す。この場合、輸入は国民所得を計算するうえで控除される決まりとなっている。このため、輸出等から輸入等を引いたものが経常海外余剰となる。

(15)　前掲注(1)中西（1997）307頁。

「そこでは人びとのあいだに、“衰退”という真実にだけは何としても目をそむけようとする不自然なほどのタブー感がみなぎっていた。それはあたかも、老衰の進行を自覚しつつあった人間が逆に、ある時点からそのことを認めたがらなくなるのと似ている。そしてその“真実のとき”を見逃すとき、破綻はいっそう惨めなものとなる」

「英国病」とは中西教授の指摘されるように、第2次対戦後、世界における覇権がイギリスからアメリカに移行したにもかかわらず、かつての大英帝国の気概のみ持ち続けて、何ら社会改革に取り組まなかった様をいう。例えば、1970年代のイギリスでは、労働者の欠勤率の増加、あるいはストライキの多発などで経済が停滞していた。この「英国病」と呼ばれるイギリス経済の衰退に関する諸見解の紹介については、村田邦夫『イギリス病の政治学』晃洋書房（1990）27-58頁、および、阿部望『現代イギリスの産業競争力』東海大学出版会（1999）39-51頁が詳しい。

〔２〕主要 経済･社会指標の推移

この項では、本書が「日本の現況、すなわち成熟経済下における税制のあり方を明らかにすること」を目的としていることに関連して、〔１〕で示した筆者なりの「日本の現況のとらえ方」を各種の統計データに基づき、フォローしてみたい。

ここで取り上げる日本の人口、経済、社会などに関する基本的統計データについては、総務省統計局統計センターの『ＰＳＩ年報』(1)に準拠することとする。

【人口・世帯】

次頁の、**図表Ⅰ-２　日本の人口および合計特殊出生率の動向**を参照されたい。

このグラフは、総務省「国勢調査報告」厚生労働省「日本の将来推計人口(棒グラフの白抜き部分)」などに基づき、筆者が作成した。単位は人口（棒グラフ、左目盛）が「万人」、合計特殊出生率（折れ線グラフ、右目盛）は「実数」である。

日本の人口(2)は、1950（昭和25）年に約8,412万人であった。これが1960年には約9,430万人、70年には約１億467万人、80年には約１億1,706万人、90年には約１億2,361万人、2000（平成12）年の速報では約１億2,692万人となっている。将来推計人口(3)を見ると、中位推計(4)では2007（平成19）年の約１億2,778万人を頂点に以降、日本の総人口は減少に向かう見込みである。

15歳以上人口のうち就業意思のある人口比率を表す労働力率を掛けたものを労働力人口と呼び、日本の将来の労働力がどうなるかは、15歳以上人口と労働力率が将来どうなるかにかかってくる。労働力率は特に女性の就業意識や高齢者の社会参加意識の高まり等で上昇が見込まれるが、他方、人口の方は確実に大規模に変化する。労働力人口のベースになる15歳以上人口は、総人口と同じく2007年の約１億951万人を頂点に以降、年々減少することが見込まれている。ちなみに、15歳以上65歳未満の人口を生産年齢人口と呼び、これは1996（平成８）年の約8,716万人をピークに、すでに減少し始めている。

こうした人口の動きを簡単に分析し、考察してみたい。まず、総人口については1950年から60年にかけて年率約1.1%、60年から70年にかけても約1.0%で伸び、70年から80年にかけても約1.1%と順調に伸びていた。これが80年から90年にかけて年率約0.5%と鈍化し、90年から2000年には約0.3%の伸びということで急減速している。次に、15歳未満の年少人口の減少や生産年齢人口の減少は、高齢化と相まって労働生産性の低下を引き起こす。さらに、人口減少により消費や貯蓄も減少すれば、低成長型の社会、すなわち「成熟社会」になることは避けられない。高齢化は福祉や年金などの社会コストの増大にもつながるため、いわば社会全体として、収入が少なく支出が多い「赤字状態」となる危険性も視野に入ってこよう。「人口・世帯」動向からいえることは、戦後一貫して伸びてきた人口が90年代に入って急減速し、そして近い将来、減少するという事実を直視する必要があり、福祉や年金などの政策・制度上の見直しが、もはやまったなしの状況にあるということである。

図表Ⅰ-2　日本の人口および合計特殊出生率の動向

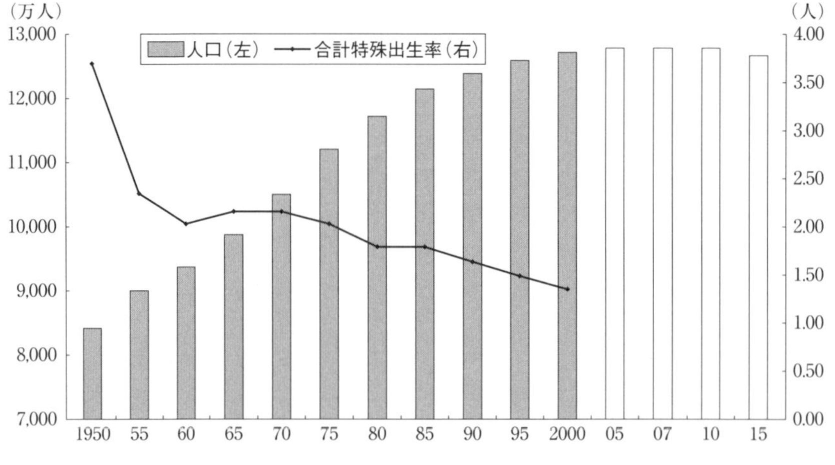

【労働・賃金】

下記、**図表Ⅰ-３　日本の完全失業率の動向**を参照されたい。

このグラフは総務省「国勢調査報告」に基づき、筆者が作成した。

日本の完全失業率(5)は、1950年では約2.0％であった。これが60年には約1.5％、70年には約1.2％、80年で約2.1％である。この後、87（昭和62）年に一時、約2.8％を記録したものの1990年で約2.1％と長らく失業率は2％前後で低位安定していた。これが、93（平成５）年に約2.6％、94年で約2.9％、95年には約3.2％と３％を突破し、98年には約4.3％となって４％を超えて、直近（2001年）では単月で５％台を記録するなど（2001年11月には過去最悪の5.5％を記録する。）雇用状況は急激に悪化している。

他方、従業上の地位別就業者数(6)を見れば、自営業主は1950年で約929万人存在していたが、60年では約963万人、70年では約1,015万人、80年には約954万人と減少し始め、90年には約870万人、2000年では過去最低の731万人まで落ち込んでいる。

さて、産業別就業者数(7)を見れば、労働力がどの産業からどの産業へ移動したのかという雇用吸収力の変遷が見てとれる（次頁、**図表Ⅰ-４　産業別就業者数の動向**を参照されたい）。

図表Ⅰ-３　日本の完全失業率の動向

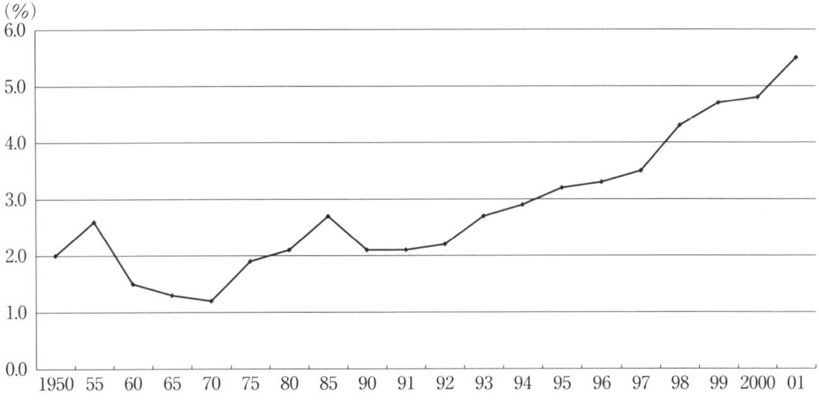

このグラフは総務省「国勢調査報告」に基づき、筆者が作成した。

1950年時点では農林業分野で約1,653万人が就業し、他方、製造業は約569万人、サービス業は約328万人であった。これが1980年では農林業で約565万人、製造業で約1,325万人、サービス業で約1,029万人となり、直近の2000年時点では農林業が約297万人、製造業が約1,321万人、サービス業が約1,718万人となっている。

図表Ⅰ-4　産業別就業者数の動向

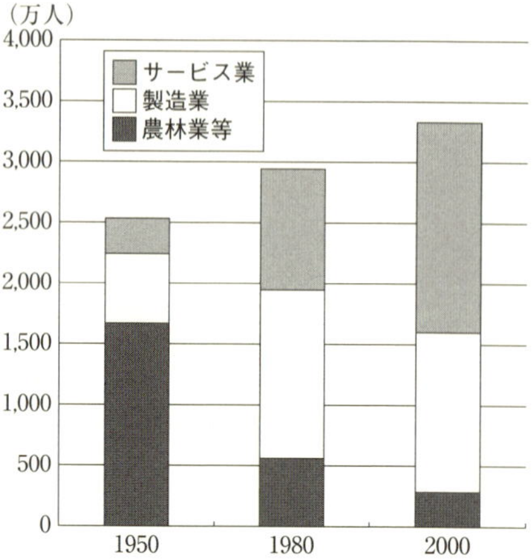

こうした完全失業率の動向や地位別就業者数および産業別就業者数の動きを簡単に特徴付け、考察しておきたい。

第１に、戦後約40年間の長きにわたって低位で安定してきた完全失業率が、90年代に入って急上昇し、高止まっているという対照性に留意したい。1990年頃まではうまく失業率の抑制を実現してきていたのに、それが90年代ではなぜか機能しなくなってきているという時系列的な労働政策面での対比を行う必要があろう。第２に、急上昇する失業率への対応策はいろいろ講じられているものの、結果だけを見れば、自営業主の漸減に見られるように、雇用の場の創出が喫緊の課題となってきているにもかかわらず、個人の創業が非常に少なくなってきているという事実を指摘しておきたい。第３に、円滑な労働移動が適正に行われているかという視点からの考察である。確かに、1950年から80年にかけて農林業など１次産業から製造業など２次産業への労働力の移動は円滑に行われ、産業の高度化と同時に結果として失業率は抑制されてきた。ところで直近の産業別就業者数の動きを見れば、1985（昭和60）年の建設業の就業者数は約530万人であり、製造業は約1,453万人であった。これが1995（平成７）年には建設業が約663万人と膨らんだのに対して製造業は約1,456万人とほぼ横ばいとなり、97年に建設業は約685万人とさらに膨張し、製造業は逆に約1,442万人と一転して減少し始めた。この期間の、他の経済事象（経済成長率等）の動きは次の【国民経済計算】以降で見るが、不況期に建設・土木を中心とする公共投資で景気を下支えし、景況の好転を待つといった（戦後一貫して日本の失業率悪化を抑えてきた）定式化された経済政策の現時点における有効性については、労働・雇用面から再度検証する必要があろう[8]。

【国民経済計算】

下記、**図表Ｉ-５　名目国民総所得（ＧＮＩ）の動向**を参照されたい。

このグラフは、内閣府経済社会総合研究所「国民経済計算」および「2001年度政府見込み（棒グラフの白抜き部分）」に基づき、筆者が作成した。

日本の（名目）国民総所得（ＧＮＩ）[9]は、1950年度約３兆9,470億円（対前年度伸び率16.9％）であった。これが60年には約16兆6,620億円（前５年度平均前年比14.1％）、70年には約75兆1,520億円（同17.4％）、80年には約245兆3,600億円（同10.0％）と、経済は高成長を遂げた。これが1985（昭和60）年度には約325兆5,011億円（対前年度伸び率6.5％）、91（平成３）年度には約477兆6,456億円（対前年度伸び率5.4％）となっている。この後、経済成長は急速に鈍化し、93

図表Ｉ-５　名目国民総所得（GNI）の動向

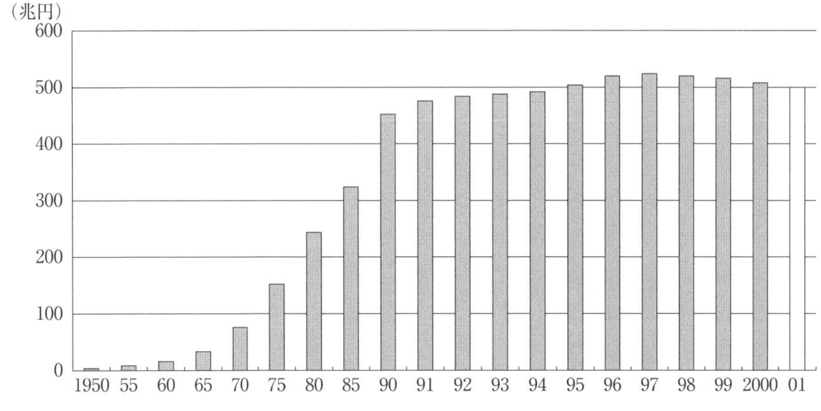

年度は約491兆円（対前年0.8%）、95年度は約506兆円（対前年2.0%）、97年度は約526兆円（対前年1.1%）となり、直近では98年度約521兆円（対前年▲1.1%）、99年度約520兆円（対前年▲0.2%）、2000年度約511兆円（対前年▲1.7%）、01年度政府見込み(10)約499兆円（対前年▲2.3%）と４年連続でマイナス成長となっている。

次に、国内総生産（ＧＤＰ）(11)に関連して、公的固定資本形成(12)の動向を見ておく。1970（昭和45）年度の（実質）公的固定資本形成は約16兆720億円（対ＧＤＰ比8.4%）であった。さらに、80年度で約26兆5,540億円（同9.1%）、90（平成２）年度で約29兆6,710億円（6.3%）、95年度で約43兆5,530億円（同8.7%）、97年度で約39兆5,930億円（同7.6%）、以降、98年度は約39兆5,280億円（同7.7%）、99年度は約38兆4,420億円（同7.5%）となっている。

こうした国民経済計算で示される日本経済全体の動きについて、公的固定資本形成（公共投資）を切り口に簡単に考察しておきたい。

第１に指摘しておきたいのは、日本経済に占める公共投資の割合が、戦後一貫して高水準であった、という点である。公的固定資本形成の大部分を占める「一般政府固定資本形成」が「ＧＤＰ」に占める割合を国際比較（日本は97年度、その他の国々は96暦年ベース）してみると、日本は約5.5%、アメリカは約1.7%、イギリスは約1.4%、ドイツは約2.2%、フランス約3.1%となっており、日本はかなり大きな値を示している。ちなみに日本での同値の変遷を見れば1970年で4.7%、80年で5.8%、90年で4.7%であり、高水準が続いてきた。欧米に比べて大幅に不足している社会ストックの充足のため、こうした公共投資は必要である(13)とされる半面、景気後退期には建設・土木を中心とする公共投資の拡大で景気を下支えして、景気循環の谷の期間をしのいできたという側面も見逃せない。結果として建設業は、日本では有力な産業分野の１つとなっている(14)。

しかしながら第２に、（次の【財政】で見る）財政面での制約により、もはや高水準の公共投資を続ける財政的余裕はなく、公共投資が縮減の方向にある、という点を指摘しておきたい。1994年10月の閣議了解で「公共投資基本計画」

の対象期間が1995年度から2004年度までの10年間で投資規模も総額630兆円とされていたが、財政の悪化を理由に、97年６月に改定がなされている。すなわち、総投資額は特に変更されないが、計画期間を３年間延長することで実質的に投資額が削減される形となり、現在、この計画が動いている。結果的に、97年度から98年度にかけて公的固定資本形成は約650億円減り（対前年▲0.2%）、また98年度から99年度にかけても約１兆860億円減少している（対前年▲2.7%）。

【財 政】

日本の財政を歳出面で時系列的に追う場合、「一般会計」と「財政投融資」の動きを見るのが一般的である[15]。（このうち、「一般会計」については、下記、**図表Ⅰ-６　一般会計歳出決算額の動向**を参照されたい。）このグラフは、財務省「財政統計」および「2001年度政府原案（棒グラフの白抜き部分）」に基づき、筆者が作成した。

一般会計は、租税や国債などを財源として、社会保障や教育、公共事業といった経費を賄う。その歳出額は、1950（昭和25）年度で約6,330億円程度であったのが、60年度は約１兆7,430億円、70年度は約８兆1,880億円、80年度で約

図表Ⅰ-６　一般会計歳出決算額の動向

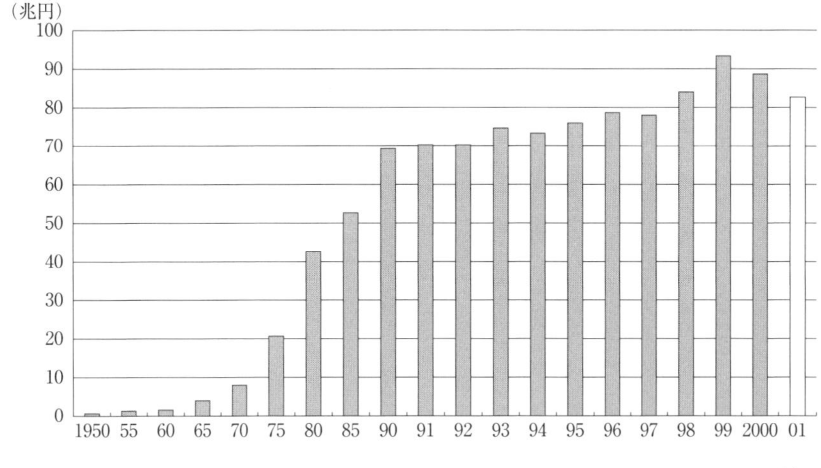

43兆4,050億円、90年度で約69兆2,690億円という具合に膨張し続けてきた。しかし、98年度は約84兆3,920億円で99年度は約93兆3,040億円、2000年度に入って約89兆3,210億円と減少し、01年度の政府原案は約82兆6,520億円（前年度比▲2.7%）とマイナス予算が組まれている。

財政投融資（財投）は、郵便貯金や年金積立金などの資金を住宅金融公庫、日本道路公団などの財投対象機関に配分して社会資本を整備するものである。その規模は、1955（昭和30）年度で約3,000億円程度であったのが、60年度には約6,250億円、70年度で約３兆5,800億円、80年度で約18兆1,800億円、90年度で約35兆8,140億円という具合に膨らみ、98年度には約54兆3,520億円となるなど、予算規模も大きく「第２の予算」とも呼ばれるほど肥大化した。しかし、昨今、非効率な業務に大量の資金が流入していることなどの弊害を指摘する向きもあり、2000年５月に郵便貯金などの預託業務廃止といった財政投融資制度改革が行われ、01年度の政府原案は約32兆5,470億円と一転して縮小方向に向かっている。

他方、歳入面についてもその動向を見ておきたい。いわゆる税収（租税・印紙収入）(16)は、1950（昭和25）年度は約4,560億円（一般会計歳入に占める税収の割合63.7%）であった。これが60年度では約１兆6,180億円（同82.5%）、70年度で約７兆2,960億円（同86.2%）、80年度で約26兆8,690億円（同61.0%）、90年度で約60兆1,060億円（同83.8%）となった。この90年度は、いわゆるバブルの好景気によって税収が大幅に伸びた年である。以降、税収は95年度で約50兆6,810億円（同64.9%）、96年度で約51兆7,360億円（同66.5%）、97年度で約56兆2,260億円（同71.6%）、98年度で約49兆4,320億円（同55.1%）、99年度で約47兆2,340億円（同50.0%）、2000年度で約50兆7,120億円（同54.3%）という具合に、長期にわたって低迷している。

なお、一般会計歳入に占める税収の割合が昨今低下している状況からも明らかなように、一般会計における公債の割合が増大している。（次頁、**図表Ⅰ-7 公債発行額と公債残高の動向**を参照されたい。）このグラフは財務省「財政統計」「2001年度当初予算額（折れ線グラフの点線表示および棒グラフの白抜き部分）」に基づき、筆者が作成した。

図表Ⅰ-７　公債発行額と公債残高の動向

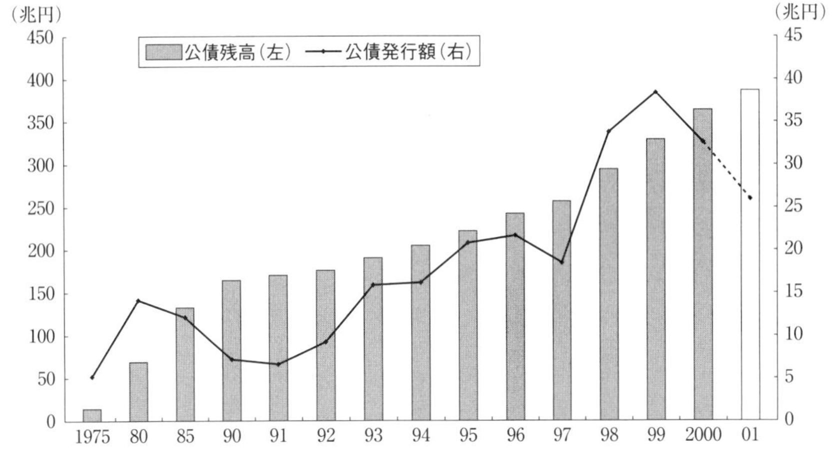

1990（平成２）年度の国債発行額は約７兆3,120億円（このうち特例公債が約9,690億円）で、国債残高は約166兆3,380億円（対ＧＤＰ比36.9％）であった。これが98年度では国債発行額が約34兆円（うち特例公債が約17兆円）で発行残高は約295兆円（対GDP比57.4％）となり、99年度では新規発行額が約38兆円（うち特例公債が約24兆円）で発行残高は約332兆円（対GDP比64.6％）、2000年度では新規発行額が約33兆円（うち特例公債が約22兆円）で発行残高は約365兆円（対GDP比71.0％）という具合に、国債発行残高は10年前の約2.1倍まで膨張した。01年度の当初予算額は、新規発行額が約28兆円（うち特例公債約20兆円）で発行残高は約389兆円（対GDP比74.9％）となることが見込まれ、さらに国と地方を合わせた長期債務残高については約666兆円（対GDP比128.5％）に達することが確実視されている。

そもそも財政には、大きな３つの機能があるといわれている(17)。すなわち、財政の働きによって民間の事業として成り立ちにくい道路・港湾など社会資本の整備や警察・消防といった公共サービスを提供することができ（資源配分の機能）、また歳入では累進課税制度を採用し、歳出では失業保険・生活保護などの社会保障を行うなど、国民の所得格差を小さくするための役割も担っている（所得再配分の機能）。さらに、景気の動きに合わせて財政支出を増減させる働きもある（景気調整・完全雇用の機能）。

このような財政の機能の有効性は十分認識したうえで、以上見てきたデータをもとに、日本の財政について簡単に考察しておきたい。

第1に、景気調整機能として拡大を続けてきた「歳出」面について、その歳出構造の抜本改革が現在、もはやまったなしの状況にあるということである。一般会計や財政投融資の額が戦後一貫して伸び続けたことに見られるように、歳出は政治圧力で際限なく膨張する傾向にある。バブル崩壊後も公共事業を中心とした景気回復のための積極財政は続けられたが、昨今のマイナス予算に見られるように、もはや歳入面からの制約により「ない袖は振れない」状況に陥ってしまっている。

第2に、歳入面での「火の車」状態が、かえって国民の将来生活に対する不安を高め、ひいては消費低迷を招くような事態にまでなっているということである。国債の発行は「昭和40年不況」時に始まるが、補正予算で赤字国債（特例公債）を発行した1975（昭和50）年度以降、赤字国債の発行も慣行化して行われた。特に1990年代に入ってバブル崩壊後、税収は低迷し、国債発行を通じた景気刺激を行っても成長率が高まらず、税収も伸びず、ツケばかりが残るという悪循環に陥っている。

第3に、（次の【物価・地価】で見る）物価や地価の続落といったデフレ状況下における財政政策の意義が昨今問われるようになってきた点を指摘しておきたい(18)。すなわち、昨今のデフレの原因は過当競争にあり、限界企業が淘汰され、生き残った企業が価格決定力を回復するまでデフレが解消することはなく、この意味において、財政出動は限界企業の退出を遅らせ、デフレを持続させる（かつて言われてきた財政の景気調整機能とは）逆効果しかないのではないか、という疑義である。

【物価・地価】

次頁、**図表Ⅰ-8　戦前基準卸売物価指数の動向（1934～36年＝1）**を参照されたい。

このグラフは日本銀行「物価指数年報」等に基づき、筆者が作成した。

日本の卸売物価指数[19]（1995年を100とする）を時系列的に見れば、1975（昭和50）年が91.2、80年で120.3、85年で119.7、90年で108.5、95年が100.0、以降96年が100.1、97年が101.6、98年が100.0、99年が96.7、2000年が96.6という具合に、1980年代初めをピークとして、なだらかな下降傾向にある。ちなみに（図表Ⅰ-8のように）、戦前の1934（昭和9）年から1936（昭和11）年の平均を１とする戦前基準の卸売物価指数を見れば、1950（昭和25）年が246.8、60年が352.1、70年が399.9、80年が826.2となっている。

戦前戦後を通じた日本経済の歴史のなかで、これほど長く卸売物価が下落し続けた時代はいまだかつてなく、物価は上がるものだという観念は崩れてしまった。

また、消費者物価指数[20]（1995年を100とする）の昨今の動きを見れば、96年が100.1、97年が101.9、98年が102.5、99年が102.2、2000年が101.5となっている。総合指数が２年連続してマイナスとなるのは、比較可能な1971（昭和46）年以降初めてのことであり、99年から2000年にかけての下落幅（▲0.7%）も最大となっている。特に98年から99年にかけて、消費者物価指数の推移がマイ

図表Ⅰ-8　戦前基準卸売物価指数の動向（1934～36年＝1）

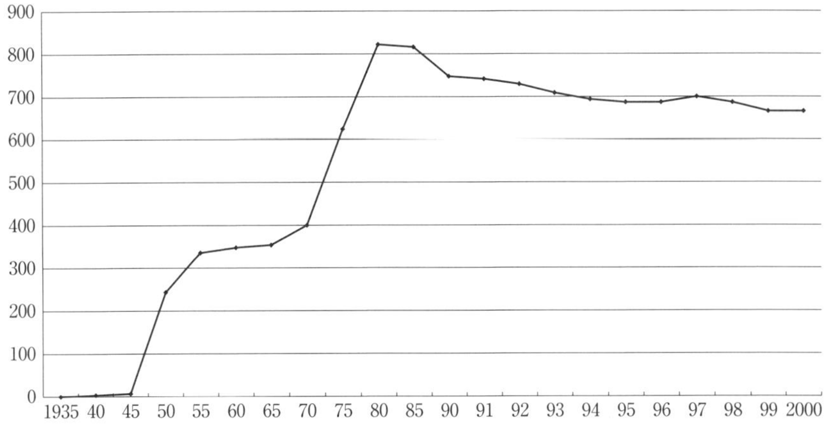

ナスとなった際の円相場の動きを追うと、98年の年初は120円台（97年度平均122円70銭）であったものが、６月には140円台、８月には147円64銭の年間最安値をつけた。すなわち、「物価は、円高期には下がり、円安期には上がる」(21)という常識を覆す動きが見られた。

他方、地価の動向についても時系列的に見ておきたい（前掲の**図表Ⅰ-1　土地価格の対名目ＧＤＰ比（倍率）**（５頁）を参照されたい）。実物資産における土地価格(22)は、1970（昭和45）年で約163兆円（名目ＧＤＰ比2.2倍）、75年で約377兆円（同2.5倍）、80年で約700兆円（同2.9倍）、85年で約1,003兆円（同3.1倍）、90年で約2,365兆円（同5.5倍）、95年で約1,775兆円（同3.7倍）、96年で約1,708兆円（同3.4倍）、97年で約1,680兆円（同3.3倍）、98年で約1,616兆円（同3.2倍）となっている。戦後長らく、土地価格は右肩上がりを続けたが、80年代後半から90年頃にかけていわゆる「資産バブル」(23)が発生した。そしてこのバブルは急速に崩壊して、現在に至っている。

こうした物価・地価の動きを簡単に分析し、考察してみたい。

第１に、昨今では「インフレ」という言葉がもはや死語となり、「ディスインフレ(24)」もしくは「デフレ(25)」といった言葉が多く聞かれるようになるなど、物価問題は、かつてとは180度違った局面を迎えているということを指摘しておく。すなわち、今や物価が上がることが問題でなく、下がることが問題になってきており、物価下落とともに経済の規模が縮小、景況が悪化する「デフレ・スパイラル(26)」が心配されている。

第２に、地価動向に代表される資産（ストック）価格の上昇・下落が及ぼす経済成長率（フロー経済）への影響を見る必要があろう(27)。先に見た実物資産における土地価格は、1985年に約1,003兆円であったのが、90年には約2,365兆円と５年間に倍増している。仮に土地資産の評価増分をキャピタルゲイン(28)（値上がり益）と見れば、この間、年平均で272兆円のゲインがあったことになる。また、85年の名目ＧＤＰは約324兆円で90年は約451兆円であり、この間の平均値をとれば約376兆円であるので（本当は株式のゲインも見る必要があるが）土地のゲインだけでＧＤＰ（インカムゲイン）の約70％に相当するなど、この時期、勤労所得に匹敵するほどの擬似不労所得が支えた経済であったといえる。

逆に、90年から98年にかけては749兆円のキャピタルロス（値下がり損）が認められ、年平均約94兆円のロスとなる。この間の平均名目ＧＤＰは約493兆円であり、キャピタルロスは約20％に匹敵し、仮に土地を損切って売れば、買値で考えていた貯蓄は目減りし、その分の埋め合わせにはインカムゲインを回すしかなく、購買力が削がれることになる。

基本的に地価が下落基調に反転する90年頃までは、キャピタルゲインがインカムゲインに（ＧＤＰ面で）プラスの効果を与えていた時代であり、逆に最近ではキャピタルロスが経済成長の足を引っ張り、「ゲインがロスに反転した経済でバブル期の活動水準（供給能力）を維持するだけでも大変な状況にある」(29)といえよう。

【〔２〕の小括】

日本の現況は、かつての高度成長時代とは「明らかに断絶がある」というのがこの項における筆者の結論である。なお、（地価や物価が上昇し続けていた時代と逆に続落する時代、あるいは失業率が２％台で低位安定していた時代と５％を超えてもなお悪化が見込まれる時代といった）社会状況の変化を大きくとらえたいために、本書では、この後も一貫して「高度成長時代」という概念をかなり広くとらえるものとする。

すなわち、「もはや戦後ではない」と言い切った1956（昭和31）年版『経済白書』前後の年率10％前後の名目ＧＮＩ成長を遂げていた頃（1956-65年頃）までの狭義の「高度成長期」のみならず、石油ショック後スローダウンしたとはいえ年率５％を超える名目成長を実現していた期間（1991年頃まで）をも含んで「高度成長時代（社会）」という。

これに対して、それ以降、現在に至るまでの年率２％前後の成長、あるいはマイナス成長の期間を「成熟経済時代（社会）」という言葉で表すものとする。

まず、人口・世帯動向面で指摘したように、年少人口や生産年齢人口の減少による労働生産性の減少や、総人口の頭打ちないしは減少にともなう消費や貯蓄の減少という「低成長（成熟）社会」の到来は、日本人の大部分が実感として持っているはずである。次に、労働面で指摘した現象としての失業率の悪化と高止まりや、これへの応急処置としての建設・土木を中心とする公共投資への疑問の声も昨今聞かれるようになってきた。これに関連して経済成長（フロー）面を見たところ、特に90年代に入ってからの公共投資による景気の下支えが試みられたものの直近では４年連続してマイナス成長に陥るなど、従来型の政策のほころびが目立ってきている。また、財政面で見ても、もはやこうした政府による大盤振る舞いは歳入上の制約から困難となってきている。さらに、物価・地価の動向を見れば、現在は資産価格下落下でのマイナス成長ということで需要面（政府による有効需要創出）のみならず、供給面での過剰（供給力）をいかに適正化するかという視点が、昨今ではクローズアップされてきている。

この項では、以上のような各種の経済・社会指標の推移を見ることで、高度成長社会と成熟社会の「非連続な部分」を明らかにした。次の〔３〕では、こうした現状認識に立ったうえで成熟社会における「日本における政策の方向性」について、筆者なりの考えを示したい。

---

(1)　『PSI 2002』総務省統計局統計センターのホームページhttp://www.stat.go.jp/data/psi/3.htm より引用。ＰＳＩとはPocket Statistical Informationの略語であり、日本の基本的データをコンパクトに編集したものである。年報2002版は、2001（平成13）年10月12日に刊行された。統計項目は25あり、１国土、２人口・世帯、３労働・賃金、４景況、５国民経済計算、６企業活動、７農林水産業、８鉱工業、９エネルギー需給、10運輸・通信、11商業・サービス業、12貿易・国際収支・国際協力、13金融、14財政、15物価・地価、16家計、17住宅・土地、18環境、19社会保障、20保健衛生、21教育、22科学技術・文化、23犯罪、24災害・事故、25国際統計となっている。

(2)　『国勢調査報告』『平成12年国勢調査抽出速報集計結果』総務省

(3)　『日本の将来推計人口（平成９年１月推計）』国立社会保障・人口問題研究所

(4)　中位推計とは、１人の女性が生涯にわたって産む子供の数（合計特殊出生率）を2030年時点で「1.86」と見るなどして試算している。ちなみに1995年時点の実績値は「1.42」であり、直近の速報（2000年）では「1.35」となっている。

そこで、合計特殊出生率を2030年時点で「1.61」とより低く見たのが低位推計である。これによると、日本の総人口は早くも2004（平成16）年には減少に向かうと推計される。

なお、合計特殊出生率が「2.08」あれば人口は横ばいで維持される。

(5)　『国勢調査報告』総務省。なお、古いデータについては『日本長期統計総覧 巻１』日本統計協会（1987）による。「完全失業率」とは、労働力人口に占める完全失業者数の割合をいい、1950年を例にとれば、完全失業者数が約73万4,000人で労働力人口が約3,630万9,000人であり、734000÷36309000≒0.020。失業率は約2.0%となる。

(6)　『労働力調査報告・年報』総務省。「従業上の地位別就業者数」は、自営業主と家族従業者と雇用者に分けられる。

(7)　『国勢調査報告』総務省。「産業（大分類）別就業者数」は、全産業ベースの統計データの他に、第１次産業（農業、林業、漁業）、第２次産業（鉱業、建設業、製造業）、第３次産業（電気ガス熱供給水道業、運輸通信業、卸売小売飲食店、金融保険業、不動産業、サービス業、公務等）に細分類される。

(8)　八田達夫教授は、衰退産業に属する人々の雇用を当該産業に張り付けておくことのデメリットを強調されている。

八田達夫･八代尚宏『「弱者」保護政策の経済分析』日本経済新聞社（1995）2-3頁。

「経済の発展と共に産業構造は大きく変わり、衰退産業が出現する。そのとき、それによって大勢の人々の生活水準が急速に低下するならば、それを一時的に緩和する措置をとる必要があろう。ただし、その措置は衰退のプロセスを不必要に長引かせるものであってはならない。特に、衰退産業に携わる人すべてを対象に保護政策を行うと、経済発展のプロセスそのものを阻害してしまう。反対に、衰退産業からの労働や資本の移動を国が助けるならば、弱者保護と効率的な資源配分の促進とが両立する。」

(9)　『1999年度国民経済計算』内閣府経済社会総合研究所など。「国民総所得」とは国民が受け取る所得の合計でＧＮＩ（Gross National Income）と略記される。ＧＮＩは、これまで経済成長をはかるモノサシとして親しまれてきたＧＮＰ（Gross National Product）に代わるものである。すなわち、2000年10月に日本の国民経済計算の体系（ＳＮＡ; a System of National Accounts）は、国連が勧告していた国際基準である「93ＳＮＡ」へと移行した。このような大幅改訂は、1978（昭和53）年の改訂以来22年ぶりのことである。93ＳＮＡ採用により、主として次の点が改正された。①コンピュータのソフトウェア開発を、民間設備投資、公共投資に新たに計上する。②道路・ダムなどの社会資本にも耐用年数があるとみなして、その減価償却費を政府最終消費支出に計上する。③医療費の公費負担分を家計最終消費支出から政府最終消費支出へと差し替える。 なお、本文での1960年移行データはすべて93ＳＮＡに基づくが、1950年データとその前年比（成長率）等は（再計算された公表データが筆者の調べた限り見当たらないため）旧ＳＮＡでの値で記している。

なお、「名目」ベースの表記には物価デフレータが考慮されている。昨今のデフレ経済（物価の継続的な下落）にかんがみ、本文では物価動向を織り込んだ名目値を採用して載せた。

⑽　日本経済新聞夕刊の報道による（2001年11月８日）。政府は実質、名目ともに現行基準の1980年度以降で最大のマイナス成長を見込んでいる。デフレが一段と加速するとの認識を踏まえ、01年度の実質ＧＤＰ成長率見込みは対前年▲0.9%、名目ＧＤＰ成長率見込みは対前年▲2.3%ということで、名目値の落ち込みを大きく見ている。

⑾　国内総生産は、一国の経済成長度を示す指標の１つである。「ＧＤＰ」（Gross Domestic Product）と略称される。前掲注⑼の「ＧＮＩ」が「日本人が生み出した価値を合計したもの」を指すのに対し、日本人や日本企業が海外で稼いだ所得を含まない「日本国内で作り出したもの」を指すのがＧＤＰである。すなわち、ＧＤＰとは日本国内での「生産総額から原材料投入分を差し引いたもの」ということになる。最近では世上、地域主義の高まりからＧＮＩ（ＧＮＰ）よりもＧＤＰを用いることが多くなってきている。

⑿　『国民経済計算年報』内閣府経済社会総合研究所。「公的固定資本形成」とは、国民経済計算上、「国内総資本形成」の中の公的セクターによる支出分を指し、「公共投資」関連の指標である。具体的には、公的固定資本形成の大部分が「一般政府固定資本形成」であり、この実態は（公団など公的企業を除いた）中央政府と地方自治体が行う公共事業支出である。この他、国民経済計算内では「政府最終消費支出」という項目があるが、これは公務員の人件費や事務費などの経常支出を指す。

なお、本文では「実質」ベースの表記としているが、これは物価デフレータ考慮前の値という意味である。

⒀　三橋規宏・内田茂男・池田吉紀『ゼミナール日本経済入門2001』日本経済新聞社（2001）184頁。「（前略）公的資本形成の対ＧＤＰ比では、日本はかなり大きな値を示している。（中略）すでに19世紀末までに都市を中心にかなりの水準に達したヨーロッパ諸国や、第２次大戦の被害を受けなかったアメリカなどに比べ、社会資本ストックが大幅に不足していることが大きな背景となっている」

⒁　『日本国勢図会2001』国勢社（2001）290頁。「建設業はわが国経済の基盤となる重要な産業である。1999年は、国内総生産の7.6%が建設活動によって占められ、全産業の就業者のうち10.1%が建設業の就業者となっている。建設業は、大手建設業者（ゼネコン）から下請の専門業者、個人経営の工務店まですそ野の広いピラミッド型の産業構造を形成している」

⒂　『日本国勢図会2001』国勢社（2001）379頁。「財政とは、政府の経済活動のことである。

財政はその担い手によって、国の財政と地方の財政とに大別される。国の予算は、一般会計と特別会計、それに政府関係機関に分かれており、また、財政投融資は国の予算と一体となって運営され、第2の予算とも呼ばれている」

なお「特別会計」には、①造幣局、印刷局、郵政事業など収益性のある特定事業特別会計、②道路整備、港湾整備など収益性のない特定事業特別会計、③食糧管理、外国為替などの管理特別会計、④厚生年金、国民年金、簡易生命保険、郵便年金の保険特別会計、⑤資金運用部資金、産業投資等社会資本整備などに公的資金を振り向ける融資特別会計、⑥国債整理基金など一定の資金の出入りを明確にする整理特別会計が含まれ、これは1950年度で約1兆9,000億円、60年度で約3兆5,550億円、70年度で約16兆80億円、80年度で約83兆9,460億円、90年度には約168兆5,840億円、2000年度は約318兆6,890億円となっている。

⒃　2000年度は『財政統計』財務省、2000年度以前については『財政金融統計月報』大蔵省による。租税の中身としては所得税、法人税、相続税、酒税、揮発油税、消費税（1988年以降）、たばこ税（1984年以降）、関税などが含まれている。

⒄　池上惇『財政学』岩波書店（1990）14-15頁。

この中で池上教授は「（前略）多くの場合、この3つの機能（①資源の最適配分の機能②所得の再分配の機能③完全雇用の機能）は矛盾する。例えば、完全雇用のために公共投資を大規模に行うとしよう。完全雇用は進んだとしても公共投資関連の公共用地確保のために、政府が私的部門から土地を購入すると地価高騰の要因となることがある。このために所得格差がより拡大したり、資源の最適配分が損なわれる場合もあろう」と指摘しておられる。このように「財政」は、機能面で見た場合、内在する相互の矛盾的要素を有する。しかし、資本主義経済下における個人の経済的自立を妨げる要因への対応策として基本的には「財政は有用である」と財政学ではとらえられている。

⒅　中前忠『十字路』日本経済新聞夕刊（2001年10月31日）。中前氏は「（前略）現在の公的部門に焦点を絞った改革路線も、公共投資に重点を置く積極財政路線も、デフレを食い止める手段を内蔵していない･･･とりわけ財政積極論では、どれだけの金額があれば十分なのか、十分であったとして、その効果が出るまでに何年かかるのか、といった量的な提案が皆無である。しかも、これまでの10年間繰り返された財政政策が景気には全く効果がなく、財政赤字だけを累積してきたという事実だけは明白である」とデフレの原因を過当競争に見出し、財政出動に意味がない、と手厳しく批判されておられる。

⒆　『物価指数年報』『経済統計月報』日本銀行による。「物価」とは個々の財貨やサービスの価格を一定の方式により総合したもので、通常は卸売物価指数あるいは消費者物価指数といったように、基準となる時点からの変化を問題にすることが多い。「卸売物価指数」は企業間で取引される商品の物価の動きを示す。

⒇　『物価指数年報』『経済統計月報』日本銀行による。「消費者物価指数」は家計が購入する財貨・サービスの物価の変動を示す。

(21)　前掲注⒀三橋・内田・池田（2001）128頁。「円高になると、輸入品の値段が下がり、この影響が卸売、消費者の両物価に反映する。逆に円安だと輸入品の値段が上がり、国内物価の上昇圧力になる」

(22)　『国民経済計算年報』内閣府経済社会総合研究所

(23)　前掲注⒀三橋・内田・池田（2001）38頁。「英語のバブルを直訳すると『泡』。泥沼の底からガスが吹き出ると、水面に泡ができ、やがてはじける。株や土地といった資産の価格が急上昇していると思うと、ある段階ではじけ、下降に転じる様子がこの泡に似ている、というので『バブル』と呼ぶようになった」

(24)　「disinflation」ディスインフレーションの略。価格上昇の顕著な低下（slowing down of the rate at which prices increase）を意味し、インフレの収束により、物価上昇が問題にならなくなった時代ということを指す。

(25)　「deflation」デフレーションの略。インフレの逆で物価が下がること（a general decline in price level ⇔ inflation）

(26)　前掲注⒀三橋・内田・池田（2001）129頁。「デフレ・スパイラル」とは「物価が下がり、このことで企業収益が悪化、経済全体の需給関係が崩れて景気がさらに悪くなる、という一連の動き」のことである。

(27)　こうした見方は「キャピタルゲインの経済学」と呼ばれる。伝統的な経済学はインカムゲインに焦点を当て、国民一人ひとりが勤労した結果としてどれくらいの新しい価値（ＧＤＰ）が生み出されたかを考える。これに対してキャピタルゲインの経済学では、「消費」について、その財源はインカムゲインとキャピタルゲインの２つのポケットから出るものと考える。

(28)　前掲注⒄池上（1990）201頁。「キャピタルゲインは『実現されたキャピタルゲイン』と『未実現のキャピタルゲイン』に分けることができるが、後者については、まだ現実には販売されておらず、その利益としての性格は潜在的なものであるときに『未実現の』という形容詞を付される。ただし、未実現であるから価値がないかというと決してそうではなく、土地等を担保にして金を借りてビジネスに活用する際には、未実現のキャピタルゲインといえども高く評価されて所有者の信用の現実的な基礎となる」

(29)　前掲注⒀三橋・内田・池田（2001）40頁。

〔3〕日本における政策の方向性

この項では、〔1〕および〔2〕で見た「日本の現況」を踏まえ、それでは今後、日本はどのような方向に進めばよいか、「日本における政策の方向性」についての筆者の考えを論述する。

この際、現時点で予想される中期的な日本の潜在成長力を考慮する必要があり、このような経済成長の要因分析については、経済学における経済成長の理論によるものとする。

【経済成長の理論】

サイモン・クズネッツは、その著書『諸国民の経済成長(economic growth of nations)』(1)で、経済成長に関する観察事実の体系的整理と経済発展および成長理論の基礎的な考え方を示している。すなわち、近代経済成長期に急速な成長を遂げたイギリスや日本など、15ないし18ケ国の経済成長パターンの特性を地道な経済資料の観察を通じてまとめ、成長の要因を「労働」「資本」といった要素投入量と「生産性」で説明しようとした。

この後、R.M.ソローは、アメリカ経済のマクロレベルで観測される成長の要因分解を供給構造の理論(2)を踏まえて試み、「総労働投入量」と「総資本投入量」と「技術進歩」の3つの要因からとらえた。ちなみにソローのいう技術進歩率は、特定の投入要素に着目した部分生産性（例えば労働生産性や資本生産性）と区別して、「全要素生産性（Total Factor Productivity、略してＴＦＰ）」と呼ばれる。

この技術進歩についてソローは、科学技術の革新が経済の動きとは独立に生ずる（外生的に与えられる）と考えていたのに対して、最近では人的資本の開発や研究開発投資の増加が技術進歩を加速する側面を重視して、経済活動と技術進歩とは必ずしも独立ではなく、経済活動が技術進歩率を内生的に決める点を重要視する考えも出てきている。一例を挙げれば、P.M.ローマーの「研究開発投資による技術進歩の内生化モデル」(3)は、企業の研究開発投資が意識的に技術進歩を加速する可能性のあることに着目したものである。

ここで紹介したソローなどの経済成長理論は「新古典派成長理論」と呼ばれ、労働・資本・技術進歩という「生産関数」により国民所得の大きさを決定するという手法が、1960年代以降、経済学では主流となっている(4)。

【日本経済の要因分解】

まず、過去の高度成長期において、日本経済は先に示した３つの要因の何によって成長したのかを、ここでは概観しておきたい。

黒田昌裕教授の研究(5)では、1960（昭和35）年から1985（昭和60）年までの期間で「労働」「資本」「技術進歩（ＴＦＰ）」の３つの要因から日本の経済成長を分析し、説明されている。この研究結果の概要を紹介すると、60年から85年までの平均で「ａ労働」「ｂ資本」「ｃ技術進歩（ＴＦＰ）」のＧＤＰ成長への寄与は、それぞれａ14%、ｂ54%、ｃ32%となっており、平均的には、日本経済の成長への寄与は、ｂ資本投入のそれが50%を上回っているというのが１つの特徴となっている。60年から５年ごとに区分してみると、ａ労働投入の寄与度は14%、９%、▲1.5%、30%、24%と変化し、ｂ資本投入の寄与度は55%、44%、80%、50%、52%、ｃ技術進歩の寄与度は31%、47%、21%、20%、24%となっている（ちなみに、1970-75年の労働投入の寄与がマイナスとなっているのは、石油ショック後のコスト削減要求が要因となっている）。平均的には、資本投入の寄与が大きいというのがこの期間の特性であり、高度成長のピーク時期（1965-70年）には、技術進歩の寄与度が大きいことなどが特徴的であるといえよう。

次に、足下の日本経済の状況および短期的な見通し(2005年頃まで)について先に示した３つの要因に基づき、見ておきたい。

日本経済研究センターはその中期予測(6)で、日本経済の潜在成長力の予測値を「ａ労働投入」「ｂ資本投入」「ｃ技術進歩（ＴＦＰ）」から分析し、①1981

（昭和56）年度から85年度、②86年度から90年度、③91年度から99年度、さらに2000（平成12）年度から2005年度までの期間を前半④00年度から02年度と、後半⑤03年度から05年度に二分して試算している。この試算によると、ａ労働投入の寄与度は①20%、②11%、③▲10%、④▲50%、⑤▲33%と変化し、ｂ資本投入の寄与度は①50%、②43%、③69%、④72%、⑤58%、ｃ技術進歩の寄与度は①30%、②47%、③42%、④78%、⑤75%としている。日本経済研究センターによる予測期間中の（2000～05年の６年間という上記④⑤の期間の）上記３つの寄与度を成長率に置き換えて見れば、④の期間の潜在成長率を1.2%と見ており、その内訳はａ労働面で▲0.6%、ｂ資本面で＋0.9%、ｃ技術進歩で＋1.0%となっている。また、⑤の期間の潜在成長率は1.6%と見込んでおり、その内訳はａ労働面で▲0.5%、ｂ資本面で＋0.9%、ｃ技術進歩で＋1.2%としている。すなわち、日本経済研究センターでは日本の潜在成長率を算出するに際して、ａ潜在労働投入に関しては構造的・摩擦的失業率の高止まり傾向を重視してややマイナス方向に働くと見ており、ｂ潜在資本投入については設備年齢の上昇などから年率0.9%前後のやや低い伸びにとどまると考え、潜在成長力の鍵を握るのは、やはりｃ技術進歩（ＴＦＰ）であると指摘している。技術進歩の動向については、１人当たり教育投資や技術ストックの伸びが下支えし、情報化や規制緩和進展などの相乗効果も織り込んで、予測期間中に、技術進歩で年率1.3%程度の寄与を見込んでいる。

ここで、黒田教授の高度成長期の研究と日本経済研究センターが予測した足下の成熟経済下での日本の経済成長予想を概括しておきたい。黒田教授によれば、1960年から85年頃までの日本経済は、その期間内に石油ショックなどの経済の緊急事態に直面しつつも、おおむねこの期間中は「労働」「資本」「技術進歩」という３つの推進エンジンで順調に進んできたといえる。現在、このうち「労働」というエンジンが逆噴射して経済成長の足かせとなる一方で、残りの「資本」と「技術進歩」でこれを補い、低位ながら成長するより他ない、というシナリオを日本経済研究センターは描いている。また、1960年から2005年頃までをスルーして見れば、「資本」の寄与率は50%を一定して超えるなど安定的であるのに対して、（詳細は〔2〕で見たような）労働力人口の将来的な見通しからも明らかなように、日本経済は「労働」面から成長の制約を受けることは確実であり、この「労働」の制約を「技術進歩」がどれくらいカバーするかという点を考えることで、日本の中期的な姿を描くことができる。なお、成長の制約要因はこの労働力動向の他に「供給の天井」や「環境・資源制約」などが挙げられる(7)。

供給の天井とは、経済状態が供給能力いっぱいの状態であれば、この供給能力の天井に沿って動く以外に手はなくなるということである。しかし、日本経済は（詳細は〔2〕で見たような）デフレ状況が示すように大幅な需給ギャップ(8)を抱えているので、この点からの経済成長面での制約はなく、むしろ供給超過による経済の停滞が懸念される。

また、環境・資源制約とは、二酸化炭素排出量の削減や石油など、有限資源・エネルギー面から成長の制約を受けるとする考え方である。これに関しては、省力・省エネ・代替エネルギーの発見など技術進歩によって、環境・資源の制約要因と経済成長は両立できるという考え方(9)もある。換言すれば、日本の中・長期の発展を見込むうえで、真に制約要因となるのは「労働」面であり、環境や資源といった制約要因の克服も含めて「技術進歩」のスピード（時間的要因）がそのキーファクターとなると考えられる。

【成熟経済下での日本の定性的ありたい姿】

成熟経済下での日本経済のありたい姿について、政府は1999（平成11）年7月8日に「経済社会のあるべき姿と経済新生の政策方針（以下、あるべき姿と政策方針、と記す）」を閣議決定し、今後の日本の中長期経済運営指針を公表している(10)。このような方針・経済計画は1955（昭和30）年の鳩山内閣以来、過去に13度出されており、今回のものが第14回目に当たる(11)。この「あるべき姿と政策方針」は、従来の経済計画と比べて5つの大きな特徴がある。

簡潔に紹介すれば、第1に、時代背景として「内外の歴史的な大転換期にある」という認識を示している。①一定の規格に沿った製品を大量に生産するという近代の工業社会から、多様な知恵（創意工夫）が価値を生み出すという「知恵の社会」へ変化すること、②21世紀初頭には、少子・高齢化が一層進展し、日本の人口・労働力人口が減少に転じること、③グローバル化が一層進展すること、④廃棄物問題や地球温暖化といった環境の制約がさらに大きくなると見込まれること、といった4つの大きな変化について、これらは近代以来、日本がかつて経験したことのない歴史的な大変化であると指摘し、「基本的な流れが決まっている中で進歩・高度化を図る」というこれまでの対応ではこの変化に対応できないので「日本の経済社会システムの根底をなす考え方から変革する必要がある」と日本における政策の方向性を提起している。

第2に、こうした時代認識から「理念の転換」を強調し、基本的な理念とそれを体現した経済社会のあるべき姿（「知価社会」(12)の実現）を示すことに力点を置き、第3に「官主導で経済運営を行うのではなく」、経済社会のあるべき姿を示したうえで「各個人、企業等が主体」となって日本の経済社会のあるべき姿を実現していくべきであるとの考え方から、表題に「計画」という言葉を用いなかった点にその特徴がある。

第4の特徴は、「対象期間を2010年頃までの約10年間」としている点である。従来の経済計画は対象期間が5年程度のものばかりであったが、歴史的な大転換期にあることを踏まえ、特に2010年頃には総人口が減少していくことからも、より長期的視点で計画が練られている。

第5に、経済成長率や物価上昇率、あるいは失業率といったマクロ指標を目標としなかった点も特異である。従来の経済計画は経済成長率等の数値を期間中の目標として示していたが、この「あるべき姿と政策方針」では、10年先のマクロ指標を正確に示すことは困難であると考え、経済成長率等の数値は将来の経済社会をイメージする際の参考材料と位置付けている。

筆者の考える「成熟経済下での日本の定性的ありたい姿」は、この「あるべき姿と政策方針」に示されている考え方と大部分共通している。例えば、少子・高齢社会と経済成長を両立させる考え方（「人口が停滞・減少しても経済成長を維持する」と明記）や、小さな政府の考え方（「政府の役割は市場ルールの整備、危機管理、安全ネットの整備などに限定されるべき」との思想)、あるいは財政再建の必要性などである。

特に、筆者は、少子・高齢社会における経済成長を次のようなイメージで描いている。先の【日本経済の要因分解】で示した「労働」「資本」「技術進歩」の3つの要因からいえば、「労働」については、労働力人口の減少は「労働力の流動化（労働資源の最適配分)」で克服するより他ない、と考えている。すなわち、外国人労働者の単純労働面での受入れなどの国策の大転換がない限り、日本の中期的な経済成長を見通せば、「労働」面でのエンジンの逆噴射は仕方なく、後は、限られた人員の適切な配置で、その生産性をいかに高めるかが肝要であると考える。高止まりしている失業率も中身を見れば、いわゆる「ミスマッチ失業」(13)という面もあり、非効率な産業あるいは市場からの退出を迫られている企業から、新規あるいは成長の見込める産業分野あるいは新興企業への労働力の円滑な移動をいかに行うかが「労働」面での政策の中身となる。

次に「資本」については（先に見た黒田教授の研究や日本経済研究センターの中期予測にもあるように）筆者も日本の経済成長においては、今後も一定の役割を果たすとの見方に賛成する。マクロ経済的に見た場合、日本は基本的にその資本蓄積に余念なく、すでにストックされた資本のフル稼働(14)よりもむしろ旺盛な資本蓄積が技術進歩（投資）に向かうかどうかが課題となろう。すなわち、「資本」面でいえば、その蓄積から投資に向かうパイプの整備をいかに行うかが政策の中身となる。

最後に「技術進歩」について筆者は、これをどれだけスピーディかつ大規模に進めるかが、成熟経済下における日本の経済成長の根幹をなすと考えている。特に、【経済成長の理論】で少し触れた「企業の研究開発投資が意識的に技術進歩を加速する可能性のあることに着目したローマーの研究」などに見られる「経済活動が技術進歩率を内生的に決める点」を重視して、個々の企業の研究開発投資をいかに高めるかということに力点を置いた政策が必要であると考える。

【〔３〕の小括】

この項における筆者の考え方を小括すれば、日本の中長期的な見通しは「労働」面での成長制約が大きいので、これを「技術進歩」で克服し、少子・高齢化社会でも何とかプラス成長を維持すべきであるということである。もちろん、ここで示した「日本のあるべき姿」は未来永劫のものではなく、また時代が変われば必要な政策もそれに応じて変わっていくべきことは言うまでもない。しかし、少なくとも向こう10年程度は、日本の経済・社会が第１節で見てきたような状況になることは十分予見され、またそれへの対策も高度成長期とは違うものでなければならないはずである。

すなわち、高度成長期に日本は「労働　上昇（↑）」「資本　上昇（↑）」「技術進歩　上昇（↑）」であったのが、90年代に入って「労働　横ばい（→）」「資本　上昇（↑）」「技術進歩　上昇（↑）」でかろうじてプラス成長を保っていたと考える。21世紀の日本は、「労働　下降（↓）」であるので「資本　上昇（↑）」「技術進歩　大きく上昇（⬆）」で成長するしかなく、この際、民間部門（個人、企業）の大いなる奮起が必要であり、政府は、こうした活力ある民間を支援する立場として各種の政策を講じるべきである。

国の行政指導等による経済統制ではなく、市場原理を活かした民間主導の動きで、この成熟経済下における経済の活性化を図る必要がある。市場重視の結果、弱者となった者（市場競争で淘汰された者）への配慮（セーフティネット）は必要ではあるが、むしろ市場競争を促進して「強者（強き企業）」を伸ばすことで全体最適化を目指すべきである(15)。すなわち、強い企業の投資促進や強い企業での雇用の場の増大をもって、市場淘汰で生じた弱者（失業者）を救う考え方である。この意味において、（特にバブル崩壊以降、これまで採られたような）財政出動により、弱き企業をいたずらに延命させるような政策や、既存の企業に労働者を抱え込ませるような政策を、筆者は支持できない。

さて、政府も「あるべき姿と政策方針」（1999）でかなり踏み込んだ政策方針転換を打ち出したが、筆者がいくつかの現行政策を個々に見れば見るほど、「政策実態面での方向転換未だし」という気がする。

次の第２節では、このような筆者の問題意識について少し掘り下げて論述してみたい。

---

(1) サイモン・クズネッツ（西川俊作・戸田泰 訳）『諸国民の経済成長：総生産高および生産構造』ダイヤモンド社（1977)。なお、原書は Simon Kuznets , "Economic growth of nations : total output and production structure" ,Cambridge,Mass.: Belknap Press of Harvard University Press, 1971.

原書の第Ⅱ章51-98頁の中で、クズネッツは一国の経済成長を要因分解して見ることを提起している。この概要は原書51頁に記載されている（以下に引用する)。

「"Growth of Productivity and Nonconventional Costs" ; Kuznets

Our discussion deals first with the evidence relating to the rate of increase of labor input; second, with that on growth of capital input ; third, with the weights by which the inputs of labor and capital are combined ; and finally, with the comparison of combined inputs and output, and the resulting growth rate of productivity.」

「"生産性の向上と枠外費用" ：クズネッツ

われわれの議論は第一に、労働投入量の増加率についての証拠を検討する。第二に、資本投入量の成長について、第三に、労働と資本の投入量を結合するウェイト（配分）について、そして最後に、結合投入量と産出量との比較とその結果としての生産性の成長率について論じる。」

(2) R.M.ソロー（福岡正夫・神谷伝造・川又邦雄 訳)『資本成長 技術進歩』竹内書店新社（1970）などを参照されたい。

同書の第２章73-94頁の中で、ソローはアメリカの1909年から49年までの経済成長をみずからの理論で説明しようとしている。ソローの新奇性は同書51頁に記載されている。

「（前略）もし筆者が新たに示唆すべき何ものかを持っているのでなければ、この議論しふるされた問題をここでふたたび取り上げるのは、正当ではないだろう。これから筆者が述べたいことの新しさは、１人当たり産出量の変化を、技術の変化による部分と、１人当たり資本量の変化による部分の２つに分解する簡単なやり方に求められる。」

(3) P.M.ローマーの「研究開発投資による技術進歩の内生化モデル」の原書は、Romer, P.M, "Increasing Returns and the long-run Growth" , Journal of Political Economy, vol.94, October, 1986.　この概要はhttp://www.worldbank.org/education/economicsed/research/keyread/increasing.htm に掲載されている（以下に引用する)。

「"Increasing Returns and Long Run Growth" ; Romer

This paper presents a fully specified model of long-run growth in which knowledge is assumed to be an input in production that has increasing marginal productivity.
It is essentially a competitive equilibrium model with endogenous technological change.
In contrast to models based on diminishing returns, growth rates can be increasing over time, the effects of small disturbances can be amplified by the actions of private agents, and large countries may always grow faster than small countries.
Long-run evidence is offered in support of the empirical relevance of these possibilities.」
「"増大する収益と長期成長"：ローマー
この論文は、長期成長の大変明確なモデルを示している。その中においては、ナレッジ(知識)は限界生産性を増やしていくにあたり、ひとつの投入因子とみなされている。
これは、本質的には技術の変化を内生する競争の均衡モデルである。
リターン（収益）を逓減させるモデルとは著しく違って、成長率はずっと増加させることが可能であるし、民間（企業）の動向によってはこの成長率が影響を受けてその乖離がひどくなることもあり得る。このようにして、大きな国は小さな国に比べて早く成長するのかもしれない。
（モデルの）長期性は、これらの可能性に関連した経験によって支持され、証明されている。」

(4)　三橋規宏・内田茂男・池田吉紀『ゼミナール日本経済入門2001』日本経済新聞社（2001）112-116頁。なお、新古典派成長理論とは、価格機能は伸縮的であり、生産においては労働と資本が代替的であるという新古典派の理論前提と、マクロ的な貯蓄関数を前提にし、さらに労働供給量が一定比率で増加するという前提のもとでの経済成長を解明した理論である。

(5)　浜田宏一・黒田昌裕・堀内昭義 編 『日本経済のマクロ分析』東京大学出版会（1987）57-96頁。

(6)　『第27回日本経済中期予測2000-2005年度』日本経済研究センター（2000）4-5頁。

(7)　前掲注(4)三橋・内田・池田（2001）96-97頁。

(8)　経済の供給力と現実の間にある開きを指す。経済成長は消費や投資、輸出など需要の増大に対応して供給力が拡大する過程をいうが、需要の増大と供給力の拡大が短期的には一致しない場合が多い。需要が供給を上回っている場合を「需要超過」、逆の場合を「供給超過」という。需給ギャップが「需要超過」に傾くと景気は過熱状態を示し、公定歩合の引上げなど需要抑制策がとられる。逆に「供給超過」に傾くと失業率の上昇、物価の低下など景気は沈滞局面に入る。バブル崩壊以降、日本経済の足取りが重いのは、1980年代後に企業が供給力を大きくし過ぎたために、需給ギャップの縮小に時間がかかっている面もある。景気調整策は、この需給ギャップのぶれを最小限にとどめ、なだらかな経済成長を目的としたものである。

(9) 佐和隆光 編著『21世紀の問題群 持続可能な発展への途』新曜社（2000）。地球環境と経済成長をテーマに研究する経済学者の佐和教授の研究グループは、二酸化炭素の削減と経済成長は両立できると考えている。車をエコカー化したり風力発電などの自然エネルギーを活用するなどにより、経済成長率が上がっても技術革新によって二酸化炭素の排出量は減らせるとの判断を示されている。

(10) http//www.kantei.go.jp/jp/obutisori/speech/1999/0708keizai.htmlより「経済社会のあるべき姿と経済新生の政策方針」についての内閣総理大臣談話を引用。同方針については99年７月５日、経済審議会から小渕内閣総理大臣に答申され、７月８日に閣議決定された。

(11) 『時の動き』経済企画庁（1999）62頁。日本の経済計画は①鳩山内閣（1955）「経済自立５ヵ年計画」②岸内閣（1957）「新長期経済計画」③池田内閣（1960）「国民所得倍増計画」④佐藤内閣（1965）「中期経済計画」⑤佐藤内閣（1967）「経済社会発展計画」⑥佐藤内閣（1970）「新経済社会発展計画」⑦田中内閣（1973）「経済社会基本計画」⑧三木内閣（1976）「昭和50年代前期経済計画」⑨大平内閣（1979）「新経済社会７ヵ年計画」⑩中曽根内閣（1983）「1980年代経済社会の展望と指針」⑪竹下内閣（1988）「世界とともに生きる日本」⑫宮澤内閣（1992）「生活大国５ヵ年計画」⑬村山内閣（1995）「構造改革のための経済社会計画」⑭小渕内閣（1999）「経済社会のあるべき姿と経済新生の政策方針」

(12) 「あるべき姿と政策方針」の作成を実質的に指揮した堺屋太一経済企画庁長官の著作『知価革命』ＰＨＰ研究所（1985）の考え方を色濃く反映している。

(13) 雇用のミスマッチ（supply-demand mismatching in employment） 企業が労働者に求める条件（職種、技能、年齢など）と、仕事を求める求職者の満たす条件・適正が一致しないため、求人が多くても失業が減らない状況のこと。最近では、ホワイトカラー管理職の求職者が増えているにもかかわらず、求人数が減っていたりしている現象が雇用ミスマッチの例といえる。こうしたミスマッチ型の失業は、高齢化の進展や経済の一層の国際化、産業構造の変化にともない、今後さらに上昇する可能性が高い。

(14) 資本のフル稼働を政策目標とすることには慎重意見もある。『経済白書 2000年版』では「不稼動資本の中には陳腐化したものもあるし、経営判断や経営努力の甘さの帰結であるものもある。資本がすべて稼動されることを政府が保障することは長期的に見るとモラル・ハザードを招くことになりかねない」と指摘している。（『2000年版経済白書特集（週刊東洋経済 臨時増刊）』東洋経済新報社 142頁）

(15)　官僚のなかにも意識面での変化は現れてきている。例えば、『通商白書2001』の編集後記として、通商政策局情報調査課長の横田俊之氏は次のように述べておられる。

詳しくはhttp//www.meti.go.jp/discussion/topic_2001_8/kikou_03.htmを参照されたい。

「(前略) このようなグローバル経済における厳しい競争の結果、さまざまなひずみが生じる可能性がある。自由貿易体制や市場経済を守るためにも、極力こうしたひずみが生じないように制度設計に心がけること、そして、ひずみが生じた場合のセーフティ・ネット整備に心がけることが必要である。しかしながら、セーフティ・ネットは、自由貿易体制や市場経済を守るものであって、これを後退させるものであってはならない。“艱難汝を珠にす”という言葉があるが、競争や自由貿易の厳しさを克服して、はじめて日本の活力を再生することが可能となる。」

第２節「問題意識」と その「検証フレーム」

前節で筆者は、日本の現況は、かつての高度成長期とは「明らかな断絶」がある、と結論付けた。政府も、「あるべき姿と政策方針」(1999) に見られるように「政策方針の転換」を打ち出している。しかし、仔細に政策の中身を見ていくと、今なお「高度成長期の発想」とそうした思想に裏打ちされた「高度成長期的な施策」が生き続けているのではないか、と思われることも少なくない。

この第２節では、いくつかの事例を挙げながらこうした筆者の疑問を提示し、本書を通じた筆者の問題意識を掲げてみたい。

〔１〕３つの問題意識

経済産業省（旧 通商産業省。以下、経産省と記す）の政策のなかに、「産業再生」(1)という分野がある。産業再生政策には、縮退する産業に属する企業のリストラ(2)支援や、最近では創業や既成企業の新事業開拓なども含まれる。「産業再生政策」の詳細な考察は第３章にゆずるとして、ここではその概要に触れながら、筆者の問題意識を示す。

経産省は、日本経済が石油ショックなどの大きな環境変化に直面した際、その変化に即応できない構造問題を抱えた企業を支援する法律（時限立法）を長期間にわたって切れ目なく出してきた。

具体的には、第１次石油ショック後の「特定不況産業安定臨時措置法（1978年、以下、特安法)」、第２次石油ショック後の「特定産業構造改善臨時措置法(1983年、以下、産構法)」、プラザ合意後の急激な円高を受けた「産業構造転換円滑化臨時措置法（1987年、以下、円滑化法)」、またバブル崩壊後の「特定事業者の事業革新の円滑化に関する臨時措置法（1995年、以下、事業革新法)」、さらにその後の長期低迷の打開を目指す「産業活力再生特別措置法（1999年、以下、産業再生法)」の5つの法律がそれに当たる。

これら一連の時限立法の「法の目的（各法とも第1条)」を対比させてみると、その連続性は一目瞭然である。（次頁の**図表Ⅰ-9　産業再生政策に関する一連の時限立法群の「法律の目的」対比一覧表**を参照されたい)。

法の背景に始まり、法の狙い、対象、計画の名称、雇用への配慮、中小企業への配慮など各項目に酷似した文言が羅列されている。具体的には、法の背景として「内外の経済的事情の著しい変化にかんがみ」と表記しているのが特安法と産構法であり、「内外の経済的環境の多様かつ構造的な変化に対処して」と記しているのが事業革新法で、「内外の経済的環境の変化に伴い」との表記が産業再生法に見られる。また、法の対象は特安法が「特定不況業種」、産構法が「特定産業」、円滑化法と事業革新法が「特定事業者」、産業再生法が「事業者」という具合に少しずつ修正が加えられながら、対象の特定がなされている。このように一連の時限立法は、時限的性格を有しながらも各々に連続していることが読みとれよう。

以上のように、経産省の産業再生政策を時系列的に並べてみると、新しく法律を制定する際に、その1つ前の法律を踏襲しようとする傾向が見られるが、はたしてこのような高度成長期以来の「思想の踏襲」は、現下の成熟経済下においても有用なのであろうか。ここに筆者の疑問がある。

また「法の目的」のみならず、「法の手段」面についても成熟経済の現在に至ってなお高度成長期のものが用いられ続けている例もある。具体的には「法人税に関する租税特別措置」を簡単に見てみたい（本書では、「産業政策における租税優遇措置」の詳細な考察は第2章にゆずる)。

法人税に関する租税特別措置法[(3)]は109ある（ただし、この数は条文の数を指す)。（章末**図表Ⅰ-10　時系列分類：法人税租税特別措置法　概要**（58～62頁）を参照されたい)。租税特別措置法は1946（昭和21）年に「臨時租税措置法（1938年)」の廃止にともない創設された。1957（昭和32）年に租税特別措置の整理と全文改正がなされ、1976（昭和51）年に第1次の一律縮減、80（昭和55）年に

図表Ⅰ-9　産業再生政策に関する一連の時限立法群の「法律の目的」対比一覧表

	特安法	産構法	円滑化法	事業革新法	産業再生法
背　景	この法律は、 最近における 内外の経済的事情の 著しい変化にかんがみ、	この法律は、 最近における 内外の経済的事情の 著しい変化にかんがみ、	この法律は、 国民経済が中長期的に発展し、国際経済の進展に寄与していくためには、 我が国の産業構造が国際経済環境と調和のとれた活力あるものに転換していくことが重要であることにかんがみ、	この法律は、 内外の経済的環境の 多様かつ構造的な変化に対処して	この法律は、 内外の経済的環境の 変化に伴い 我が国経済の生産性の伸び率が低下している現状にかんがみ、我が国に存する経営資源の効率的な活用を通じて生産性の向上を実現するため、特別の措置として、
対　象	特定不況業種について、 その実態に即した	特定産業について、 その実態に即した	特定事業者の	特定事業者が 実施する	事業者が 実施する
計画名称 措置	安定基本計画を策定し、 計画的な設備の処理の ための措置を講ずることにより、	構造改善計画を策定し、 計画的な設備の処理及び生産若しくは経営の規模又は生産の方式の適正化の促進等の ための措置を講ずることにより、	新たな経済的環境への適応を円滑にするための措置を講ずるとともに、	事業革新を円滑化する ための措置を	事業再構築を円滑化する ための措置を
地方の活力			特定地域の経済の安定及び発展のための措置を構ずること等により、		
雇　用	雇用の安定及び	雇用の安定及び		雇用の安定等に	雇用の安定等に 配慮しつつ講ずるとともに
中小企業	関連中小企業者の経営の安定に 配慮しつつ、	関連中小企業者の経営の安定に 配慮しつつ、		配慮しつつ講ずることにより、	創業及び中小企業者による新事業の開拓を支援するための措置を講じ、併せて
狙　い	特定不況業種における 不況の克服と 経営の安定を図り、 もって国民経済の 健全な発展に 資することを目的とする。	特定産業の 構造改善を推進し、 もって国民経済の 健全な発展に 資することを目的とする。	我が国の産業構造の 転換の円滑化を図る ことを目的とする。	国内生産活動の 活性化を図り、 もって国民経済の 国際経済環境と調和のとれた 健全な発展に 寄与することを目的とする。	事業者の 経営資源の増大に資する研究活動の活性化等を図ることにより、 我が国産業の活力の 再生を速やかに実現する ことを目的とする。

出典：各法の第１条を参考に筆者が作成した。

第２次の一律縮減が行われ、97-98（平成７-８）年にはさらにスクラップ・アンド・ビルドがなされている。こうして何度かリニューアルを試みられてはいるものの、現行のものを分析すれば、最も古いものでは1959（昭和34）年以来今に至るものが「交際費等の損金不算入」など４つあり、1960年代（昭和35年から44年まで）に手当てされ現在に至るものが31、1970年代（昭和45年から54年まで）に成立して今に至るものが15、1980年代（昭和55年から平成元年まで）に設けられて現在に至るものが22である。

何年前まで遡って当該措置を昔（高度成長期）に作られたものであると決めるか、すなわち、どこで区切るかが問題ではあるが、仮に、金子宏教授が「シャウプ税制修正期」(4)と名づけられた1986（昭和61）年までで区切って見れば、現存する法人税に関する租税特別措置の約62%（全109のうち、計68の条文数）は、86年以前のものということになる。

明らかに昔（高度成長期）と今（成熟経済下）とでは断絶があるにもかかわらず、昔に立案された政策手段を今でも使い続けているのである。

さて、成熟経済の現在に至ってなお、旧来型の対処方法を採用するべきである、と主張する論者は（以前より少なくなったとはいえ）今でも存在している。ここで少しだけ、こうした論者の主張と、それに対する反対論について触れておきたい。一例を挙げれば、1964（昭和39）年に経済企画庁の内国調査課長を務められ、現在は日本経済研究センターの顧問（元会長）である金森久雄氏は、2001年10月に高松市の講演で「公的債務の660兆円に対し個人金融資産は1,400兆円ある。個人が国債を買う余力は十分にあり、国債を増発しても問題はない。不況下では景気対策を打たねばならない。財政政策に頼らざるを得ない」と発言しておられる(5)。金森氏は強気派のエコノミストとして知られ、2001年の年頭の経済予測でも01年度は3.0%成長（実質ＧＤＰ）を予測しておられ、国債増発を行ってでも公共投資を積極推進するべきである、というのが持論である。

しかし、こうした積極財政論に対しては、どれだけの金額があれば十分なのか、十分であったとして効果が出るまでに何年かかるのかといった量的提案はほとんどなく、しかも直近の10年間で繰り返された財政政策の結果は財政赤字の累増のみであった、という批判の声は多い。例えば、経済評論家で21世紀政策研究所理事長の田中直毅氏は、次のように指摘し、財政の積極出動論はかえって国の将来を危うくする、と主張しておられる(6)。

「世界のお金の流れがはっきりとリスクの回避を目指し始めた。財政収支構造のゆがみを長期化させている国家が発行した国債の償還には、従来よりも厳しい評価がなされる可能性が高い。投資家が受け止めるリスクに見合って求める追加処分の金利をリスク・プレミアムと呼ぶ。日本国債について、これが顕在化しないとは言い切れない状況となった。財政規律が損なわれたと投資家が判断すれば、国債価格が急落するおそれがある。実際に急落すれば不況下の金利高となり、債務超過企業は一挙に瀬戸際まで追い込まれよう。」

最近では、財政政策によって景気回復を優先させるべき、とする論者のなかにもかつての主張を徐々に変えて、公共投資ではなく政策減税を唱える論者も見受けられる。野村総合研究所のエコノミスト植草一秀氏は最近、「従来型の公共事業ではなく、環境対策、失業給付の延長や政策減税をすべきだ」と発言しておられる(7)。このように最近では（従来以上に)、財政規律に目配りする論者も増え、また財政政策を採用するとしても、公共事業への支出中心ではなく政策減税を主張する論者も多くなっている。すなわち、政府規模が縮小されないために規制や指導も維持されるので、歳出面にメスを入れるべきとする意見が、現下の日本の成熟経済状況において多数を占めつつある。

オピニオンリーダーたちが成熟経済を意識し始める一方、先に産業再生政策と租税特別措置を例にとって見てきたように、法政策の現場では、未だに高度成長期に成立した政策を引きずっている。

以上のように筆者の問題意識は、第１に**「今でも（成熟経済下でも)、昔の（高度成長期の）政策を引きずって使い続けてよいのか」**ということである。

この上で第２に**「高度成長期と成熟経済下では、必要とされる政策の中身は何が違うか」**という点も考察してみたい。高度成長期から成熟社会へと経済・社会構造が変わったにもかかわらず、政策が依然として高度成長期的なものであれば、その「連続性」が引き起こす様々な問題点を検討することにより、高度成長期の政策と成熟経済下で必要とされる政策との対照性が明らかになるはずである。

そして第３に**「高度成長期の政策を成熟経済下で、どう適応（adjust）させればよいか」**という考察を行い、どのような制度を設計すれば成熟経済下で機能する政策となるかを提言したい。

特に、（前節で示したように）日本の経済・社会にとって中・長期的にキーファクターとなる「労働」面での労働力の円滑移動と「技術」面における民間企業の大奮起という「あるべき姿」を実現するにはどういう政策が必要かという示唆を得るための検証を行う。なお、経済成長の３要素のうち、残りの「資本」面について、その増進に関して筆者はあまり興味を持たなかったので研究対象からは外している。理由は、前節で少し触れたように資本の増強はこれまでも順調に行われてきたし、これからも行われる見込みであり、順調に推移するものと予想され、本研究の問題意識である高度成長社会と成熟経済社会との差があまり出てこないであろうと考えるからである。

本書では、「労働」と「技術」に焦点を絞って、この〔１〕で示した３つの問題意識をもとに研究を行うことにしたい。

〔２〕検証フレーム

この項では、研究を行うにあたっての作業仮説を提起したい。まずは、高度成長社会と成熟経済社会の差を「政府の役割」という面から考えてみたい。

『経済白書 1999年版』(8)では、第３章で「新しいリスク秩序の構築に向けて」と題し、従来の日本の経済システムの分析と今後の政府の役割について提言している。すなわち、従来（高度成長社会）の日本経済システムのリスク処理機能は、①暗黙のルール、②再構築困難(9)、③成長期待と地価上昇に依存という３つの特徴を持ち、これが①キャッチアップの終了、②株価や地価など資産価格の下落と含み益の払底、③金融・資本市場の国際化によってリスク関連秩序が機能しなくなったと分析している。そしてこれらを踏まえて、今後（成熟経済社会においては)、「暗黙のルールによる裁量的処理の根本的な見直し」が必要であると提言している。

また、『経済白書 2000年版』(10)でも、第２章で「持続的発展のための条件」と題し、公的部門（政府）の役割の変化について論じている。すなわち、1960年代から70年代にかけて、主要先進国では公的部門の役割の拡大が見られ、いくつかの主要産業において企業の国有化が進められたが、80年代に入ると、新保守主義(11)と呼ばれたイギリスのサッチャー政権やアメリカのレーガン政権の政策に見られるように、多くの先進国で民営化や規制緩和が積極的に推進され、公的部門に期待される役割が大きく変化した、と指摘している。この背景には、1970年代から80年代にかけてのスタグフレーション(12)のなかでの財政赤字の拡大や行き過ぎた国有化による産業活力の低下といった「政府の失敗」を是正するために「市場メカニズムの活用」が求められた、としている。さらに1990年代に入ると経済の国際化や情報化といった外部環境が変化するなかで、企業活動の基本となる法制、税制、会計制度などを時代や国際慣行に合った形で規定し直すとともに、企業活動を行ううえで快適な環境を提供することが政府に求められるようになったとして、こうした動きは「かつてのような大きな政府への逆戻りが志向されている訳ではなく、更なる政府の効率性追及と国民ニーズに合った行政サービスの提供が必要である」と結んでいる。

このように、最近の経済白書に垣間見ることができる政府自身の考える「政府の役割」は、高度成長社会と成熟経済社会では明らかに違ってきている。

高度成長時代は政府が民間部門（企業）を「指導」「助言」「勧告」等の「行政指導」(13)によって縛り（規制し)、裁量的な経済運営が志向された。行政指導の代表例としては、通商産業省（現 経済産業省。以下、通産省と記す）の鉄鋼・石油・化学工業などに対して行われた生産調整指導などが挙げられる。ちなみに、日米半導体協定(14)に基づいて通産省が1991（平成３）年７月末まで行っていた「日本製半導体の第三国向け輸出価格監視（モニタリング)」について、関税貿易一般協定（ＧＡＴＴ)(15)の理事会はこれをＧＡＴＴ違反と採択した。日本が第2次大戦後の経済復興を期して欧米の先進国にキャッチアップする過程ではうまく機能してきた裁量行政も、日本が世界経済における枢要な地位を占めるにあたっては、国際社会からもそうした経済運営手法は不透明であるとして非難されるに至った。また最近では国内からも、新興企業から既成産業保護に偏りやすい従来の裁量行政に対して強い不満が出されるようになってきた(16)。すなわち、高度成長社会に対して、成熟経済社会での「政府の役割」は、民間部門（企業）の自由な創業者的活動を促進し、民間部門に起業的活動を行わせるうえで好ましい環境を整備して経済活動を活性化させることが期待されるようになってきたのである。

ここで、高度成長社会と成熟経済社会の差を見るにあたっての作業仮説を概括してみたい。高度成長社会においては、補助金や各種規制にともなう行政指導を中心に、産業の育成と保護を政府が主体的に行うもの、といった考え方が支配的であった。これを高度成長社会における規制的手法での政策運営ということで、『**高度規制型**』と本書では呼ぶことにする。これに対して、成熟社会においては市場は間違うかもしれないが、それでも市場に委ねた方が（政府の裁量で経済運営を行うよりも）良い結果が得られるはずという考え方を基本にして各種政策を講じるのがよいとする意見が大勢を占めるに至っている。この考え方を『**成熟市場型**』と以下、呼ぶことにする。

すなわち、本書では以下一貫して、法律・政策を「高度規制型」と「成熟市場型」という概念の対比で検証することにしたい。

〔3〕政策手段としての税制

本書は「日本の現況、すなわち成熟経済下における税制のあり方を明らかにすること」を目的としている。筆者の問題意識が「今でも（成熟経済下でも）、昔の（高度成長期の）政策を引きずって使い続けてよいのか」という点にあることはすでに述べた。この政策検証のフレームワークが「高度規制型」と「成熟市場型」の対比となる。

ここで触れておきたいのは、「個々の企業行動の総和（シグマ）が経済である」という（経済・社会状況をとらえるに際しての）筆者独自のものの見方である。この基本的な見方は、この後の研究（第２章での技術政策面での税制考察および第４章での労働政策面での税制考察等）で繰り返して提示する。

「法律上の制度」と「経済」との関係は、しばしばマクロ的な数値や因果関係で語られる。しかし現実には、法律上の制度が「個々の企業」の意思決定に影響を与えた「結果の集積」が、経済現象として顕在化しているのである。

すなわち、「法律」上の制度が「経済」に期待される影響を与える場合には、常に個々の「企業（経営）」における意思決定を経由することが考えられるので、この基本的な見方に立って、本書では、法学と経済学と経営学（企業経営）の重なり具合・相互作用をできるだけ定量的（実証的）に把握するよう努める。

なお、この見方の効用は、次のような点にある。つまり、「成熟市場型」においてはマーケット（市場）メカニズムを重視することが大前提として存在するため、市場における企業の動きをつかんでおくことが、「市場」と「政府」の距離感（どこまで政府は市場に関与するのか、また政府による当該関与の効果）を測るうえで肝要となる。本書では、こうした筆者の見方に基づいて実証研究を積み重ねていくに従い、市場の声を聞く（企業実態を踏まえる）ことの重要性が改めて確認できればよいと考える。

さて、本研究を行ううえで、政策（手段）として筆者が「税制」に焦点を絞った理由について簡単に触れておきたい。

まず、「税制」に触れる前に、「補助金」について述べておく。本書では、「成熟市場型」における目的達成手段としての「税制」に対応するものとして、「高度規制型」における手段としての「補助金」等を考えている。この補助金に関して新藤宗幸教授は「高度規制型」における（行政指導等の政府による）「民間部門（企業・個人事業主）への強制介入政策を裏打ちするもの」として、次のように指摘しておられる(17)。

「融資の斡旋とならんで行政指導の実効性を担保しているのは、補助金である。（中略）建設省は、1968年に制定された都市計画法ならびに70年代に同法に追加された都市開発制度の運用に関する通達を、つぎつぎと打ち出した。（中略）通達された規制基準の緩和自体が、民間開発資本の行動を操作する有力な担保手段だったのはいうまでもない。加えてこれらの通達は、『ごていねい』に補助率のかさ上げもはかり、一段と実効性の確保をねらったのである。補助金もまた、法令上に根拠規定をもつものから単年度の予算で措置されるものまで、その件数おおよそ1,500件といわれるように、各種の行政分野にわたって縦横に整えられている。行政指導が日本の省庁に横断的にみられる行政態様であるとするなら、補助金もまた省庁横断的に所管され、有力な政策実現手段となっている。法令の直接発動ではない行政指導は、以上の例にみるように、その実効性を補助金によって裏打ちされているといえるのである。」

新藤教授はこの他、直接補助金については語られていないものの、「巧妙な指導方法」として次のような事例を挙げておられる。「対米自動車輸出台数のメーカーごとのシェア」について「通産省は機械情報産業局にメーカーごとに日時を設定して代表を呼び付け、局長同席のもとで自動車課長が輸出台数を通告する方法」を採用した、ということである(18)。

以上のように、政策手段として「補助金」「行政指導」などに代表される「高度規制型」の政策・執行スタンスは、官による民の統制ということで、かなり「ハードな」政策実現の手法といえよう。

これに対比させる形で、政策手段としての「税制」を検討してみれば、相対的に「ソフトな」政策実現手法といえる。ただし、そもそも学界からは、産業政策に税制を用いるべきではないとする意見がある。シャウプ勧告は、租税特別措置を、公平の原則に反するものとして厳しく排撃し(19)、特に租税優遇措置（軽課措置）は憲法14条１項との関連で、その用いられ方にはいくつかの観点から検証を要するものとされている(20)。

しかし、最近では、租税優遇措置が現実として利用され続けていることを考慮して、これを排斥するのではなく、いかにして統制するかという観点からの議論や、「経済的インセンティブによる政策実現」の１つの手段としてこれを再評価する意見もある（租税法学および財政学からの租税特別措置のとらえ方について、詳しくは第２章で紹介する）。

特に昨今、先の検証フレームでいうところの「成熟市場型」の政策手段として、企業の自主性をソフトに刺激する方法としての税制がクローズアップされてきている。

少々長い引用ではあるが、青木昌彦教授の「インセンティブとしての税」[21]と題するご指摘を紹介しておく。

> 「増大する失業の懸念を理由に、景気刺激、即、財政支出の拡大を声高に叫ぶ政治家がまたぞろ出てきそうだ。だが生産性の低いセクターにいくら公共資金をつぎ込み、雇用を維持しようとしても、低成長の罠からは逃げられない。財政出動が必要でないというのではない。問題は景気対策が財政の支出サイドに偏り過ぎていることだ。政治家は自分の金でない税をバラまくことによって人気取りができれば良いだろう。だが民間では公共資金を獲得するための非経済的な活動が刺激される。ツケは将来世代にまわされる。その点、税はデザインによっては経済力を強めたり、構造改革を促進したりできる。たとえば、ある一定期間を限って銀行に、債権放棄などの理由で生じた損失を税法上年度を越えて繰り越し、将来の税負担を軽減することを許すとしよう。すると粉飾まがいのことまでして泥沼にはまるより、早く不良債権を処理する意欲が銀行に生ずるだろう。他にも税を経済活力のインセンティブとして用いうる例はたくさんある。しかし、日本でこれまで税制が機動的に用いられてこなかったのは、税務当局の公平性の理念、税制悪用防止のプロ意識かもしれない。だが絶対的な公平性の達成はあり得ない以上、他の政策目的（たとえば病んだ金融システムの治療）との間のトレード・オフが必要で、これは政治判断の問題だ。また税制設計では性悪説にたつべきだが、経済インセンティブの刺激という視点も、同じ“利己的”という人間観にもとづく。税制の変更における財務省主税局、自民党税調、政府税調などの絡んだ決定プロセスも、納税者には透明に見えてこない。経済政策の基本的な方向付けは内閣が責任を持ち、

税務当局は機動的な税制の設計にプロの能力を発揮し、政治家は税制にかんする知識と見識を国会論議や政策提言を通じて表明する、というのが望ましい方向とはいえないだろうか。」

筆者は、小さな政府、大きな活力ある民間という姿こそが「成熟市場型」政策の根幹に据えられるべきであり、企業が（国際競争力を高めるうえで）自発的な動き、例えば研究開発投資などを行うことを政府が側面支援するような政策が必要であると考える。それゆえに、青木教授の示唆されるところには大いに賛成するものであり、望ましき経済・社会の方向に企業を円滑に誘導する手段として、税制は、これまでも一定の役割を果たしてきたし、今後も果たすべきと考えている。

以上のような理由から、本書では、「成熟市場型」政策の手段として期待される税制に焦点を当てて、法律・政策の研究を行うこととしたい。

---

(1)　最近では、小渕内閣が1999年に成立させた「産業再生法」に端的に示される政策で、サプライサイド（供給側）の改革を狙っている。同法では、日本経済の再生を阻んでいるのは「設備」「債務」「雇用」の３つの過剰の清算が急務と判断し、今井敬経団連会長らによる「産業競争力会議」の提言をもとに企業の設備廃棄や組織再編を促す各種の政策措置を講じている。

(2)　事業の再構築のこと。企業は永久的な存続を目指すが、その過程で成長分野の拡充、不採算部門の切り捨てなどにより収益力、成長性の維持を図ろうとする。好況時には鉄鋼や造船業界の新規事業など前向きの例が多かったが、1991年以降の不況局面では、事業の縮小・再編、それに伴う人員や有利子負債の削減など、後ろ向きのリストラが増えている。収益立て直しのための合理化策をリストラと呼んでいるケースも少なくない。

(3)　租税政策の一環として、特定の政策目的を達成するため、税法の本則とは別に、制度的に特別措置を定めた法律。投資減税や特別償却、各種の準備金制度、交際費課税、土地譲渡益重課等が定められている。

(4)　金子宏『租税法（第８版）』弘文堂（2001）70-72頁。

(5)　金森久雄 他「景気討論会（高松）」日本経済新聞朝刊（2001年10月24日）

(6)　田中直毅『経済教室』日本経済新聞朝刊（2001年11月23日）

(7) 植草一秀「不良債権問題私の処方せん」日本経済新聞朝刊（2001年11月17日）。

植草氏の場合、公共投資の積極出動論が基底にあるものの、バブル崩壊直後の経済政策において、財政出動すべき時に緊縮予算を組んだり、また緊縮予算ゆえに経済成長が失速し、かえって大型の財政出動を余儀なくされるなど、政策のちぐはぐさ（Stop & Go の繰り返し）を主に批判されている。詳しくは、植草一秀『現代日本経済政策論』岩波書店（2001）61頁等を参照されたい。

(8) 「経済白書1999」の解説本『1999年版 経済白書特集（週刊東洋経済 臨時増刊）』東洋経済新報社 21頁。

(9) ルールが明示的なものでなかったためにルールが破られた当事者は損害を回収しにくく、それゆえにこうした事態が発生すると当事者のみならずルール自体に対する急速な不信感が広まることを指す。

(10) 「経済白書2000」の解説本『2000年版 経済白書特集（週刊東洋経済 臨時増刊）』東洋経済新報社 121頁。

(11) 新保守主義とは、1970年代の後半以降、アメリカにおいて支配的になった政治潮流。その特徴としては、自由放任主義などが挙げられる。アメリカの保守主義は徹頭徹尾自由主義的であり、政府の干渉をできるだけ排して自由競争や自由市場の原則を貫くことに熱心である。具体的には、政府規模の縮小、統制撤廃などが要求されることになる。

(12) 景気停滞のもとでも物価が上昇し、不況とインフレーションが共存している状態をいう。Stagnation（景気停滞）とinflationの合成語。競争的な市場経済では市場が有効に機能している限り、不況になると通常、物価は下落する。しかし、価格調整のラグやインフレ期待（インフレが持続ないし上昇するに違いないという予想）などがあると、不況下でもインフレが発生しうる。

(13) かならずしも法令の根拠に基づかず、行政官庁がその所管事務について業界や下級行政機関に対し、指導・助言・勧告等の手段により、一定の政策目的を達しようとする作用。行政指導については、これに従うか否かが相手方の意思に任されているため、行政責任をどのように確保するかという問題が常に存在する。外国からは政府と企業がこの種の措置を通じて癒着し、外国企業の参入を妨げているとして、その不透明さが指摘されている。

(14) 1986（昭和61）年９月２日に日米政府間で締結された協定。主な内容は、①外国製半導体の日本市場参入を容易にするため、日本政府は国内ユーザーに対して外国製半導体の使用を奨励する、②日本政府は米国市場へ輸出されるＥＣＬ型ＲＡＭなど６品目を対象にコストと価格を監視する、③アメリカ商務省は256キロビット以上のＤＲＡＭ、ＥＰＲＯＭ（紫外線で消去・再書き込みが可能な読み出し専用メモリー）の２品目の対米輸出のモニタリングを行う、など。当初は日米メーカーの対米ダンピング防止を主眼としていたが、

87年春以来の世界的な半導体需要の増加でダンピングはなくなり、焦点は外国製品の対日参入に移った。

⒂　General Agreement on Tariffs and Trade（略してＧＡＴＴ）。関税と貿易に関する一般協定。関税や各種輸出入規制などの貿易障壁を多国間交渉によって除去し、自由貿易を維持・拡大する目的で1948（昭和23）年に発足した。ジュネーブに本部を置き、日本は1955年に加盟した。多角的貿易交渉として代表的なのは64年から67年にかけてのケネディ・ラウンド、73年から79年の東京ラウンドなど。86年９月からのウルグアイ・ラウンドは93年12月15日、サザランド事務局長の再集合意案で妥結。95年１月にＧＡＴＴより権限の強い世界貿易機関（ＷＴＯ）が設立され、ＧＡＴＴにとって代わった。

⒃　2000（平成12）年４月６日に財務省（旧 大蔵省）がベンチャー企業の経営者を招いて開催した「しなやかな行動派と語ろう会」で、ベンチャー経営者からは株式分割やストックオプションの自由化など多くの要望が出され、同時に既成産業保護への強い懸念が示された。

⒄　新藤宗幸『行政指導－官庁と業界のあいだ－』岩波新書（1992）120-122頁。

⒅　前掲注⒄新藤（1992）149頁。

⒆　前掲注⑷金子（2001）66頁。

⒇　前掲注⑷金子（2001）91-92頁。「租税優遇措置が憲法14条１項に反して無効となるかどうかは、それが不合理な優遇といえるかどうかにかかっており、その判断は、個別の租税優遇措置ごとになされるべきであるが、この判断にあたって主として問題となるのは、①その措置の政策目的が合理的であるかどうか ②その目的を達するのにその措置が有効であるかどうか ③それによって公平負担がどの程度に害されるか、等の諸点である」

(21)　青木昌彦『あすへの話題』日本経済新聞夕刊（2001年10月31日）。

図表Ⅰ-10　時系列分類：法人税租税特別措置法 概要

S34	交際費等の課税の特例	第61条の4	交際費等の損金不算入	重課措置
	資産の譲渡の場合の課税の特例	第64条	収用等に伴い代替資産を取得した場合の課税の特例	軽課措置
		第64条の2	収用等に伴い特別勘定を設けた場合の課税の特例	軽課措置
		第65条	換地処分等に伴い資産を取得した場合の課税の特例	軽課措置
S36	特別税額控除及び減価償却の特例	第43条	特定設備等の特別償却	軽課措置
		第45条	低開発地域等における工業用機械等の特別償却	軽課措置
		第47条	優良賃貸住宅等の割増償却	軽課措置
		第49条	鉱業用坑道等の特別償却	軽課措置
		第52条	鉱工業技術研究組合等に対する支出金の特別償却	軽課措置
	その他の特例	第66条の10	鉱工業技術研究組合等の所得計算の特例	軽課措置
S39	準備金等	第55条	海外投資等損失準備金（投融資に係る海外投資等損失準備金）	軽課措置
	技術等海外取引に係る課税の特例	第58条	技術等海外取引に係る所得の特別控除	軽課措置
	協同組合の課税の特例	第61条	農業協同組合等の留保所得の特別控除	軽課措置
	その他の特例	第67条の2	特定の医療法人の法人税率の特例	軽課措置
S40	準備金等	第57条の2	渇水準備金	軽課措置
		第57条の5	保険会社等の異常危険準備金	軽課措置
		第57条の6	原子力保険又は地震保険に係る異常危険準備金	軽課措置
	鉱業所得の課税の特例	第58条の2	探鉱準備金又は海外探鉱準備金	軽課措置
		第58条の3	新鉱床探鉱費又は海外新鉱床探鉱費の特別控除	軽課措置
	その他の特例	第67条	社会保険診療報酬の所得計算の特例	軽課措置
S41	準備金等	第57条の9	中小企業の貸倒引当金の特例	軽課措置
S42	特別税額控除及び減価償却の特例	第42条の4	試験研究費の額が増加した場合等の法人税額の特別控除	軽課措置
		第52条の2	特別償却不足額がある場合の償却限度額の計算の特例	軽課措置
		第52条の3	準備金方式による特別償却	軽課措置
	準備金等	第56条の3	計画造林準備金	軽課措置
	資産の譲渡の場合の課税の特例	第65条の2	収用換地等の場合の所得の特別控除	軽課措置
	その他の特例	第67条の3	農業生産法人の肉用牛の売却に係る所得の課税の特例	軽課措置
S43	特別税額控除及び減価償却の特例	第46条	中小企業構造改善計画を実施する商工組合等の構成員の機械等の割増償却	軽課措置
		第48条	倉庫用建物等の割増償却	軽課措置

S43	準備金等	第56条の4	電子計算機買戻損失準備金	軽課措置
S44	資産の譲渡の場合の課税の特例	第65条の3	特定土地区画整理事業等のために土地等を譲渡した場合の所得の特別控除	軽課措置
		第65条の4	特定住宅地造成事業等のために土地等を譲渡した場合の所得の特別控除	軽課措置
		第65条の6	資産の譲渡に係る特別控除額の特例	重課措置
		第65条の7	特定の資産の買換えの場合の課税の特例	軽課措置
		第65条の8	特定の資産の譲渡に伴い特別勘定を設けた場合の課税の特例	軽課措置
		第65条の9	特定の資産を交換した場合の課税の特例	軽課措置
S45	準備金等	第56条の2	ガス熱量変更準備金	軽課措置
S46	特別税額控除及び減価償却の特例	第50条	植林費の損金算入の特例	軽課措置
	その他の特例	第67条の4	転廃業助成金等に係る課税の特例	軽課措置
S47	特別税額控除及び減価償却の特例	第45条の2	中小企業者の機械等の特別償却	軽課措置
	準備金等	第55条の3	自由貿易地域投資損失準備金	軽課措置
		第57条	プログラム等準備金	軽課措置
S48	特別税額控除及び減価償却の特例	第46条の2	障害者を雇用する場合の機械等の割増償却等	軽課措置
	土地の譲渡等がある場合の特別税率	第63条	短期所有に係る土地の譲渡等がある場合の特別税率	重課措置
S49	準備金等	第55条の5	金属鉱業等鉱害防止準備金	軽課措置
	資産の譲渡の場合の課税の特例	第65条の5	農地保有の合理化のために農地等を譲渡した場合の所得の特別控除	軽課措置
S50	その他の特例	第66条の11	特定の基金に対する負担金等の損金算入の特例	軽課措置
		第68条	民間国外債の利子及び発行差金等の非課税	軽課措置
S53	内国法人の特定外国子会社等に係る所得の課税の特例	第66条の6	内国法人に係る特定外国子会社等の留保金額の益金算入	重課措置
		第66条の7	内国法人に係る特定外国子会社等の留保金額の益金算入 （特定外国子会社等の課税対象留保金額に係る外国法人税額の計算等）	重課措置 （二重課税排除）
		第66条の8	内国法人に係る特定外国子会社等の留保金額の益金算入 （特定外国子会社等の課税済留保金額の損金算入等）	重課措置 （二重課税排除）
		第66条の9	内国法人に係る特定外国子会社等の留保金額の益金算入（政令委任）	重課措置
S56	資産の譲渡の場合の課税の特例	第65条の10	特定の交換分合により土地等を取得した場合の課税の特例	軽課措置
S58	特別税額控除及び減価償却の特例	第44条	地震防災対策用資産の特別償却	軽課措置
	準備金等	第57条の3	使用済核燃料再処理準備金	軽課措置
	資産の譲渡の場合の課税の特例	第65条の11	大規模な住宅地等造成事業の施行区域内にある土地等の造成のための交換等の場合の課税の特例	軽課措置

S58	資産の譲渡の場合の課税の特例	第65条の12	大規模な住宅地等造成事業の施行区域内にある土地等の造成のための譲渡に伴い特別勘定を設けた場合の課税の特例	軽課措置
S59	特別税額控除及び減価償却の特例	第42条の5	エネルギー需給構造改革推進設備等を取得した場合の特別償却又は法人税額の特別控除	軽課措置
		第42条の6	電子機器利用設備を取得した場合等の特別償却又は法人税額の特別控除	軽課措置
		第44条の2	高度技術工業集積地域における高度技術工業用設備の特別償却	軽課措置
	準備金等	第55条の2	海外投資等損失準備金（特定海外債権に係る海外投資等損失準備金）	軽課措置
	景気調整のための課税の特例	第66条の3	確定申告書の提出期限の延長の特例に係る利子税の特例	重課措置
S60	準備金等	第57条の7	関西国際空港整備準備金又は中部国際空港整備準備金	軽課措置
	その他の特例	第68条の2	利子・配当等に係る所得税額の控除等の特例	重課措置
S61	準備金等	第55条の6	海洋油田・ガス田廃鉱準備金	軽課措置
		第56条	特定都市鉄道整備準備金	軽課措置
	国外関連者との取引に係る課税の特例	第66条の4	国外関連者との取引に係る課税の特例	重課措置
	その他の特例	第67条の13	特別国際金融取引勘定において経理された預金等の利子の非課税	軽課措置
S62	特別税額控除及び減価償却の特例	第42条の7	事業基盤強化設備を取得した場合等の特別償却又は法人税額の特別控除	軽課措置
		第43条の2	関西文化学術研究都市の文化学術研究地区における文化学術研究施設の特別償却	軽課措置
		第44条の5	特定余暇利用施設の特別償却	軽課措置
	その他の特例	第66条の12	欠損金の繰越期間の特例（特定農産加工業者の前10年以内の設備廃棄による欠損金額の損金算入）	軽課措置
S63	特別税額控除及び減価償却の特例	第44条の3	特定事業集積促進地域における特定事業用資産の特別償却	軽課措置
	その他の特例	第68条の3	特定の協同組合等の法人税率の特例	重課措置
H1	特別税額控除及び減価償却の特例	第43条の3	特定中核的民間施設等の特別償却	軽課措置
H2	特別税額控除及び減価償却の特例	第42条の11	製品輸入額が増加した場合の製造用機械の割増償却又は法人税額の特別控除	軽課措置
		第44条の6	特定電気通信設備の特別償却	軽課措置
	準備金等	第57条の4	原子力発電施設解体準備金	軽課措置
H3	特別税額控除及び減価償却の特例	第44条の7	商業施設等の特別償却	軽課措置
	準備金等	第55条の7	特定災害防止準備金	軽課措置
	土地の譲渡等がある場合の特別税率	第62条の3	土地の譲渡等がある場合の特別税率	重課措置
H4	特別税額控除及び減価償却の特例	第44条の8	特定の拠点地区における産業業務施設の特別償却	軽課措置

H4	国外支配株主等に係る負債の利子の課税の特例	第66条の5	国外支配株主等に係る負債の利子の課税の特例	重課措置
	その他の特例	第66条の13	欠損金の繰越期間の特例（特定対内投資事業者の前10年以内の特例欠損金額の損金算入）	軽課措置
		第66条の14	欠損金の繰戻しによる還付の不適用	重課措置
		第67条の5	特定の公社債等を交換した場合の課税の特例	軽課措置
H5	特別税額控除及び減価償却の特例	第46条の3	農業経営改善計画等を実施する法人の機械等の割増償却	軽課措置
	農業生産法人の課税の特例	第61条の2	農用地利用集積準備金	軽課措置
		第61条の3	農用地等を取得した場合の課税の特例	軽課措置
	その他の特例	第68条の5	適格退職年金契約に係る退職年金等積立金の額の計算の特例	軽課措置
H6	準備金等	第55条の4	創業中小企業投資損失準備金	軽課措置
	使途秘匿金の支出がある場合の課税の特例	第62条	使途秘匿金の支出がある場合の課税の特例	重課措置
H7	特別税額控除及び減価償却の特例	第42条の8	事業化設備等を取得した場合等の特別償却又は法人税額の特別控除	軽課措置
		第44条の4	事業革新設備等の特別償却	軽課措置
	その他の特例	第67条の6	特定株式投信信託の収益の分配に係る受取配当等の益金不算入等の特例	軽課措置
		第67条の8	上場会社等の利益をもってする株式の消却の場合のみなし配当の課税の特例	軽課措置
H8	特別税額控除及び減価償却の特例	第44条の9	再商品化設備等の特別償却	軽課措置
		第44条の10	特定集積地区における輸入関連事業用資産の特別償却	軽課措置
	その他の特例	第68条の6	公益法人等の収支計算書の提出	重課措置（適正課税）
H9	その他の特例	第67条の7	特定の農業協同組合連合会等の合併に係る受取配当等の益金不算入等の特例	軽課措置
		第67条の9	金融機関等の特定取引に係る課税の特例	（経済実態に見合った課税計算）
H10	特別税額控除及び減価償却の特例	第42条の9	自由貿易地域等において工業用機械等を取得した場合の法人税額の特別控除	軽課措置
		第42条の10	沖縄の特別中小企業者等が事業化設備等を取得した場合等の法人税額の特別控除	軽課措置
	準備金等	第55条の8	特定災害防止準備金（廃棄物の処置及び清掃に関する法律の許可法人）	軽課措置
		第57条の8	特別修繕準備金	軽課措置
	特別自由貿易地域における課税の特例	第59条	特別自由貿易地域における認定法人の所得の特別控除	軽課措置

H10	その他の特例	第67条の10	銀行持株会社の創設等に係る課税の特例	軽課措置
		第67条の11	銀行持株会社の創設等に係る課税の特例（法人税法第２条第20号規定の欠損金）	軽課措置
		第67条の12	銀行持株会社の創設等に係る課税の特例（子会社株式等の譲渡利益）	軽課措置

出典：「法人税関係法規集（H11）」をもとに、筆者が作成した。

※この表の見方：今ある「法人税に関する租税特別措置」がいつ導入されたものか「元号」を記載し、導入時期の古いもの順に並べたものである。

例えば、「S 34（昭和34年：西暦1959年）」に導入された「交際費等の損金不算入（第61条の４）」は税を重く課する「重課措置」であり、現存するものである。

「61条の４」は現在まで26回の改正を経ているが（S34法77号、36年40号、39年24号、40年32号,36号、42年７号,24号、44年15号、46年22号、48年16号、49年17号、50年16号、51年５号、52年９号、54年15号、56年13号、57年８号、60年７号、62年14号、H１年12号、３年16号、５年10号、６年22号、７年55号、９年22号、10年23号、11年９号、13年７号改正）、法要件のロジック（基本的に交際費等の額を損金の額に算入しない、とする制度設計）は変わっていない。

すなわち、「61条の４」は（人間に喩えて何歳ですか？と尋ねるとすれば）「2001年時点で42歳です」ということになる。

第2章 産業政策における租税優遇措置

第1章では、現在、日本が成熟経済状況にあることを踏まえたうえで、今後の政策の方向性として（労働・資本・技術進歩の経済成長の3つの要因のうち）「労働」面での労働力移動の円滑化と「技術」面での民間企業の活性化が肝要であることを指摘した。

また、研究を進めていくうえでの問題意識として、①高度成長期に発想され実施されたような昔の政策を、成熟経済下の現在においても引きずって使い続けてよいのか、②高度成長期と成熟経済下では、必要とされる政策の中身は何が違うのか、③高度成長期の政策を成熟経済下ではどう適応させればよいか、という3点を示し、その作業仮説として、高度成長社会における規制的手法による政策運営を「高度規制型」と呼び、他方、成熟社会における市場重視の政策運営を「成熟市場型」と名付けて、両者を対比させることを提起した。

第2章では、経済成長の3要因のうち、「技術力向上」に資する「成熟市場型」政策とはどのような内容となるのか、税制と関連づけて研究を行う。具体的には、「法人税に関する租税特別措置」の考察である。特に、租税特別措置のうち、税を減免する軽課措置（租税優遇措置）について、その活用実態などを実証的に分析し、「成熟市場型」政策として必要とされる税制の具体的な要件に関して示唆を得ることとしたい。

【第２章の構成】

本章では、まず、「法人に対する租税優遇措置」が、実際の企業経営にどのような影響を及ぼしているかを明らかにしたい。経営の現場で、租税優遇措置がどう使われているか、あるいは使われていないかといったことから始まり、さらに、利用されていない理由はどのような点にあるのかといったところまで、租税特別措置法の要件のみならず、経営の意思決定者の意識レベルにまで踏み込んで分析する(1)。

第１節　研究分野の概観では、〔１〕でこの章における研究を行ううえでの基本的な視点を述べて、〔２〕で租税特別（優遇）措置の言葉の定義を行い、それを法学者（租税法学者）はどうとらえているか、また経済学者（財政学者）はどう認識しているかについて、伝統的見解および最近の研究動向を整理する。また、〔３〕で租税特別措置に関する公表データを整理し、その現状を把握する。

第２節　実証研究では、〔１〕で租税優遇措置に対する経営の現場での意識レベルを検証するためミクロ経済統計分析(2)を行う。具体的には、法人に対する租税優遇措置の各項目について、企業の経理担当者の意識調査等（アンケート調査）を行う。さらに〔２〕で法人に対する租税特別措置法の「要件」を検証するため、研究開発投資促進税制（租税特別措置法42条の４）についてマクロ経済統計分析(3)も行う。研究開発投資促進税制を取り上げたのは、企業、特に製造業にとってなじみ深い優遇措置であることや関連するデータが比較的に入手しやすいことに加えて、何より本書の主たる関心が「技術力向上」に資する「成熟市場型」政策としての税制の具体的中身を探ることにあるからである。

第３節　考察では、第２節で行ったミクロおよびマクロの定量的な分析を踏まえ、〔１〕で法人に対する租税優遇措置が有する効果の実態を明らかにし、この分析結果をかんがみたうえで、〔２〕で法人に対する租税優遇措置の今後のあり方を展望する。さらに〔３〕で第２章の本書全体への貢献・示唆するところについて述べる。

第１節　研究分野の概観

〔１〕「租税優遇措置」の研究における基本的な視点

さて、法人に対する租税優遇措置は、法人税制改革に絡んで経済諸団体からの各種提言のなかで大きく扱われている。例えば、経済団体連合会（以下、経団連と略す）の主張は「法人課税の実効税率10％引下げ、課税ベースの適正化」(4)であり、租税優遇措置に関して撤廃を視野に入れた議論を展開している。

ところが、同じ経済団体でも日本経営者団体連盟（以下、日経連と略す）は、「租税特別措置についてはスクラップ・アンド・ビルドを行うことが必要だが、他方で、わが国の将来のために必要な措置もある」(5)と主張して、租税優遇措置の存続を求めている。

経団連の主張と日経連の主張を比べてみれば、前者は租税優遇措置の撤廃、後者は租税優遇措置の存続ということで意見が分かれている。実際に租税優遇措置の利用経験のある企業経営者およびその集合体である「経済団体」において租税優遇措置が多様なとらえられ方をされている現実を考慮すれば、当の経営者はもとよりその政策を立案した為政者や、さらには「経済団体」のアドバイザーを務めることも多い学者に至るまで、租税優遇措置について個々の企業の利用実態をどの程度把握したうえで議論を行っているのか、筆者は甚だ疑問であるため、本章の研究では実証的なアプローチを採ることとしたい。

また、本章で研究対象とする「法人に対する租税優遇措置」は、租税法学という法学の領域と財政学という経済学の領域、さらには企業経営（意思決定と企業行動）という経営学の領域の３分野にまたがる学際的なテーマである。このこととの関連で、前述のように本書では「個々の企業行動の総和が経済である」という基本的な視点を採用することとしたい。なぜならば、租税優遇措置という法律上の制度は、個々の企業における意思決定を通じて、経済にその効果を及ぼすことになるからである。

筆者は、租税優遇措置に関して実証研究を志向する以上、対象をできるだけ定量的に分析する必要があると考える。この点に関して、租税優遇措置が経済に及ぼす影響につき、マクロ経済統計を用いた分析を行うのは当然として、さらに（前述した基本的な視点に立つ本研究においては）租税優遇措置という法律・政策手段が実体経済に具体的にどのような影響を与えているかを判断するに際して、個々の企業の経営行動・意思決定を定量的に把握するように努める。まさに、その総和が「経済」であると考えるからである。

〔2〕「租税優遇措置」の先行研究

この項では、本章が「産業政策における租税優遇措置」を研究対象としていることに関連して、言葉の定義や学界における議論の整理などを行っておきたい。

【言葉の定義】

まず、本書で扱う（法人に対する）「租税優遇措置」という言葉の定義から始めたい。ここでは租税法学における代表的な見解として、金子宏教授の次のような定義(6)に従うこととする。

> 「租税特別措置（special tax treatments）というのは、租税類別措置（differential tax treatments）とは異なり、担税力その他の点で同様の状況にあるにもかかわらず、なんらかの政策目的の実現のために、特定の要件に該当する場合に、税負担を軽減しあるいは加重することを内容とする措置のことで、税負担の軽減を内容とする租税特別措置を租税優遇措置（preferential tax treatments）といい、税負担を加重する租税特別措置を租税重課措置という。このうち、特に問題となるのは、租税優遇措置である。
>
> 　租税優遇措置は、納税者の経済活動を一定の方向に誘導することを目的

とするものであるため、租税誘因措置（tax incentive measures）とも呼ばれる。その大部分は、租税特別措置法によって定められているが、所得税法・法人税法などの一般法で定められている措置の中にも、租税優遇措置の性質をもつものが少なくない。」

【伝統的見解】

このような租税優遇措置は、法学者（租税法学者）の通説では「すみやかに全廃すべし」に近いイメージをもって語られることが多い(7)。

例えば、スタンレー・サリー教授は次のように述べておられる(8)。

「また一般的に言えば、租税誘因措置の方法には明確な利点は見つけ出せそうにないと思う。さらに、たとえうまく組立てられた誘因措置であれ、租税誘因措置の使用に伴う損失を上廻るだけの明確かつ強力な利点が存在しなければならないことを筆者は強調する。うまく組立てられた誘因措置を作ること自体が、困難な問題である。」

畠山武道教授は、法学者のこうした伝統的見解を要約して下さっている(9)。

「すなわち、租税特別措置は、①課税の公平や課税の中立を犠牲にするものであること、②特定の経済政策目的を実現するためのものであること、その結果として、③役割が終了されるに従い、廃止されるべき不合理不公正な措置であると考えられていることなどを、その概念的な特色としているといえるだろう。」

逆に、経済学者（財政学者）は租税優遇措置に対し、ストレートには反対しない。租税優遇措置の細目によっては、肯定的ですらある。

藤田晴教授は、租税優遇措置の長所に焦点を当てた論を展開しておられる(10)。

「法人税の補正的操作はひとつの重要な長所を持つ。それは、景気変動の震源である民間投資に対して、とにかく他の財政措置よりも大きい影響力を発揮するという点である。この長所を利用するために、法人税負担の補正的操作にあたって、税率の一般的変更ではなく、投資奨励のための特別措置の調整を行う方法が考えられる。」

さらに、小宮隆太郎教授は政策手段としての租税優遇措置を、その細目によっては非常に肯定的にとらえておられる(11)。

「新技術・新製品の導入を税制上優遇することは、幼稚産業保護の観点からいって望ましいことである。最近廃止された重要物産免税の措置は、指定された生産物の製造からの所得を、製造開始または設備増設後一定の期間免税するもので、これによる免税額はわずかであったが、いくつかの新しい生産物の導入にとってはこの措置が重要な役割を果たした。試験（開発）研究や新技術企業化に関する特別償却制度も、原理的には、経済全体としての投資の質を向上する効果をもつものとして高く評価される。」

【最近の研究動向】

税の公平性の確保を重視する租税法学の立場からいえば、租税優遇措置に対して否定的なのは当然である。逆に、政策目標をいかに実現するかが第一で、現実に手段として用いられ続けている租税特別措置そのものの是非は二の次とするのが、経済学者のスタンスである。

租税優遇措置について、法学者と経済学者の研究姿勢は、かなり乖離していた。しかし最近では、両者に歩み寄りが見られるようになった。例えば、佐藤英明教授は次のように述べておられる(12)。

「租税優遇措置は租税負担の公平を害するものとして、また、財政の民主的統制を潜脱するものとして、長い間にわたって学界からの鋭い批判を浴びてきた制度である。それにもかかわらず、現在にいたるまで、わが国においても租税優遇措置は、現実の立法における有用な手法として使われ続けている。そして、このような現状に鑑み、学界においても、租税優遇措置を全体として排斥するのではなく、それを総合的な見地から統制するという発想が提起されるようになってきた。」

「租税優遇措置は、従来から学説が指摘していたように様々な望ましくない性格を持っているが、反面で、それは、限定的な合理性を有する制度である。」

他方で、経済学者は、日本経済が低成長化するにともない、そのスタンスを微妙に変えてきている。

牛島正教授は次のように論述している(13)。

「高度成長過程において採られてきた租税政策はそれなりに経済政策目標に寄与してきたとみることができるが、前項でも指摘したように、税構造を公正の観点からみて歪めることになったのも確かである。そして、それは租税特別措置のなかに様々な形で盛り込まれてきたのである。それだけに、租税特別措置は法人税関係の項目を中心にかなり整理されてきたとはいえ、いまなお高度成長型の税体系としての名残をのこしているといえよう。このため、現行税体系は昭和50年代に入って本格的な低成長経済に移行するにしたがって、いくつかの問題点を露呈してきたのである。」

また、池上惇教授も、租税優遇措置に対して一定の評価を与えつつも、政策手段としての是非について記述しておられる(14)。

「租税特別措置は、財政支出における補助金よりも手続きが簡単で、一定の要件を定めておけば採用するかどうかは企業の判断にゆだねられているために、効果は早くあらわれ、企業の主体的努力を促進するものとして政策的効果が期待された。」

「租税特別措置は本来、租税システムの個別化を促進する望ましくない制度である。」

「競争基盤の強化や生存権への配慮を租税特別措置によるべきか、それとも財政支出や租税のルールによるべきかは議論の多いところである。」

以上のように、最近の研究では、より現実を直視して再評価する動きが強まっている。

さて、租税特別措置の評価という観点からすると、金子教授が指摘しておられる以下の点は重要である(15)。

「租税優遇措置が憲法14条１項に反して無効となるかどうかは、それが不合理な優遇といえるかどうかにかかっており、その判断は、個別の租税優遇措置ごとになされるべきであるが、この判断にあたって主として問題となるのは、①その措置の政策目的が合理的であるかどうか、②その目的を達成するのにその措置が有効であるかどうか、③それによって公平負担がどの程度に害されるか、等の諸点である。」

この考え方は、「租税優遇措置という政策手段が合理的であるためには、それがある政策目的実現のための誘因として機能することが合理的に期待できることが必要である」と定式化できる(16)。

この要件自体についての定量的な検証は、法学（租税法学）、経済学（財政学）ともに十分とはいえず、一部の研究者が取り組んでいるにすぎない。少し前で言えば、石弘光教授の業績がある(17)。

最近では、法人税ではなく所得税に関する租税特別措置の考察を、林宏昭教授が試みられている(18)。

「最近は、規範的な研究のなかで、社会的厚生を最大化することのできる税制を望ましい税制と定義する最適課税論に基づいた研究も数多く展開され、またシミュレーションを行うことによって実際の税制の改革の方向を示そうとする試みも行われているが、本書の目的は後者、すなわち日本の租税政策に関する実証的な分析を行うことである。このような分析に基づくファクトファインディングによって、税に対する客観的な評価が可能になる。」

この他、山内進教授が、マクロ経済統計や特定企業（大企業）の社史や財務諸表などの公表されている資料をもとに産業別の租税優遇措置の活用状況を推察され、租税特別措置の効果を分析研究されている(19)。

【〔２〕の小括】

この項を小括すれば、租税法学および財政学において、租税優遇措置を全面的に肯定する説はないものの、最近では、法学者のなかにもこれを評価する考え方があり、逆に経済学者はかつてほど肯定的ではない、ということである。

また、最近では租税優遇措置を直視して、再評価する動きも見られるが、その場合、どこにメスを入れるかについての分析を行うに際し、重要性はかねてより指摘されているものの、実証的なアプローチを試みる向きは少ないということである。特に、筆者が企図するような個々の企業の意思（経営者や実務担当者の意識レベル）にまで踏み込んだ税制研究というのは、筆者が調べた限り見当たらない。

〔３〕法人に対する租税特別措置の状況

次節以降で租税優遇措置についての定量的な分析を試みる前提として、この項では、法人に対する租税特別措置の状況を概観しておこう。

まず、定量的データとしては財務省（旧 大蔵省）が毎年度公表している『租税特別措置による減収額試算』がある。例えば、1997（平成９）年度予算ベースで見れば、法人に対する租税特別措置の減収額は▲3,830億円である。逆に、交際費課税の特例などによる増収額は＋9,320億円で、差引き5,490億円の税収増となっている。

租税特別措置は「税を免除してもらっている」はずだから、税収減になるはずと一般的には解しがちである。しかし、法人税だけをとってみれば交際費課税の特例分があるため、差引計で「税収増」になっている点には留意する必要がある(20)。

この法人に関する「税収増」については、企業に対する「制裁課税」分まで含めれば、なお増えるはずである。使途秘匿金に対する制裁課税がその例である(21)。この制度は1994（平成６）年度税制改正で創設されたものであり、企業が支出した費用の中で支払先の説明を税務当局に拒んだものに対し、通常の法人税に加えて40％の法人税を追徴課税するもので、1996（平成８）年度に使途秘匿金とされたのは245億円であり、制裁課税で追徴された（税収増となった）法人税額は98億円にのぼる。

また、法人に対する租税特別措置は、その経済的な効果から大きく３つに分類することができる(22)。

第１は、法人税そのものを軽減するもので、「税額控除」によるものや、一定の金額を損金の額に算入することによるもの（例えば、技術海外所得の特別控除など）がある。

第2は、法人税の課税の繰延べを行うもので、その繰延べ方法として普通償却額を超えて償却を行う「特別償却」の形式によるもの、特定の「準備金」の設定などである。

第3は、増収効果を持つもので「交際費課税の特例」などである。この観点から見ると法人に対する租税特別措置の状況は（先に見た平成9年度で照応させれば）、①税額控除で▲1,830億円、②特別償却で▲1,130億円、準備金で▲870億円、③交際費課税の特例で＋9,320億円となり、差引き計5,490億円の税収増となる(23)。

このうち①と②の類型に属する租税優遇措置は、税負担の公平などの観点から整理・合理化が行われてきているものの(24)、（第1章に掲載の図表Ｉ-10 時系列分類：法人税租税特別措置法 概要（58〜62頁）で示したように）依然として法人税に関する軽課措置は92も存在している（ただし、この数は条文の数をさす）。

1959（昭和34）年度以来、今に至るものが「交際費等の損金不算入（61条の4）」など4つあり、61年度成立は「特定設備等の特別償却（43条）」など6つ、64年度は「技術等海外取引に係る所得の特別控除（58条）」など4つ、65年度は「保険会社の異常危険準備金（57条の5）」など6つ、66年度は「中小企業の貸倒引当金の特例（57条の9）」、67年度は「試験研究費の額が増加した場合等の法人税額の特別控除（42条の4）」など6つ、68年度は「電子計算機買戻損失準備金（56条の4）」など3つ、69年度は「特定の資産の買換えの場合の課税の特例（65条の7）」など6つが政策メニューとして用意され、現在に至っている。以上、1959（昭和34）年度から1969（昭和44）年度成立分を合計すれば36となり、これらは30年以上存在し続けている。要約すれば、スクラップ・アンド・ビルドが指向されてはいるものの、現実には、昔に立案された政策手段を今でも使い続けている1つの事例として租税特別措置を位置づけることができる。

---

(1)　この第2章部分は、その概要をすでに公表済みである。

拙稿「産業政策における租税優遇措置－実証的研究を中心として－」『法政策学の試み法政策研究（第一集）』信山社（1998）99-123頁。

なお、さらにその政策提言部分のみを小論文としてまとめたものは、税の専門誌『納税月報』の創刊600号記念『税の小論文』選考で入選し、その文章が掲載された。

拙稿「産業政策としての租税特別措置」『納税月報』納税協会連合会（1998）平成10年６月号、32-35頁。

(2) 個々の企業（micro-economics）の実態を統計的に分析するという意味で、筆者はこの言葉を用いている。

(3) 国全体の経済状況（macro-economics）を統計データをもとに分析するという意味で、この言葉を用いている。

(4) 社団法人 経済団体連合会「法人税改革に関する提言・要旨」（1997年９月16日）。

経済団体連合会（経団連）は、産業・金融・貿易の各協会団体の全国的な総合団体である。総合対策委員会をはじめ、経済各分野にわたる常設委員会や懇談会、あるいは各専門委員会を置き、業界相互の連絡や、経済界の意見をまとめて政府や国会などに具申している。

(5) 日本経営者団体連盟「平成10年度税制改正に関する要望」（1997年９月16日）。

日本経営者団体連盟（日経連）は、1948（昭和23）年に設立された、労働組合に対応する経営者の団体である。なお経団連と日経連は2002年５月に統合する予定である。

(6) 金子宏『租税法（第８版）』弘文堂（2001）91頁。

(7) 本文で引用したサリー教授、畠山教授のほか、村井正教授等も酷評しておられる。

村井正『現代租税法の課題』東洋経済新報社（1973）185頁。

「そもそも産業政策自体が流動的なものであるため、これに対応した税制もそのときどき個別的政策を無秩序に導入するに過ぎず、文字どおり『つぎはぎ立法』という汚名をほしいままにしている。特に租税特別措置法にいたっては、この感はますます強い。」

(8) スタンレー・サリー（田島裕 訳）「政府の政策目的の実現のための手段としての租税誘因措置－政府の直接支出との比較－」『租税法研究』有斐閣（1973）第１号、40頁。

(9) 畠山武道「租税特別措置とその統制」『租税法研究』有斐閣（1990）第18号、１頁。

(10) 藤田晴『財政政策の理論』勁草書房（1966）333頁。

(11) 小宮隆太郎「戦後日本の税制と蓄積」『財政政策』日本経済新聞社（1973）110頁。

(12) 佐藤英明「租税優遇措置」『岩波講座　現代の法８　政府と企業』岩波書店（1997）155頁、177頁。

(13) 牛島正「国家財政の機能と制度」『現代財政』創文社（1985）24頁。

⒁ 池上惇『財政学』岩波書店（1990）225頁。

⒂ 前掲注⑹金子（2001）91-92頁。

⒃ この点に関しては、畠山教授も論述しておられる。前掲注⑼畠山（1990）3頁。

「かつて税制調査会は、いわゆる3つのテストといわれる基準、すなわち、①直接の政策目的の合理性の判定、②政策手段としての有効性の判定、③付随して生ずる弊害と特別措置の効果との比較衡量をあげ、あるいは昭和43年には、4つのテストといわれる基準、すなわち、①政策目的の合理性、緊急性、②政策手段としての有効性の判定、③付随して生ずる弊害と政策効果とのバランスの判定、④他の対策との整合性を、特別措置の評価基準として提示した。これらの基準は、一応合理的であり、納得できるものであるが、第一に、いずれの基準も抽象的であるのみならず、合理性・有効性の判定基準、あるいは弊害と効果のバランスの判定の手法・方法が特に示されていないこと、第二に、だれが、どのような手続きによって、右の評価をおこない、あるいは判定するのかという点が明確にされていないこと、従って、第三に、右の基準が、現実の租税特別措置の導入・改廃に、どのように生かされるのかという保証がないこと、などの問題があろう。」

⒄ 石弘光『租税政策の効果－数量的接近』東洋経済新報社（1979）

⒅ 林宏昭『租税政策の計量分析』日本評論社（1995）4頁。

⒆ 山内進『租税特別措置と産業成長』税務経理協会（1999）

⒇ 『平成9年度租税特別措置による減収額試算』大蔵省（現 財務省）主税局

ー税目別分類ー

	減収額	増収額	差引計
所得税	▲13,160億円	――	▲13,160億円
法人税	▲ 3,830億円	＋9,320億円	＋5,490億円
その他	▲ 2,950億円	――	▲ 2,950億円
計	▲19,940億円	＋9,320億円	▲10,620億円

㉑ 日本経済新聞朝刊（1997年11月6日）および、同（1997年11月9日）

㉒ 鈴木勝康『図説　日本の税制（平成9年度版）』財経詳報社（1997）116頁。

㉓ 『平成9年度租税特別措置による減収額試算』大蔵省（現 財務省）主税局

ー類型別試算ー

①税額控除	②a特別償却	②b準備金	③交際費課税	差引計
▲1,830億円	▲1,130億円	▲870億円	＋9,320億円	＋5,490億円

(24) http://www.kantei.go.jp/jp/zeicho-up/0621/syuzei25.htmlを参照すれば、「企業関係」の租税特別措置の「項目」数の推移が掲載されている（「企業関係」および「項目」の定義は財務省主税局による）。

これによると、1976（昭和51）年度に「企業関係租税特別措置」は「項目数」で98あったものが漸次縮小され、1994（平成6）年度改正後には82項目となった。これが95年度、96年度の税制改正において整理合理化が進められ、廃止は8項目、創設3項目で差引き5項目減り、97年時点で77項目となっている。また2001年度は78項目であり、項目数は横ばいとなっている（01年度の項目数については、日本経済新聞朝刊（2001年8月22日）より引用）。

第２節　実証研究

前節で見たように、租税優遇措置は、法学・経済学・経営学などにまたがる学際テーマである。特に、租税優遇措置は法学から長きにわたって鋭い批判を浴びてきた。しかし、学界ではあるべき姿を論じる規範的アプローチが主流であり（最近でこそいくつかの研究成果が報告されているが)、実証的なアプローチは少ない。

この第２節では、公平性の観点からの批判をひとまず置き、現在に至ってなお、政策実現の１つの手法として用いられ続ける租税優遇措置の実態について「個々の企業行動の総和が経済である」という視点から、ミクロおよびマクロのデータをもとに考察する。

〔１〕ミクロ経済調査（企業調査）

法人に対する租税優遇措置が、実際の企業経営の現場でどのようにとらえられているのかについて、「実務担当者の意識」および「企業の利用実態」を明らかにするためアンケート調査を行った(1)（次頁からの調査票(用紙)参照)。

対象は「関西経営者協会」(2)傘下の1,687社、調査方法は（経営者経由）経理担当責任者への郵送アンケートである。調査時期は、1997（平成９）年９月時点(回収期間は同９月20日から10月９日まで）である。回答会社は223社、回収率は13.2%であった（なお､この回収率は関西経営者協会の他の調査(3)と同程度である)。

租税優遇措置の各項目(4)について、経理担当者は知っているか知らないか、また当該項目をその企業は活用しているのか活用していないのかを中心に質問した。関連して「税に関する情報をどこから得ているか」などを補足質問している。

㊙

ご回答はFAXでお願いします
FAX 06-○○○-○○○○

租税特別措置（法人に対する租税軽減措置）活用実態に関する調査

平成9年9月（特別調査）

関西経営者協会　〒○○○
大阪市○○○○○○○○
TEL 06-○○○-○○○○
FAX 06-○○○-○○○○

会社名	
回答記入者	氏名
	所属・役職
	TEL（　　）　局　　番
	FAX（　　）　局　　番

問1．貴社の業種は次のどれに属しますか？　売上高比率のもっとも大きい分野の番号に1つだけ○をつけて下さい。

1食品　2繊維（同製品）　3木材（同製品・家具）　4紙（同製品）　5印刷（出版・同関連）
6化学（石油・プラスチック・ゴム）　7窯業（土石製品）　8金属（鉄鋼・非鉄金属）
9機器　10その他製造　11建設　12商業　13金融（保険・証券）
14不動産　15運輸（倉庫・通信）　16サービス　17その他（農.林.漁業、鉱業、電気.ガス等を含む）

問2．貴社の直近の売上高（年商）と経常利益および資本金をお教え下さい。

1）売上高：H7年度＿＿＿＿千円　H8年度＿＿＿＿千円　※単位は千円です。
2）利益額：H7年度＿＿＿＿千円　H8年度＿＿＿＿千円
3）資本金：
あてはまるところに○をつけて下さい。
H8年度時点で　a.1億円以下　b.1億～10億円　c.10億～100億円　d.100億円以上

問3．1）貴社の現時点での従業員数（パート等を含む）をお教え下さい。

あてはまるところに○をつけて下さい。
a.300人未満　b.300人～499人　c.500人～999人　d.1,000人～2,999人
e.3,000人～4,999人　f.5,000人～9,999人　g.1万人以上

2）経理スタッフは（会社全体※で）何人ですか？（概数でも結構でございます）
※総務、庶務、人事などとの兼務も含む。また営業所経理なども含む。
現時点で＿＿＿＿＿人

問4．1）貴社は租税に関するアドバイスを外部から受けていますか。

あてはまるところに○をつけて下さい。
1.よく受けている　2.少し受けている　3.普通　4.あまり受けていない
5.全然受けていない

2）前問で“1.よく受けている　2.少し受けている”と回答いただいた方にお伺いします。
どなたから情報を得ていますか。あてはまるところすべてに○をつけて下さい..複数回答可
1.公認会計士　4.経営コンサルタント　7.各種納税協力団体（納税協会、法人会etc）
2.税理士　5.他社（の経理担当者）　8.各種経済団体（財界のセミナーetc）
3.弁護士　6.税務当局（の説明会etc）　9.その他（　　　　　　　　　）

貴社では活用されていますか？　該当欄の記号に○をつけて下さい。

種　類	1)あなたはご存じですか？			2)貴社は活用されていますか？				
	制度の内容までよく知っている	名称程度なら知っている	まったく知らない	活用している（活用した場合も含む）	活用を検討している	活用を検討したがメリットがなく活用しなかった	活用を検討したが要件に該当しなかった	検討をしたことがない
	a	b	c	a	b	c	d	e
「租税特別措置」全般について	a	b	c	a	b	c	d	e
海外投資等損失準備金について　租税特別措置法55条	a	b	c	a	b	c	d	e
試験研究費の税額控除等について　42条の4	a	b	c	a	b	c	d	e
技術等海外所得の特別控除について　58条	a	b	c	a	b	c	d	e
プログラム等準備金について　57条	a	b	c	a	b	c	d	e
特定設備等の特別償却について　43条	a	b	c	a	b	c	d	e
中小企業者の機械等の特別償却について　45条の2	a	b	c	a	b	c	d	e
エネルギー需要構造改革推進投資促進税制について　42条の5	a	b	c	a	b	c	d	e
中小企業者の特定電子機器利用設備投資促進税制について　42条の6	a	b	c	a	b	c	d	e
中小企業者等基盤強化税制について　42条の7	a	b	c	a	b	c	d	e
異常危機準備金について　57条の5	a	b	c	a	b	c	d	e
中小企業の貸倒引当金の特例について　57条の8	a	b	c	a	b	c	d	e
製品輸入促進税制について　42条の9	a	b	c	a	b	c	d	e

その他、「租税特別措置法」で利用されている項目がございましたら、ご記入下さい。
（自由記入欄）

◆

◆

◆

ご協力ありがとうございました。回答はFAX06-○○○-○○○○宛 お願いいたします。

【回答企業のプロフィール】

まず、回答企業のプロフィールについてまとめた（**図表Ⅱ-1 回答企業のプロフィールについて**を参照されたい）。

回答企業223社の業種別内訳は、製造業134社（60.1％）、非製造業89社（39.9％）である[5]。

また、資本規模別内訳は、中小企業（資本金1億円以下）81社（36.3％）、中堅ないし大企業（資本金1億円超）137社（61.4％）、無回答5社（2.2％）である。ここで特筆すべき点は、実態の把握が難しいとされる中小企業のデータが集まったことである。

図表Ⅱ-1　回答企業のプロフィールについて

業　種	（社）	構成比
合計	223	100.0%
製造業計	134	60.1%
1　食品	5	2.2%
2　繊維	10	4.5%
3　木材	3	1.3%
4　紙	9	4.0%
5　印刷	6	2.7%
6　化学	23	10.3%
7　窯業土石	1	0.4%
8　金属	18	8.1%
9　機器	17	7.6%
10　その他製造	42	18.8%
非製造業計	89	39.9%
11　建設	15	6.7%
12　商業	30	13.5%
13　金融	2	0.9%
14　不動産	6	2.7%
15　運輸	7	3.1%
16　サービス	23	10.3%
17　その他	6	2.7%

資本規模	（社）	構成比
合計	223	100.0%
中小企業		
a.資本金 1億円以下	81	36.3%
中堅～大企業	137	61.4%
b.資本金 1～ 10億円	58	26.0%
c.資本金10～100億円	38	17.0%
d.資本金　　100億円以上	41	18.4%
無回答	5	2.2%

業績推移：1995（平成7）年→ 96（平成8）年

①売上高	（社）	構成比
合計	223	100.0%
増収企業	160	71.7%
減収企業	52	23.3%
無回答	11	4.9%

②損　益	（社）	構成比
増益企業	134	60.1%
（うち黒字転換）	11	4.9%
減益企業	71	31.8%
（うち赤字転落）	4	1.8%
無回答	18	8.1%

補足）

2期連続赤字	4	1.8%

1995（平成７）年から96（平成８）年にかけての業績推移も併せて尋ねた。それによれば、租税特別措置と関係のない（赤字であるがゆえに適用のない）企業は４社であった。ここで留意すべきは、95年から96年にかけては消費税率の引上げと地方消費税の導入直前の駆け込み需要などもあって、多くの企業の業績が好転した時期にあたる(6)ということである。

さらに、経理スタッフの数について尋ねてみたところ、最大約2,400名、最小２名であり、回答企業（223社）平均は48名である。

【税に関する情報の入手先】

次に、税に関する情報の入手先について概観を示す（**図表Ⅱ-２「税」に関する情報入手について**を参照されたい）。

税に関するアドバイスを外部から受けていると答えた企業（168社）に、どこから情報を得ているか（複数回答可）を尋ねたところ、第１位は「税理士」（144社）、第２位「公認会計士」（103社）、第３位に「税務当局の説明会等」（84社）が入った。第４位は「各種納税協力団体（納税協会、法人会等）」（50社）である。以下、第５位「各種経済団体（財界セミナー等）」（19社）、第６

図表Ⅱ-２　「税」に関する情報入手について

【租税に関するアドバイスを外部から受けているか】

1　よく受けている 61社	2　少し受けている 107社	3　普　通 28社
4　あまり受けていない 24社	5　全然受けていない 3社	

【どこから情報を得ているか（複数回答可）】

①	税理士	144社	⑤	各種経済団体 （財界セミナー等）	19社
②	公認会計士	103社	⑥	他社の経理担当者	12社
③	税務当局（の説明会等）	84社	⑦	弁護士	6社
④	各種納税協力団体 （納税協会、法人会等）	50社	⑧	経営コンサルタント	4社
			⑨	その他（書籍等）	2社

位「他社の経理担当者」(12社)、第7位「弁護士」(6社)、第8位「経営コンサルタント」(4社) と続く。「その他」を答えたのは2社で、いずれも書籍等を挙げていた。

ここでは、やはり「税理士」や「公認会計士」といった税務や会計のプロが大きな役割を果たしていることがデータとして裏付けられた点と、「税務当局」および「納税協力団体」が支持を集めている点に留意する必要がある。

【租税優遇措置の各項目】

租税優遇措置の各項目（財務省主税局が「減収額試算」資料を出す際の主要項目）について経理担当者は知っているか、また当該項目をその企業は活用しているのかということを中心に質問した。以下、租税優遇措置の各項目についての結果を示す（82、83頁の**図表Ⅱ-3　租税優遇措置の認知度と活用度（項目別）**を参照されたい）。

よく知られている（制度の内容までよく知っていると回答のあった）租税優遇措置のベスト5は、第1位「試験研究費の税額控除(法42条の4)」(108社)、第2位「特定設備等の特別償却(43条)」(98社)、第3位「中小企業の貸倒引当金の特例(57条の9)」(95社)、以下、「中小企業者の機械等の特別償却(45条の2)」(86社)、「中小企業者の特定電子機器利用設備投資促進税制(42条の6)」(70社) と続いた。

よく利用されている（活用している、活用したことがあると回答のあった）租税優遇措置のベスト5は、第1位「試験研究費の税額控除」(69社)、第2位「特定設備等の特別償却」(61社)、同2位「中小企業の貸倒引当金の特例」(61社) で、以下、「エネルギー需給構造改革推進投資促進税制(42条の5)」(50社)、「中小企業者の機械等の特別償却」(47社) となっている。

【業種別・規模別の検討】

これらを業種別、また規模別に見れば、さらに顕著な傾向がうかがえる。

業種別に見た場合、製造業からは、「試験研究費の税額控除」や「特定設備

図表Ⅱ-3　租税優遇措置の認知度と活用度（項目別）

名　称	＜回　答＞		全計（社）	業種別		資本規模別		
				製造業	非製造業	中小	大～中堅	無回答
製品輸入促進税制（42条の11）	回答者	a.よく知っている	**53**	46	7	4	49	0
		b.名称程度	91	53	38	36	53	2
		c.まったく知らない	**64**	31	33	34	29	1
		（無回答）	15	4	11	7	6	2
	当該企業	a.活用している	**29**	27	2	1	28	0
		b.活用検討している	5	3	2	2	3	0
		c.利点なく活用せず	8	7	1	0	8	0
		d.該当せず活用せず	43	27	16	13	30	0
		e.検討したことがない	**119**	62	57	57	59	3
		（無回答）	19	8	11	8	9	2
技術等海外所得の特別控除（58条）	回答者	a.よく知っている	**52**	47	5	9	43	0
		b.名称程度	94	49	45	31	61	2
		c.まったく知らない	**68**	38	30	38	29	1
		（無回答）	9	0	9	3	4	2
	当該企業	a.活用している	**28**	27	1	2	26	0
		b.活用検討している	4	4	0	2	2	0
		c.利点なく活用せず	3	2	1	0	3	0
		d.該当せず活用せず	48	26	22	14	34	0
		e.検討したことがない	**127**	71	56	59	65	3
		（無回答）	13	4	9	4	7	2
海外投資等損失準備金（55条）	回答者	a.よく知っている	**51**	45	6	6	45	0
		b.名称程度	113	63	50	43	68	2
		c.まったく知らない	**50**	26	24	29	20	1
		（無回答）	9	0	9	3	4	2
	当該企業	a.活用している	**33**	29	4	3	30	0
		b.活用検討している	4	3	1	2	2	0
		c.利点なく活用せず	1	1	0	1	0	0
		d.該当せず活用せず	51	29	22	11	39	1
		e.検討したことがない	**121**	69	52	61	58	2
		（無回答）	13	3	10	3	8	2
中小企業等基盤強化税制（42条の7）	回答者	a.よく知っている	**41**	32	9	16	25	0
		b.名称程度	118	71	47	36	80	2
		c.まったく知らない	**51**	28	23	23	27	1
		（無回答）	13	3	10	6	5	2
	当該企業	a.活用している	**19**	14	5	11	8	0
		b.活用検討している	5	3	2	4	1	0
		c.利点なく活用せず	3	2	1	1	2	0
		d.該当せず活用せず	49	29	20	17	32	0
		e.検討したことがない	**130**	80	50	42	85	3
		（無回答）	17	6	11	6	9	2
プログラム等準備金（57条）	回答者	a.よく知っている	**29**	20	9	11	18	0
		b.名称程度	141	87	54	43	96	2
		c.まったく知らない	**40**	23	17	24	15	1
		（無回答）	13	4	9	3	8	2
	当該企業	a.活用している	**1**	1	0	0	1	0
		b.活用検討している	7	6	1	3	4	0
		c.利点なく活用せず	4	3	1	1	3	0
		d.該当せず活用せず	69	39	30	27	42	0
		e.検討したことがない	**126**	79	47	45	78	3
		（無回答）	16	6	10	5	9	2
異常危険準備金（57条の5）	回答者	a.よく知っている	**16**	13	3	3	13	0
		b.名称程度	68	45	23	15	51	2
		c.まったく知らない	**125**	72	53	56	68	1
		（無回答）	14	4	10	7	5	2
	当該企業	a.活用している	**0**	0	0	0	0	0
		b.活用検討している	4	2	2	2	2	0
		c.利点なく活用せず	2	2	0	0	2	0
		d.該当せず活用せず	30	18	12	8	22	0
		e.検討したことがない	**165**	101	64	62	100	3
		（無回答）	22	11	11	9	11	2

名称		＜回　答＞	全計（社）	業種別		資本規模別		
				製造業	非製造業	中小	大～中堅	無回答
試験研究費の税額控除（42条の4）	回答者	a.よく知っている	108	89	19	24	83	1
		b.名称程度	87	37	50	40	45	2
		c.まったく知らない	19	7	12	13	5	1
		（無回答）	9	1	8	4	4	1
	当該企業	a.活用している	69	63	6	12	57	0
		b.活用検討している	9	8	1	3	6	0
		c.利点なく活用せず	8	8	0	2	6	0
		d.該当せず活用せず	60	25	35	23	36	1
		e.検討したことがない	65	26	39	35	27	3
		（無回答）	12	4	8	6	5	1
特定設備等の特別償却（43条）	回答者	a.よく知っている	98	77	21	27	70	1
		b.名称程度	103	49	54	43	58	2
		c.まったく知らない	11	6	5	6	4	1
		（無回答）	11	2	9	5	5	1
	当該企業	a.活用している	61	55	6	14	47	0
		b.活用検討している	7	3	4	2	5	0
		c.利点なく活用せず	5	4	1	3	2	0
		d.該当せず活用せず	68	33	35	24	43	1
		e.検討したことがない	69	34	35	33	33	3
		（無回答）	13	5	8	5	7	1
中小企業の貸倒引当金の特例（57条の9）	回答者	a.よく知っている	95	66	29	47	47	1
		b.名称程度	98	53	45	26	70	2
		c.まったく知らない	20	13	7	4	15	1
		（無回答）	10	2	8	4	5	1
	当該企業	a.活用している	61	41	20	50	11	0
		b.活用検討している	4	1	3	4	0	0
		c.利点なく活用せず	3	2	1	0	3	0
		d.該当せず活用せず	53	26	27	8	44	1
		e.検討したことがない	88	57	31	15	70	3
		（無回答）	14	7	7	4	9	1
中小企業者の機械等の特別償却（45条の2）	回答者	a.よく知っている	86	67	19	40	45	1
		b.名称程度	115	59	56	36	77	2
		c.まったく知らない	14	7	7	3	10	1
		（無回答）	8	1	7	2	5	1
	当該企業	a.活用している	47	41	6	35	12	0
		b.活用検討している	5	3	2	3	2	0
		c.利点なく活用せず	4	3	1	2	2	0
		d.該当せず活用せず	64	33	31	16	47	1
		e.検討したことがない	92	50	42	21	68	3
		（無回答）	11	4	7	4	6	1
中小企業者の特定電子機器利用設備投資促進税制（42条の6）	回答者	a.よく知っている	70	52	18	40	30	0
		b.名称程度	102	58	44	21	79	2
		c.まったく知らない	41	23	18	17	23	1
		（無回答）	10	1	9	3	5	2
	当該企業	a.活用している	39	31	8	33	6	0
		b.活用検討している	5	5	0	3	2	0
		c.利点なく活用せず	2	2	0	1	1	0
		d.該当せず活用せず	56	28	28	15	41	0
		e.検討したことがない	107	64	43	26	78	3
		（無回答）	14	4	10	3	9	2
エネルギー需給構造改革推進投資促進税制（42条の5）	回答者	a.よく知っている	67	52	15	16	51	0
		b.名称程度	97	55	42	32	63	2
		c.まったく知らない	48	25	23	29	18	1
		（無回答）	11	2	9	4	5	2
	当該企業	a.活用している	50	38	12	6	43	1
		b.活用検討している	5	4	1	3	2	0
		c.利点なく活用せず	1	1	0	1	0	0
		d.該当せず活用せず	47	30	17	16	31	0
		e.検討したことがない	106	56	50	50	54	2
		（無回答）	14	5	9	5	7	2

※アンケート調査は平成９年９月実施のため、上表と「第○条○項」という表記が異なる場合がある。

等の特別償却」といった「技術振興」や「設備近代化」に関する租税優遇措置には根強い支持が寄せられている。例えば、「試験研究費の税額控除（42条の4）」について、「制度の内容までよく知っている」との回答がその約70%から寄せられ、「活用している（したことがある）」と答えた企業は約50%にのぼる。

規模別に見た場合、中小企業に圧倒的に支持されているのは「中小企業の貸倒引当金の特例（57条の9）」である。「制度の内容までよく知っている」との回答がその約60%から寄せられ、「活用している（したことがある）」と答えた企業は約65%にものぼる。

【分析（①）】

さて、回答者の認知度（知っているか知らないか）と企業の利用度（活用したことがあるかないか）の関係を分析してみた。すなわち、「よく知っている」と答えた人たちは利用度を問う設問でどれを選んだか、また「まったく知らない」と答えた人たちは利用度を問う設問でどれを選んだかというように、それらを選ぶ傾向に明らかな違いがあるかを調べた。結果は、すべての項目で「有意」を認めた。これの意味するところは、回答者（経理担当責任者）が当該措置について知っていることと企業の利用度合いには強い相関関係があるということである。相関係数（相関分析）(7)とＰ値（分散分析）(8)については、次頁の**図表Ⅱ-4　相関係数（相関分析）とＰ値（分散分析）**を参照されたい。

【分析（②）】

次に、大～中堅企業（資本金１億円超）と中小企業を比べてみた。すなわち、租税優遇措置で今回調査した各項目のうち、「大～中堅企業」と「中小企業」に共通適用される８項目での認知度と利用度を比べた。

結果は、ほとんどの項目で「大～中堅企業」の経理担当責任者の方が、「中小企業」の担当者に比べて、当該措置について「よく知っている」と答え、すべての項目で「大～中堅企業」の方が、利用度が高かった（次頁の**図表Ⅱ-5　資本規模別の項目対比（規模別に見た当該回答数の占める割合）**を参照されたい）。

図表Ⅱ-4　相関係数（相関分析）とP値（分散分析）

―主要項目別―		相関分析　相関係数	分散分析　P値（両側）
試験研究費の税額控除	42条-4	0.6699＊	5.92E-14＊＊
エネルギー需給・投資促進	42条-5	0.6847＊	3.45E-24＊＊
中小企業電子機器促進	42条-6	0.6317＊	2.53E-16＊＊
中小企業基盤強化	42条-7	0.5910＊	1.29E-15＊＊
製品輸入促進税制	42条-11	0.6740＊	4.06E-24＊＊
特定施設等特別償却	43条	0.6170＊	1.13E-07＊＊
中小企業機械特別償却	45条-2	0.5921＊	3.85E-07＊＊
海外投資等損失準備金	55条	0.6839＊	1.21E-21＊＊
プログラム等準備金	57条	0.3897＊	1.74E-10＊＊
異常危険準備金	57条-5	0.4853＊	3.83E-15＊＊
中小企業貸倒引当金	57条-9	0.5833＊	6.51E-10＊＊
技術等海外所得の控除	58条	0.6389＊	3.38E-21＊＊

＊相関あり　　　　＊＊有意

（注）・相関分析については、「１.よく知っている」と答えた者の認知度と「１.活用している」という企業の利用度の単純相関を求めた。相関係数の絶対値が「相関あり（有意）」であるか否かの判定は下記の通り。

▽５％有意の近似式は、1.960／SQRT（Φ＋１）　　Φは自由度

▽今次の調査では各項目における無回答を除く回答企業数は約200

したがって、Φ＝200　として　200＋1　の平方根を求めれば 14.177となる。

1.960 を14.177で割れば 0.1383

▽データから求めた相関係数の絶対値が0.1383より大きければ「有意」、すなわち、認知度と利用度には相関関係があるといえる。

・分散分析では、「等分散を仮定した２標本による検定」を行った。「貴方は知っていますか」という問いで、「１.よく知っている」と答えた人は「貴社は利用していますか」という問いで何を選んだか、「３.まったく知らない」と答えた人は何を選んだか、この選ぶ傾向について明らかに違う場合を「有意」であると判断するものである。

▽５％有意は、検定結果の値（P値）が、0.05より小さい値をとった場合にいえる。

図表Ⅱ-5　資本規模別の項目対比（規模別に見た当該回答数の占める割合）

―主要項目別―		よく知っている		活用している	
		大・中堅	中小	大・中堅	中小
試験研究費の税額控除	42条-4	60.6%	29.6%	41.6%	14.8%
エネルギー需給・投資促進	42条-5	37.2%	19.8%	31.4%	7.4%
製品輸入促進税制	42条-11	35.8%	4.9%	20.4%	1.2%
特定施設等特別償却	43条	51.1%	33.3%	34.3%	17.3%
海外投資等損失準備金	55条	32.8%	7.4%	21.9%	3.7%
プログラム等準備金	57条	13.1%	13.6%	0.7%	0.0%
技術等海外所得の控除	58条	31.4%	11.1%	19.0%	2.5%

【〔1〕の小括――調査結果の整理――】

ここで、これらの調査結果と分析を整理し、小括してみたい。すなわち、租税優遇措置の「税の公平性への影響」の議論とは別に、それが「産業政策の重要な1つの手法」として実際に用いられている事実を直視し、これらの調査結果から得られる示唆を考えてみよう。

分析(②)では、「租税優遇措置を大企業の方がよく利用している」という結果が得られた。学界からは、かねてより資金力の多寡による利用可能性を理由に、租税優遇措置は大規模企業に有利であるとの指摘があった(9)。

今回の分析結果からすれば、「人材力」とでも呼ぶべき人的側面にも留意すべきであることが明らかになった。すなわち、大企業の実務担当者の方が、各租税優遇措置についてよく勉強し、よく知っているからこそ活用しているということができる。彼らは中小企業に対してのみ講じられている租税優遇措置についても、関連企業などへのアドバイスの必要性もあってか実によく知っている。特に、今回の調査で回答いただいた人々の肩書・所属を見て興味深かったのは、大企業には「税務担当部長」などの税を専門とする部署が存在するということである。

この「人材力」の問題と分析(①)の結果とを重ね合わせてみたい。分析(①)では、経営の現場での認知度と企業の利用度との関係が明らかにされた。政策目的通りの効果を貫徹させる、すなわち、税務当局ないし政策当局の側に立って租税優遇措置を活用してもらうには、企業で経理に携わる実務担当者に「知らしめる努力」が必要であるといえよう。

今回の調査結果からすれば、税務当局の説明会が「税の情報源」として高い評価を受けている。当局の労力が報われていると見ることができると同時に、そうしたＰＲを地道に、特に中小企業に重点を置いて行うことの重要性が示された。換言すれば、税務当局は広報・相談・指導・調査という４つの柱のうち、「税を知る週間」など各種イベントを通じて、広報活動に注力しているのは大いに評価できるが、情報の徹底に関する企業規模間格差という視点からすれば、中小企業向けのＰＲをもっと拡充すべきであろう。また、実際には税務や会計のプロとしての税理士や公認会計士が中小企業の税務に深く関与している実態にかんがみ、彼らをして、租税優遇措置の活用促進に資するような使い勝手の向上（法の利用しやすさアップ）のための、情報のフィードバックを受けることも重要であると考える。

以上の「ミクロ経済調査」分析では、経営行動・意思決定の領域に重心を置きつつ、租税優遇措置を考察した。よく知っているからこそ活用しているという、いわば当たり前の結果が得られたが、知っているのに利用していないケースをどう考えるかという問題が残されている。例えば、今次の調査でも、租税優遇措置の各項目について、検討したものの「利点なく」もしくは「該当せず」、結果的に利用していないと答えた企業は、各項目の平均値で57社（27%）存在している。あるいは、「活用している（活用したことがある）」という回答には、かつて活用したことがあるが、現在は何らかの理由によって活用していないというケースもあろう。本書全体を通じた作業仮説でいえば、「高度規制型」時代には活用していたが、「成熟市場型」の今では何らかの理由で活用しづらくなっている税制があるのではないかという論点である。

次の〔２〕では、ミクロ経済調査・分析では考察しきれなかった課題を、法的構造の問題を中心に検討する。

〔２〕マクロ経済統計・分析

数ある租税優遇措置のうち、マクロ経済統計が量（長期統計が存在している）、質（世界各国比較が可能なデータが存在している）ともに比較的そろっているのは「試験研究費の税額控除（42条の４）」についてである。この項目は〔１〕の企業調査でも、認知度および企業の活用度合いについて、いずれも最も支持を集めたものである。

また、本書全体を通じて、筆者は「技術力向上」に資する「成熟市場型」政策とはどのような内容になるのか、税制と関連づけて考察することについて関心を持っている。

以下、試験研究費の税額控除のマクロ経済統計・分析を通じて、産業政策としての租税優遇措置の有用性やその限界を明らかにしたい。

【租税特別措置法42条の4】

「試験研究費の税額控除」とはいかなる租税優遇制度かについて、以下に説明する。

この制度は、企業の試験研究を促進させ、日本の産業経済を発展させることを目的とした制度である(10)。1967（昭和42）年に創設され、数次の改正を経て現在に至っている（平成11年法律9号による改正前のものを本章では考察の対象としている）(11)。

当該制度は、当期の試験研究費の額が過去のピークを超える場合に、一定額を税額控除することをその基本的な枠組みとしており、税額控除できる額は増加試験研究費の20％相当額である。ここでいう試験研究費とは、開発・改良試作費・試験材料費等、決算上で試験研究費勘定で処理したもの以外に、試験研究に携わる人の人件費や試験研究用固定資産の減価償却費、試験研究部門における諸経費などが含まれている。この制度は、法人税そのものを軽減する税額控除であるから、その本質は非課税の補助金給付(12)である。

【マクロ経済統計データ（①）】

まず、この制度の政策目的の合理性について検討する。つまり、租税優遇措置という方法の是非は別として、そもそも国が産業政策として「企業を主体とした技術振興」を図ることの必要性について、マクロ経済データより見てみよう。

そのために、日本および主要国の「研究開発費」の概要についてまとめた次頁の**図表Ⅱ-6　日本および主要国の研究開発費概要**を参照されたい。

国全体として見た場合、研究開発費の総額は日本13.8兆円、アメリカ28.8兆円、旧西ドイツ6.3兆円、フランス4.6兆円、イギリス3.9兆円である。これを対

図表Ⅱ-6　日本および主要国の研究開発費概要（円換算はOECD購買力平価）

研究開発費	日　本 （91年度）	アメリカ （91年度）	旧西ドイツ （90年度）	フランス （90年度）	イギリス （90年度）
総　額（兆円）	13.8	28.8	6.3	4.6	3.9
（対GNP比）	3.0%	2.7%	2.8%	2.5%	2.3%
うち政府負担（兆円）	2.5（18%）	12.5（44%）	2.1（33%）	2.2（48%）	1.4（36%）
・この国家予算比	2.9%	5.0%	4.0%	6.4%	3.7%
うち民間負担（兆円）	11.3（82%）	16.3（56%）	3.3（53%）	2.0（44%）	2.1（53%）

出典：科学技術庁編『科学技術白書（平成6年版）』545-562頁
※（　%）は総額に占める割合を示す。

ＧＮＰ比率で見れば、日本3.0%、アメリカ2.7%、旧西ドイツ2.8%、フランス2.5%、イギリス2.3%ということで、日本は先進国中遜色ない額を研究開発分野に投じている。しかし、これを政府負担か民間（企業）負担かで分けてみると、日本は「政府負担18%・民間負担82%」、アメリカ「政府負担44%・民間負担56%」、旧西ドイツ「政府負担33%・民間負担53%」、フランス「政府負担48%・民間負担44%」、イギリス「政府負担36%・民間負担53%」となっている。この政府負担額を対国家予算比で見れば、日本は2.9%、アメリカ5.0%、旧西ドイツ4.0%、フランス6.4%、イギリス3.7%となっている(13)。

総じて見れば、日本の研究開発費総額はアメリカの約半分であり、総額に占める政府負担率は先進国では最も低く、国家予算に占める科学技術予算比率で見ても、日本は最低である。また研究開発費総額の対ＧＮＰ比は先進国中最大であるが、これは民間出資によっている。

これらのデータから、日本は、国としての成長の源泉ともいえる科学技術力の向上について、もっぱら民間企業任せであるという状況がうかがわれる。したがって、試験研究費の税額控除という制度には、政策目的としての合理性がある。

【マクロ経済統計データ（②）】

次に、目的達成の手段として合理的であるかについて検討を加える。個々の企業の「試験研究費」の長期データを見てみよう(14)。ただし、ここでいう「試験研究費」には、データの入手可能性の問題もあって試験研究に携わる人々の人件費などは含まれていない（42条の４が適用範囲としている部分より狭義である）ことには注意が必要である。

製造業のうち、上場企業の試験研究費「平均額推移」をまとめた**図表Ⅱ-７a 製造業の全上場企業の「試験研究費の平均額」の推移**を参照されたい。

1987（昭和62）年度の試験研究費は、製造業の上場企業平均で約6,800万円であった。これが順調に増加し続けて92（平成４）年度には約9,000万円となったが、翌93年度には横ばいで同額、以降年々減少して96（平成８）年度には6,600万円となり、87年度よりも下回ってしまっている。換言すれば、92年度ないし93年度が企業の試験研究費のピークであり、直近のデータ（96年度）ではピーク時の７割にすぎず、ピークを超えられないでいることが分かる。

これを裏付けるもう１つのデータがある。第１節でも引用した『租税特別措置による減収試算』のうち、「事項別減収額累年比較」である（**図表Ⅱ-７b 租税特別措置による「事項別減収額」の推移**を参照されたい）。

図表Ⅱ-７bによると、1988（昭和63）年度の「試験研究費の税額控除」によ

図表Ⅱ-７a
製造業の全上場企業の
「試験研究費平均額」の推移

年度	単位（百万円）
1987（S62）	68
1988（S63）	65
1989（H1）	69
1990（H2）	78
1991（H3）	84
1992（H4）	90
1993（H5）	90
1994（H6）	79
1995（H7）	72
1996（H8）	66

出典：「日経テレコン・総合版」を利用し、日本経済新聞社データバンク局の持つ全上場企業の財務データに基づき、筆者が作成した。

図表Ⅱ-７b
租税特別措置による「事項別
減収額」の推移（試験研究費税額控除）

年度	単位（億円）
——	——
1988（S63）	930
1989（H1）	950
1990（H2）	980
1991（H3）	1,100
1992（H4）	1,140
1993（H5）	1,050
1994（H6）	890
1995（H7）	700
1996（H8）	570
1997（H9）	530

出典：大蔵省（現 財務省）
「租税特別措置による減収額試算」昭和63年から平成９年までの各年度の資料を基に、筆者が作成した。

る減収額は930億円であり、これはバブルのピーク時まで年々増加し続けて91（平成３）年度1,100億円、92年度1,140億円となった。しかし、93年度は一転して1,050億円と減少し、以降減額し続けて97年度は530億円となっている。このデータを要約すれば、企業（製造業）の売上が毎年増加し、試験研究費も年々増加する時には、企業は「試験研究費の税額控除（42条の４）」を利用してきた。しかし、いわゆるバブル崩壊を経て、93年頃をピークとして企業の試験研究費は低迷したままである。

図表Ⅱ-7aとⅡ-7bという２つのデータから判明するように「過去のピークを超える場合のみ、超えた金額の一定比率を税額控除する」という租税特別措置法42条の４の法要件は、企業（および日本経済）のいわゆる右肩上がりの成長を前提としており、現在では「インセンティブとして機能している」とは言いがたい。

【〔２〕の小括――法要件の変更提言――】

産業政策として、企業に頼って科学技術振興がなされてきたのは事実であり、その手法として租税優遇措置が採られてきた。確かに、本書で「高度規制型」と呼ぶ右肩上がりの経済状況下では、それなりに企業の研究開発投資のインセンティブとして「42条の４」は機能してきた。

しかし、本書で「成熟市場型」とする現在（経済の低迷時）においては、「ピーク時を超える場合」という法要件のつたなさによって、企業の研究開発投資を誘因しているとはいえなくなっている。

低成長・成熟社会下でも企業の試験研究費上積みを誘うような「成熟市場型」の研究開発投資促進の法要件としては、「過去のピークを超える場合」というのを「過去５年（当該年度を含む）の平均を超える場合」と基準変更するべきではないか。こうすれば継続的な試験研究費の増額によって、企業は制度からの恩恵を受けることが可能となろう。

製造業Ｘ社(15)の実例で試算すると、以下のようになる（次頁の**図表Ⅱ-８　Ｘ社の事例に見る試験研究費・税額控除額・シミュレーションの比較**を参照さ

図表Ⅱ-8　X社の事例に見る試験研究費・税額控除額・シミュレーションの比較

年　度	試験研究費（億円）	対売上比（%）	経常利益率（%）	税額控除額 実額（百万円）	税額控除額 試算（百万円）
1988（S63）	303	3.9	6.69	—	—
1989（H1）	340	3.9	7.11	753	—
1990（H2）	383	3.9	7.12	851	—
1991（H3）	428	4.2	7.01	914	—
1992（H4）	463	4.6	4.50	690	1,600
1993（H5）	458	4.7	3.66	0	880
1994（H6）	459	4.7	3.85	0	420
1995（H7）	482	4.8	4.41	370	540
1996（H8）	504	4.8	4.61	446	620
				ピークを超える場合に20%控除	5年平均を超える場合に20%控除

れたい）。

X社の場合、1991（平成3）年の試験研究費は428億円、税額控除は9.1億円であった。これが92年には試験研究費463億円・税額控除6.9億円となったが、93年は試験研究費で458億円とピーク（92年）を超えられなかったため税額控除は受けられず、94年も試験研究費が459億円と前年を超えたもののピークを超えられなかったため税額控除の適用を受けていない。X社の93年、94年の実例に見られるように「ピーク時を超える場合」という法要件のつたなさは明らかである(16)。これを「過去5年の平均を超える場合」としてシミュレーションを行えば、X社の93年、94年の試算額のように、試験研究費をそれなりの規模で維持すれば制度からの恩恵を受けることが可能となることが読みとれよう。

過去のピークがイレギュラーな形で突出している場合は特に、そのヤマをならす「5年平均」という基準の変更が有効である。バブル経済という異常な経済活動の過熱を経験した企業にとっては、このような法要件の変更が重要である。

(1)　なお、この調査結果について、筆者は専門誌に寄稿する機会を得て、概要をすでに公表済みである。詳しくは、拙稿「法人に対する租税特別措置の実態調査報告」『納税月報』

財団法人 納税協会連合会（1998）平成10年３月号、54-61頁 を参照されたい。

(2)　関西経営者協会（関経協）は、日本経営者団体連盟（日経連）の関西ブロック組織（下部組織）にあたり、近畿２府４県の各県経営者協会の上部団体に位置付けられる。調査当時の会員企業総数は1,771社であり、今回の調査では三好俊夫 関経協会長の名（当時）で（財団法人など団体会員を除いて）1,687社の経営者（経由経理担当責任者）宛に質問表を送った。こうすれば、通常の関経協の調査と同様に回答の正確さや回収率の向上を期待することができると考えられたからである。この時の質問表は77、78頁に添付しているので、それを参照されたい。

(3)　例えば、関経協が定期的に調査している「標準勤続者賃金関係調査」などの回収率は通常、13-15％である。

(4)　租税特別措置のうち、大蔵省（現 財務省）主税局が『減収額試算』資料を出す際の「事項別分類」として列挙している主要項目について調査を行った。なお、調査の企画からまとめに至るまで、神戸大学大学院法学研究科の佐藤英明教授より多くの助言をいただいた。

(5)　関西経営者協会傘下の企業の業種別構成比は、製造業51％に対して非製造業49％である。今次の調査では製造業から若干多く回答が寄せられた。

(6)　日本経済新聞朝刊（1997年12月27日）によると、96（平成８）年の企業交際費は４年ぶりに増加したことを報じている。国税庁がまとめた『平成８年分法人企業の実態調査』によると、96年２月から97年１月までの１年間に全国の企業が贈答や接待に使った交際費は５兆4,094億円で４年ぶりに前年を上回り、また利益を計上した法人の営業収入金額も５年ぶりに増加するなど、96年は企業業績が上向いていたことが、企業交際費の推移などからもうかがえよう。

なお、年度ベースの主要経済指標を見れば、96年度は実質ＧＤＰ4.4％成長（97年度は▲0.4％)、名目ＧＤＰ2.9％（97年度0.2％)、民間最終消費支出2.8％（97年度▲1.2％）であった。

(7)　相関分析については、「1.よく知っている」と答えた経理担当責任者の認知度と「1.活用している」という企業の利用度の単純相関係数を求めた。相関係数の絶対値が「有意」であるか否かの判定は下記の通りである。

・５％有意の近似式は、1.960／SQRT（Φ＋１)。　（Φは自由度）

・今次の調査では各項目における無回答を除く回答企業数は約200

したがって、Φ＝200として、200＋１の平方根を求めれば14.177となる。

1.960を14.177で割れば0.1383

・データから求めた相関係数の絶対値が0.1383より大きければ「有意」すなわち、認知度と利用度には相関関係があるといえる。

(8) 分散分析については、「等分散を仮定した2標本による検定」を行った。「貴方は知っていますか」という問いで「1.よく知っている」と答えた人は、「貴社は利用していますか」という問いで何を選んだか、「3.まったく知らない」と答えた人は何を選んだか、この選ぶ傾向について明らかに違う場合を「有意」であると判断するものである。

・5％有意は検定結果の値（P値）が、0.05より小さい値をとった場合にいえる。

(9) 池上惇『財政学』岩波書店（1990）225頁。

(10) 中村利雄『法人税法要論』税務研究会（1995）546頁。

(11) なお、筆者がこのマクロ経済統計分析を行った1997（平成9）年時点での「租税特別措置法42条の4（抜粋）」は下記の通りである。

「青色申告書法人が、昭和42年6月1日から平成11年3月31日までの間に開始する各事業年度（適用年度）の試験研究費の額が比較試験研究費の額を超える場合には、その超える部分の金額の20％に相当する金額を法人税額から控除することを認める」

ところで、この後、「租税特別措置法42条の4」は、本章における筆者の提言通り、バブル経済で過熱した企業活動のピークであった1991年度を避けて、実質的に企業活動のインセンティブとなるように「法の要件」変更が講じられている。

以下に掲げるのは1999（平成11）年3月31日の官報（号外第60号）記載の、「租税特別措置法42条の4」変更内容である。

「第42条の4 第8項第5号の前に次の2号を加える。

三 比較試験研究費の額　適用開始年度の開始の日前5年以内に開始した各事業年度の所得の金額の計算上損金の額に算入される試験研究費の額（当該各事業年度の月数と当該適用年度の月数が異なる場合には、当該試験研究費の額に当該適用年度の月数を乗じてこれを当該各事業年度の月数で除して計算した金額。以下、この号及び次号において同じ。）のうち当該試験研究費の額が最も多いものから順次その順位を付し、その第一順位から第三順位までの当該試験研究費の額の合計額を3で除して計算した金額（当該5年以内に開始した各事業年度の数が3に満たない場合には、政令で定めるところにより計算した金額）をいう。」（下線付与は筆者）

以上のように、「直近5年間のうち、試験研究費の多いものから上位3つの平均値を超える場合」という具合に要件に変更が加えられた。

(12) 佐藤英明「租税優遇措置」『岩波講座　現代の法8　政府と企業』岩波書店（1997）157頁。

(13) 『科学技術白書（平成6年版）』科学技術庁（1994）545-562頁。

(14) 日本経済新聞社データバンク局の持つ全上場企業の財務データに基づく。

「日経テレコン・総合版」の「作図作表」データを用いた。業種集計値の対象は東証1

部・2部上場会社で、データ更新は毎年7月、各企業の貸借対照表の資産の部で「開発費・試験研究費」として計上されているものを「試験研究費」とみなした。

入力作業は「FA,G98AR&DD,A」。FAは期種で長期統計を示す。Gの後の98は製造業を示す業種コード、AR&DDは開発費・試験研究費を示す項目コード、Aは平均値を算出させるコマンドである。アウトプットの単位は100万円である。

⒂　X社のプロフィール。『会社四季報（1997年秋版）』東洋経済新報社。

売上高は約1兆580億円（1996年、単独ベース）経常利益488億円の企業である。

⒃　この他、X社の実例からは次のような点も読みとれよう。すなわち、R＆D投資は、特に製造業にとって、企業の明日の成長力の源泉として、何とか「増やしたい」あるいは「削るとしても最後の費目」という位置付けにあるということである。このことは、X社の売上高経常利益率が未だバブルのピークを超えられないでいる状況にあり、各費用項目（一般設備投資も含む）の絶えざる圧縮プレッシャーが存在することが容易に想像される状況下にあってなお、(94年度以降ずっと）試験研究費の対売上高比率が一定もしくは漸増していることから推察できる。

第3節　考　察

〔1〕第2章の考察（まとめ）

本章では、租税優遇措置が実際の企業経営にどのような影響を及ぼしてきたか、あるいは現在いかなる影響を及ぼしているかを実証的に明らかにし、「成熟市場型」政策として必要とされる税制の具体的な要件に関して示唆を得ることに努めた。

租税優遇措置が、産業政策の１つの重要な手法として、現に用いられ続けていることにかんがみ、「産業政策における租税優遇措置」を多角的な視点から考察した。

学界からは、租税優遇措置を考察するに際して、その「目的合理性」と「手段としての合理性」という２つの合理性の検討が重要であるとの指摘がなされている（第１節）。本章での研究における最大の特色は、この２つの合理性の検討について定量的に分析し得たことである。

第２節のミクロ経済統計・分析では、第１に、中小企業（資本金１億円以下）に関する質的にも量的にも豊富なデータを収集し、それに基づく実態分析を行うことができた。その結果、第２に、大企業との比較において「人材力」とでも呼ぶべき人的能力格差の存在を確認し、政策浸透の観点からの工夫が必要であることなどが明らかとなった。第３に、設備の近代化や技術の高度化といった分野での租税優遇措置の認知度・利用度が高いことからして、租税優遇措置が分野によっては一定の支持を集めていることが明らかとなった。第４に、研究開発投資促進税制（租税特別措置法42条の４）のように租税優遇措置も個別に見れば、政策目的が合理的な分野が存在することが明示された。ただし、42条の４が「過去のピークを超える場合」とする法要件は、適切ではない。つまり、第５に、たとえ政策目的自体が合理的で、かつ手段として租税優遇措置が効く分野であっても、その法要件（手段の内容）が、現在の社会状況に適合したものでなければ、効力を発揮し得ないことが確認された。あわせて第６に、42条の４を「過去５年の平均を超える場合」と変更することを提言し、「成熟市場型」で手段合理性を有する法要件の一例を示した。

以上の研究結果にかんがみると、現在、条文数で92、項目数で80近く存在する「法人に対する租税優遇措置（法人税の軽課措置）」の一つひとつについて、できる限り定量的にその「目的合理性」と「手段としての合理性」を検討する必要性が明らかになる。特に、後者は、①租税特別措置が「効く分野」か、②有効な分野であればその「法要件」は合理的かを地道に検証することが肝要である。さらに、目的合理性を有しながら法要件のつたなさから十分な手段としての合理性を有していない（効果を発揮し得ていない）制度については、③新たに合理的な法要件を創案することが必要である。これらの作業にあたっては、日本が「高度規制型」から「成熟市場型」へと移行している経済・社会状況の変化を十分に考慮すべきである。もとより、租税優遇措置の当該制度が理解されているか、ということも肝要であり、④制度の「浸透」を効果的に進めていくことも重要である。

〔２〕今後の展望

「産業政策としての租税優遇措置」の今後のあり方について、現実の動きを踏まえて展望しておきたい。

1998（平成10）年度税制改正の動きを少し追ってみると、97年９月頃から経済団体を中心に法人税減税を求める声が日増しに大きくなり(1)、ついには法人税の基本税率が３％引き下げられる運びとなった(2)。

この間、政策当局（旧 大蔵省、現 財務省）のスタンスは、法人税減税に見合う課税ベース拡大を狙って、いわゆる「ネット減税」には反対の立場で一貫していた。関連して、租税特別措置についても「（租税優遇措置についてのみ）

徹底的な見直しを図る方向で検討」され(3)、さらには「租税特別措置の総額20%以上削減」や「各業界や関係省庁の利害に直結するため調整に難航すれば一律カットとなる公算もある」との報道(4)もあった。

以上のように、租税優遇措置は「減税財源の振出し口」として認識されるなど、租税優遇措置への風当たりは非常に厳しい。こうした動向を踏まえたうえで、次に「産業政策としての租税優遇措置」の今後のあり方について考えてみたい。

学界（特に租税法学）からは長きにわたって「税の公平性を害するもの」として租税優遇措置が批判にさらされ続けてきた（第1節）。また98年度税制改革での一連の動きでも明らかなように、実務界（政・官界のみならず産業界、マスコミも含めて）からも、租税優遇措置は批判されるようになってきた。しかし、一律カット報道に代表されるように、租税優遇措置を十把一絡げに扱うことや租税優遇措置を単なる「減税財源の振出し口」として見ることには賛成できない。その理由は2つある。

第1に、すでに検討した研究開発投資促進税制のように、租税優遇措置の中には産業政策として現在でも必要な領域がある。国が企業を政策誘導すべき分野がゼロになることはあり得ないのであり、租税優遇措置の一つひとつについて、①政策「目的」が合理的であるか、②目的達成「手段」が合理的であるか（租税特別措置が効く分野か）を検討したうえで取捨すべきである。

第2に、租税優遇措置については減税財源としての側面のみが強調されがちであり、その背景には「税の公平性を害する制度である」という考慮が働いているものと思われる。しかしながら、税の公平性という観点から見るならば、軽くする（軽課措置）場合のみならず、重くする（重課措置）場合と併せて議論する必要があろう。現に、先に指摘したように、法人に関する租税特別措置を軽課措置と重課措置の両方を通じて見た場合には、全体としては黒字（重課措置の方が金額的に多い）となっているのである（第1節）。現在の議論は、この点で問題の一部をその対象としているきらいがある。

〔３〕本書全体への示唆

本書全体を通して筆者が持っている３つの問題意識から、本章を整理しておきたい。

まず、①高度成長期に発想され実施されたような昔の政策を、成熟経済下の現在においても引きずって使い続けてよいのかという点について、筆者は次のように考える。

先述したように、第２章では92（条文数）ある法人に対する租税優遇措置一つひとつについての検証を行ったわけではない。しかし、現行の「租税特別措置」の大半が高度成長期に成立したものであること、またそのリニューアルによって現在まで存続しているものも多いことを考えれば、思いきった改廃が必要である。

この時、法の目的と手段に二分して、各々合理性をできるだけ定量的に検証することが肝要である。特に、「技術力向上」に資する「成熟市場型」政策として税制を用いることは政策目的の面から合理性を有していることを、本章ではミクロ経済調査やマクロ経済統計に基づき、定量的に確認している。しかしながら、手段面での「法要件」が未だに「高度規制型」時代のものを引きずっているために企業誘因の実効があがっていない点を租税特別措置法42条の4の「法要件」を考察することで強調し、高度成長期に発想されたものを現在の成熟経済下に引きずることのつたなさを指摘している。

次に、②高度成長期と成熟経済下では、必要とされる政策の中身は何が違うのかという点について、筆者は次のように考える。

まず、制度の法要件の合理性を検証する作業においては、本当に政策が効いているのか、個々の企業行動にまで踏み込んで実証的に分析することの重要性を強調しておきたい。本章では、成熟経済状況を前提にしたうえで、「企業の意思決定に適切に影響を与える」法要件の構築が必要であることを指摘している。

さらに、③高度成長期の政策を成熟経済下ではどう適応させればよいかという点については、本章では42条の４の法要件を「バブルのピーク時を超える場合」ではなく「過去５年の平均を超える場合」とすることを提案し、右肩上がりを前提としない要件構築の具体例を示した。このような見直しのうえに、適切なＰＲが特に中小企業向けに必要であり、これがなされてはじめて産業政策としての租税優遇措置が貫徹するものと考えられる。

最後に、「産業政策としての租税優遇措置」について、筆者なりにこの章での研究を通じて感じたことを述べ、さらに本書全体への示唆するところを指摘してこの章を閉じたい。

第１に、租税優遇措置の活用状況を実際に調査し、あまり活用されていない項目も少なくないことから考えて、「経済が高度成長期から低成長・成熟経済状況へとその性格を変えたことにともない、追求すべき政策目的にも変更があるべきである」ということを改めて感じている。本書では、全体を通じてこれを「高度規制型」と「成熟市場型」の対比でとらえているように、歴史的視点から法の目的や手段としての税制について再検討することが肝要である。

租税優遇措置に関する歴史的な考察については、佐藤英明教授が輸出促進税制の変遷を1953（昭和28）年の開始から73（昭和48）年の廃止まで、その社会的背景の移り変わりを踏まえながら考察しておられる(5)。このような社会的状況の考察と法の目的や要件の変遷を対比させる研究は、「成熟市場型」政策としての税制を考慮するうえで重要なアプローチ手法と考えるので、次の第３章で筆者も試みることとしたい。

第２に、手段としての税制は、その目的通りにきっちり活用されることが肝要であり、時代の変化にできるだけ即応する形で法要件をアジャスト（適応）させていくことが肝要と考える。

この際、特に中小企業の税務や会計のよきアドバイザーとして（本章の調査データからも再確認されている）税理士や公認会計士などを、「政策徹底機能」としてあるいは「法のアジャスト機能」として制度的にいかに組み込むかが今後は重要であることを、本章の最後に付記しておきたい。

(1)　「経団連インフォメーション」(1997年９月12日)

(2)　日本経済新聞朝刊（1997年12月17日）

(3)　日本経済新聞朝刊（1997年11月５日）

(4)　日本経済新聞朝刊（1997年11月20日）

(5)　佐藤英明「輸出促進税制－制度の変遷に関する研究ノート－」『総合税制研究』　納税協会連合会（1995）第３号、79-111頁。

第3章　産業再生政策における税制
―通商産業省（現　経済産業省）の時限立法群の考察―

第２章では、法人税に関する租税特別措置について、その活用実態を実証的に分析した。特に「研究開発投資促進税制（租税特別措置法42条の４）」を取り上げて、その法要件が、①高度成長期に発想されたものを成熟経済下の現在にまで引きずることで誘因措置として機能し得ていないこと、②企業の意思決定に「適切に影響を与える」要件の創案が必要なこと、③バブル経済の過熱を避ける（経済の右肩上がりの成長を前提としない）法要件、具体的には「過去最高（実質的にはバブルのピーク時）を超える場合」でしか法の適用がなされない状況であったのを「過去５年の平均を超える場合」と変更することで、成熟経済下でも企業を研究開発の「投資増額」へ誘因することを提起した。また、この２章での研究を通じて租税優遇措置に関する歴史的考察の意義を改めて感じ、「社会的状況」と「法の目的や実現手段（要件）」を対比させて、その変遷を追う作業の重要性を指摘した。

この第３章では、経済を活性化（再生）させる「成熟市場型」政策とはどのような内容が求められるのか、税制と関連づけて研究を行う。具体的には、「通商産業省（現　経済産業省）の産業再生政策における税制」の考察である。過去の産業再生政策の中に盛り込まれ、現在でも政策手段として重要な位置を占める「税制」について、（第２章でも指摘したように）その歴史的考察を行うことで、「成熟市場型」政策として必要とされる法の目的や実現手段（要件）の基本的な考え方に関して、示唆を得ることとしたい。

【第３章の構成】

本章では、通商産業省（現 経済産業省、以下、通産省と記す）が、石油ショック以降、現在に至るまで、時限立法ながら切れ目なく施行してきた一連の産業再生政策を取り上げ、どこに問題があったか、これから政策立案するうえで考慮すべき事柄は何か、などを税制と関連付けて歴史的に考察する。

第１節　研究分野の概観では、〔１〕でこの章における研究を行ううえでの基本的な視点を述べ、〔２〕で産業再生政策の言葉の定義を行い、それを法学者（租税法学者）はどうとらえているか、また経済学者（財政学者）はどう認識しているかについて整理する。

第２節　歴史的研究では、〔１〕で日本経済の状況と産業再生の時限立法群の対比を行う。具体的には「特定不況産業安定臨時措置法（1978年、以下、特安法）」、「特定産業構造改善臨時措置法（1983年、以下、産構法）」、「産業構造転換円滑化臨時措置法（1987年、以下、円滑化法）」、またバブル崩壊後の「特定事業者の事業革新の円滑化に関する臨時措置法（1995年、以下、事業革新法）」、さらにその後の「産業活力再生特別措置法（1999年、以下、産業再生法）」までを時系列的に対比させながら概観する。また〔２〕で税制を切り口とした一連の産業再生政策の評価を行う。特に、バブル経済の崩壊後に立案・施行された「事業革新法」については、その前後の産業再生政策との関連を見るために詳しく考察する。

第３節　考察では、第２節で行った歴史的な概観や分析を踏まえ、今後の産業再生政策のあり方について、〔１〕で基本的なスタンスを提起し、〔２〕で第３章の本書全体への貢献・示唆するところについて述べる。

第１節　研究分野の概観

〔１〕「産業再生政策における税制」の研究における基本的な視点

政府は過去、経済情勢が大きく変化するたびに、何らかの対策を講じてきた。すなわち、経済の循環的な要因に対して臨機応変に対応するいわゆる景気対策や、経済・社会情勢の構造的な変化に対応するための構造改革政策である。

経済成長率が鈍化して久しく、最近では名目値でマイナス成長が続いているなかで、繰り出される産業再生政策は、はたして効果を発揮するのであろうか。また、過去の産業再生政策の中に盛り込まれてきた「税制」は、政策実現の手段として有効に機能してきたのであろうか。

本章での狙いは、以下に掲げる３点について明らかにすることである。

第１に、石油危機以後の産業再生政策について、その「政策目的の継続性」について明らかにし、第２に、政策手段として税制がどのように用いられてきたか、「政策税制の内容とその用いられ方の合理性」を考える。この２点を踏まえたうえで、第３に、経済の構造的な変化に対応するための構造改革政策はどうあるべきか、また政策手段としての税制のあり方・方向性を探る。

本章でも、前の第２章と同様に、個々の企業行動の総和が経済である、という視座を採用している。法律上の「制度」が「経済」に何らかの影響を与える場合には、常に個々の企業における「意思決定」を経由すると考えるからである。このこととの関連で、税制が産業再生政策に用いられる場合、その用いられ方の合理性や政策効果を分析する際に、できるだけ客観的なデータで検証するなど実証的アプローチを常に意識し、同時に、産業再生政策が起案された当時の社会的状況についても史実を把握するよう努めて、社会背景の変化を歴史的に考察する。

〔2〕言葉の定義と先行研究

【言葉の定義】

「産業再生政策」の定義の前に、そもそも「産業政策」とは何か、ということについて定義する。産業政策については、かつて経済学者の間で言葉の定義などをめぐって多様な議論が展開された。例えば、貝塚啓明教授は「産業政策という言葉は、少なくとも筆者が調べた限りにおいて、今までに明確に定義されたことがない」として、強いて言えば「産業政策とは、通産省が行なう政策である」とかなりの皮肉をこめて定義しておられる(1)。貝塚教授は、産業政策が主として何を目標に、いかなる手段を使う政策かについて不明瞭のため、批判的に定義されたものと思われる。この約10年後、日本の産業政策について経済学の立場から本格的な分析・検討を行うべく小宮隆太郎教授、奥野正寛教授、鈴村興太郎教授を中心とした共同研究プロジェクトが組織された(2)。このうち、小宮教授は、産業政策という言葉を次のように定義されている(3)。

「産業間の資源配分や、個々の産業の私企業によるある種の経済活動の水準を、そのような政策が行われない場合とは異なったものに変えるために行われる政府の政策を指す。つまり産業政策は、ある種の産業における生産・投資・研究開発・近代化・産業再編成を促進し、また他の産業におけるそれらを抑制するものである。保護関税や奢侈品に対する消費課税は、このように定義された産業政策の手段の“古典的な”事例と言えよう。」

また、この共同研究プロジェクトでは、産業政策の内容について以下のように分けて整理している(4)。

「(1) 産業への資源配分に関するもの

(A) 産業一般のinfrastructure（工業用地・産業のための道路港湾・工業用水・電力供給等）にかかわる政策

(B) 産業間の資源配分（interindustry resource allocation）にかかわる政策

（２）個々の産業の組織に関するもの

（C）各分野ごとの内部組織に関連する政策（産業再編成・集約化・操短・生産および投資の調整等）

（D）横断的な産業組織政策としての中小企業政策」

本章では、産業政策について、基本的には以上の共同研究プロジェクトでの定義に従う。さらに、例えば石油ショックなどのように日本経済が大きな環境変化にさらされ、その変化に即応できない構造問題を抱えた企業を支援するために通産省が立案・施行した一連の法律・政策を産業再生政策として定義し、最近の「産業活力再生特別措置法」まで含めて考察するうえで、縮退産業に属する企業の単なるリストラ支援策のみならず、創業や既成企業の新事業開拓の支援策まで含めて、日本経済の構造改革に資するべく立案された通産省の一連の時限立法群という広い概念で、以下「産業再生政策」という言葉を用いる。

具体的には、第１次石油ショック後の「特安法（1978)」、第２次石油ショック後の「産構法（1983)」、プラザ合意後の急激な円高を受けた「円滑化法(1987)」、またバブル崩壊後の「事業革新法（1995)」、さらにその後の長期低迷（失われた10年）の打開を目指す「産業再生法（1999)」といった一連の時限立法群を取り上げる。

【先行研究（経済学)】

産業再生政策は、産業政策のうちの一分野として経済学では扱われてきた。特に、経済情勢の大変化に迅速に対応できない構造問題を抱えた企業群を支援する目的が、一連の時限立法では前面に大きく打ち出されたために、弱者救済的な面が強調されて「産業調整助成」、あるいは「産業構造調整」「産業構造転換」、もっと直截的に「不況産業対策」と呼ばれてきた。小宮教授は「耳慣れない言葉かもしれないが」と断ったうえで「産業調整助成」とは、「経済発展の過程で長期的に停滞の状態に陥り、あるいは衰退に向かった産業から、発展する産業への「資源」（労働者・資本・経営資源等）の移動を促進し援助する政策」と説明され、「特安法（1978年)」から「事業革新法（1995)」に至る12

法律を不況対策法として位置付けられ、立法の背景や各法律の連関をまとめておられる(5)。

また、通商産業政策史の編纂にあたられた隅谷三喜男教授は、通商産業政策の重点の推移を1949年度から1981年度まで歴史的に概観されたうえで、通産省（通産官僚）が特に留意し、政策的に配慮して、財政的支援をも惜しまなかったのは、経済の発展過程で生起してきた産業構造の変化に対応するための「産業調整」の分野であると指摘されている(6)。特に、通産省が日本産業の将来のため必要と考え、その育成を積極的に推進してきた政策を「出生・育児ケア政策」、逆に産業が衰退を余儀なくされた状況下でその善後策を講じたケースを「ターミナル（在宅）ケア政策」と呼び、後者は「手がかかる」と評されている。

こうした産業再生政策について、第一勧銀総合研究所の吉川康之氏は、貿易・為替の自由化を背景とする「特定産業振興臨時措置法（未成立、1963年）」から「産業再生法（1999年）」までの一連の時限立法群に関して、立法時の時代背景と政策内容を時系列的に簡潔にまとめられ、産業再生法に関して「①リストラ支援措置は各企業が等しく利用すべき制度であり、時限立法でなく無条件で恒久化すべき②設備廃棄関連などの企業救済措置はまずは企業の自助努力を基本とすべき」と提言されている(7)。

この他、新庄浩二教授は一連の産業再生政策を、規制緩和時代における経済産業省のあり方を考えるうえで批判的に検討され、「長期的視点から見れば、過剰設備を処理するという所期の目的は達成されていないと結論」付けられ、「経済産業省の重点は、経済構造改革の推進に置かれること、従って、個別産業の振興から撤退、縮小し、市場原理を重視した、業種に普遍的な産業政策に移行することが望まれる」と指摘されている(8)。

概括すれば、産業再生政策は日本経済の１つのターニングポイントであった石油ショック前後から始まったものであること、また時限立法とされながらも法の施行期限終了間際に次の時限立法が準備されるなど、一貫性があることなどが先行研究では共通して指摘されている。また、そもそも産業再生政策が必要かという点については、公開された情報不足などを理由に、所期の政策目的を達し得たかどうか判じかねるという結論を導かれる見方もあり(9)、本章の主たる関心事である産業再生政策における「政策目的の合理性」や「政策手段の合理性」について、その判断基準や効果の評価基準にまで踏み込んだ論考はほとんどなく、筆者の調べた限りでは、わずかに小宮教授が特別償却など特定の租税特別措置に関する分析を行われている程度である(10)。

【先行研究（法学）】

法学における産業再生政策の研究としては、特に補助金に対する行政法的視点からの考察がいくつか見られる。碓井光明教授は「補助金が重要な行政目的達成の手段であるにもかかわらず、行政法学は、それに対して十分な研究を、特に包括的な研究を、蓄積してきたとは言いがたい」(11)と指摘されたうえで、手続的規制規範や実態的規制規範を検証され、その統制方法について論を展開しておられる。また、根岸哲教授は、公的な「補助」の概念を「補助金交付、政策的低利融資および税制上の措置がその代表例である」と説明され、「補助金交付は贈与、政策的低利融資は金銭消費貸借という私法的形式をとるのに対し、税制上の措置は立法という公法的形式をとるが、いずれも私企業に対する補助という実質的機能の面では共通している」(12)として産業再生政策の政策手段のうち、補助金交付や政策的低利融資、さらには本書の検討対象である政策税制を含めたその法的統制を検討されている。その結論として「財政的資金の負担と利用の公平と、私企業の自己責任に基づく公正かつ自由な競争秩序を確保する見地からみると、補助の形式のうちでは政策的低利融資が最も望ましいことは明らかである」(13)と指摘されている。また、政策手段としての産業補助の合理性を検討する全般的な基準についても考察され、ＷＴＯ（世界貿易機関）の新補助金協定を詳述されたうえで、産業補助を法的に統制する必要があると述べておられる(14)。

この他、直接的には産業再生政策について述べられていないが、その手段として用いられる政策税制、すなわち租税優遇措置に関しては、（第２章で見たように）佐藤英明教授は「総合的な見地から統制する」ことについての論を展開しておられる[15]。すなわち、「租税優遇措置にはどのような利点があると考えられるのか、また一定の範囲で租税優遇措置を用いることが合理的と考えられる場合があるとすれば、逆にそれはどのような制約要素、限界があると考えられるのか」という検討の切り口を提示され、「租税優遇措置の採用が政策実現手段として合理的であると考えられるのは、垂直的公平の要請があまり強くない、たとえば産業助成のような分野であり、そこで認められる租税優遇措置の合理性とは、補助金よりも低い手続的なコストで、同様の政策目的実現の手段たりうることである」と述べておられる。また、産業再生政策とその政策税制との関連を考えるうえで重要な点も指摘しておられ、「助成対象とされている分野に赤字法人が多数存在している場合など」には「政策実現のためのインセンティブとして働くことが合理的に期待」されないために「租税優遇措置は手段として合理的でない」と結論付けられている。これは、ある政策税制を評価する際には「政策目的の合理性」と「手段の合理性」という２段階の考察が重要である、と読みとることができる。

【先行研究（小括）】

産業再生政策に関して、経済学の先行研究はその時系列比較が中心であるが、多くは単なる政策内容紹介にとどまっている。またその結果の検証についても、実証的アプローチを採用した論考は少なく、その結論として通産省の組織的あり方やカバーすべき政策分野に関する論述にとどまる研究が多い。

他方、法学の先行研究は、補助金に特化したうえでその統制を論じるものが多く、本章の関心事である、産業再生政策の手段としての「税制」をクローズアップした論は、筆者が調べた限り見当たらない。

総じて、先行研究がどちらかといえば、時代背景と政策目的とその手段を有機的に結びつけて論じたものが少ないことにかんがみ、個々の時限立法について、それぞれの時代背景を踏まえて政策目的の合理性と政策手段の合理性を検証する作業が肝要であり、税制を切り口として、一連の時限立法群を対比させながら考察する作業が肝要であると考える。

⑴　貝塚啓明『経済政策の課題』(財)東京大学出版会（1973）164、167頁。

この本の中で貝塚教授は、当時において産業政策に関するまとまった論考である両角良彦氏の論文『産業政策の理論』にも「産業政策」の定義がないことに触れて、「その他、産業政策と名のついた論文は多数発表されているが、明確に定義された例は見当たらない」（同164頁）と言いきっておられる。

⑵　小宮隆太郎・奥野正寛・鈴村興太郎『日本の産業政策』(財)東京大学出版会（1984）i頁。

⑶　小宮隆太郎『現代日本経済研究』(財)東京大学出版会（1975）308頁。

⑷　前掲注⑵小宮・奥野・鈴村（1984）3頁。

⑸　小宮隆太郎『日本の産業・貿易の経済分析』東洋経済新報社（1999）57-92頁。

⑹　隅谷三喜男『産業政策と経済発展』通商産業調査会（1998）143頁。

⑺　吉川康之「産業再生政策の動向」第一勧銀総合研究所レポート（2000）23-52頁。

⑻　新庄浩二「規制緩和時代の産業政策」『国民経済雑誌』神戸大学経済経営学会（2001）第183巻第4号、1-18頁。

⑼　前掲注⑻新庄（2001）16頁。この他、前掲注⑶小宮（1975）320頁など。

⑽　前掲注⑶小宮（1975）77-104頁。

小宮教授は「税制上の措置がどの程度の効果をあげたかについては実証的にはごくわずかのことしか知られていない」とされながらも、マクロ経済統計の分析等により、特別償却など個別の租税特別措置に限ってその効果を推計されている。

⑾　碓井光明「補助金」『現代行政法体系10 財政』有斐閣（1984）227頁。

⑿　根岸哲「企業の公的規制と補助」『岩波講座　基本法学7　企業』岩波書店（1983）230頁。

⒀　前掲注⑿根岸（1983）258頁。

⒁　根岸哲「産業補助金・融資と法」『岩波講座　現代の法8　政府と企業』岩波書店（1997）127-154頁。

⒂　佐藤英明「租税優遇措置」『岩波講座　現代の法8　政府と企業』岩波書店（1997）155-178頁。

第2節　歴史的研究 ——産業再生政策——

〔1〕日本経済の状況と産業再生の時限立法群の対比

【時系列対比の抄録と各種データの出典】

ここでは、「特安法(1978)」「産構法(1983)」「円滑化法(1987)」「事業革新法(1995)」「産業再生法(1999)」までを時系列的に対比させながら概観する（以下、この5つの法律のことを「一連の時限立法群」という）。この際、各法の成立背景およびその内容に関する情報については、主に通産省の監修によるそれぞれの法律の「解説本」(1)と、国立国会図書館のホームページ上の「国会会議録」(2)によっている。

特に、国会会議録では各法律の法案段階での審査が生々しく記録され、当時の社会的風潮を知るうえで貴重な情報源となっている。各種委員会における委員（衆議院議員・参議院議員）に対する大臣答弁や政府委員（官僚）答弁のやりとりにおいて、特に政府委員答弁で示されるデータは信頼に値する統計数字である。

以下、本章においては、この政府委員答弁で示される各種のデータは（新聞等で公表されてはいないものの各省庁の幹部の発言ということで）「事実」として扱うことにする。

さて、一連の時限立法群の個々について論じる前に、これらが相互に関連していることを「法の目的」を相互に対比させることで簡単に見ておく。第1章に掲載した**図表Ⅰ-9　産業再生政策に関する一連の時限立法群の「法律の目的」対比一覧表**（46頁）ですでに見たように、法の背景に始まり、法の狙い、対象、計画の名称、雇用への配慮、中小企業への配慮など各項目に酷似した文言が羅列されている。具体的には、法の背景として「内外の経済的事情の著しい変化にかんがみ」と表記しているのが特安法と産構法であり、「内外の経済的環境の多様かつ構造的な変化に対処して」と記しているのが事業革新法で、「内外の経済的環境の変化に伴い」との表記が産業再生法に見られる。また、法の対象は特安法が「特定不況業種」、産構法が「特定産業」、円滑化法と事業革新法が「特定事業者」、産業再生法が「事業者」という具合に少しずつ修正が加えられながら、対象の特定がなされている。このように一連の時限立法群は、時限的性格を有しながらも、その「目的」において、各々に連続していることが読みとれよう。

また、特安法を除き、それ以降の一連の時限立法群で措置された税制の内容も次節で詳述するが、ここでも概観しておきたい（次頁の**図表Ⅲ-１　産業再生政策に関する一連の時限立法群の「政策税制」対比一覧表**を参照されたい）。

本法明記もしくは租税特別措置法での対応（本法に特段の規定を置かないが、一連の時限立法群の主旨を体して租税特別措置として置かれたもの）のいずれかにより、税の減免などが行われる政策メニューが、時限立法ごとに準備されている。

例えば、登録免許税の軽減は、産構法では本法に明記され（第９条の２第２項）、円滑化法および事業革新法、産業再生法では本法に特段の規定を置いていないものの租税特別措置法で各時限立法の認定企業に対して登録免許税の税率軽減が規定されている。このように、特別償却や各種計画を認定されたうえでの不動産取得税の軽減など、個々の政策メニューは一連の時限立法それぞれで準備されており、「手段」面における各時限立法の類似性および連続性は明らかである。

さらに、一連の時限立法群の成立から廃案までのタイムテーブルを対比させて見ると、この５つの法律が相互に継承しあうものであることが一目瞭然であろう（115頁の**図表Ⅲ-２　主な経済事象と産業再生政策に関する一連の時限立法群の関係図**を参照されたい）。

特安法は1978（昭和53）年７月から83（昭和58）年６月までの時限立法であり、同法が失効する直前の83年５月に立法化されたのが産構法である。さらに

図表Ⅲ-1　産業再生政策に関する一連の時限立法群の「政策税制」対比一覧表

手　段	特安法	産構法	円滑化法	事業革新法	産業再生法
＊試験研究促進税制	税制は用いられず			×本法に特段の規定を置かず 法律「租税特別措置法　第42条の4第7項」 =本則S40基準年、過去最高を超える場合、20%税額控除をH5を基準年に変更し、以降の最高額を超えた額の10%控除へ	（※産業再生法の認定いかんにかかわらず、租税特別措置法42条の4自体が変更）
＊長期保有資産の買換え特例（圧縮記帳）				×本法に特段の規定を置かず 法律「租税特別措置法　第65条の7第1項」 =長期保有資産を機械等に買換える場合　圧縮割合80%	○本法明記（第17条第3項） 法律「租税特別措置法　第65条の7第1項」 =（地域制限あり）圧縮割合80%、譲渡先が自治体等90%
＊合併等に際しての現物出資を圧縮記帳		○本法明記（第9条の2第2項） 法律「租税特別措置法　第66条」 =合併等事業提携で、現物出資により取得の株式を、圧縮記帳を行い損金算入			○本法明記（第17条第4項） 法律「租税特別措置法　第66条第1項」 =共同現物出資会社設立時の現物出資時に取得した株式を差益金の額を限度に損金算入=譲渡益課税の繰延べ
＊欠損金繰越控除の期間延長		○本法明記（第9条の2第1項） 法律「租税特別措置法　第66条の12」 =本則 5年間を最長10年に延長	○本法明記（第11条第1項） 法律「租税特別措置法　第66条の14」 =本則5年間を最長10年に延長		○本法明記（第17条第5項） 法律「租税特別措置法　第66条の12第2項」 =本則 5年間を、7年に延長
＊特別土地保有税の非課税			×本法に特段の規定を置かず 法律「地方税法　第31条の2」 =特定地域での土地取得非課税		
＊事業所税の軽減			×本法に特段の規定を置かず 法律「地方税法　第32条の3の2」 =特定地域での工場新増設で事業所税の課税標準引下げ（床面積4分の3相当控除）		
＊登録免許税の軽減		○本法明記（第9条の2第2項） 法律「租税特別措置法　第81条第2項」 =合併等事業提携で生じる登録免許税の税率を約3割軽減	→本法に特段の規定を置かず 法律「租税特別措置法　第81条第2項」 =合併等事業提携で生じる登録免許税の税率を軽減（事例別に規定）	→本法に特段の規定を置かず 法律「租税特別措置法　第81条」 =事業革新のための会社設立、合併、営業譲渡等の場合の登録免許税の税率を軽減（事例別に規定;半減～約3割減）	→本法に特段の規定を置かず 法律「租税特別措置法　第80条第2項」 =事業革新のための会社設立、合併、営業譲渡等の場合の登録免許税の税率を軽減（事例別に規定;半減～約3割減） 法律「租税特別措置法　第80条第2項」 =債務株式化に係る増資分、税を増資額の0.2%とする
＊不動産取得税の軽減		○本法明記（第9条の2第3項） 法律「地方税法附則第11条の4第11項,第12項」 =不動産取得税の税額を6分の1軽減	→本法に特段の規定を置かず 法律「地方税法附則第11条の4第15項,第16項」 =不動産取得税の税額を10分の1軽減	→本法に特段の規定を置かず 法律「地方税法附則第11条の4第11項」 =不動産取得税の税額を6分の1軽減	○本法明記（附則第14条） 法律「地方税法附則第11条の4第15項」 =不動産取得税の税額を6分の1軽減
＊特別償却		○本法明記（第9条の2第4項） 法律「租税特別措置法　第43条第1項第4号」 =機械装置は初年度18%、建物8%特別償却	○本法明記（第11条第2項） 法律「租税特別措置法　第44条の3」 =機械装置初年度15%特別償却 （特定地域において22%）	○本法明記（第15条） 法律「租税特別措置法　第44条の4第1項」 =機械装置初年度25%特別償却	○本法明記（第17条第2項） 法律「租税特別措置法　第44条の4第1項」 =事業革新の場合18%、事業構造変更を併せ行う場合24%…新規設備投資への特別償却 ○本法明記（第17条第1項） 法律「租税特別措置法　第42条の7」 =ただし、計画認定を受けた中小企業に限る初年度30%特別償却か、7%税額控除の選択

図表Ⅲ-２　主な経済事象と産業再生政策に関する一連の時限立法群の関係図

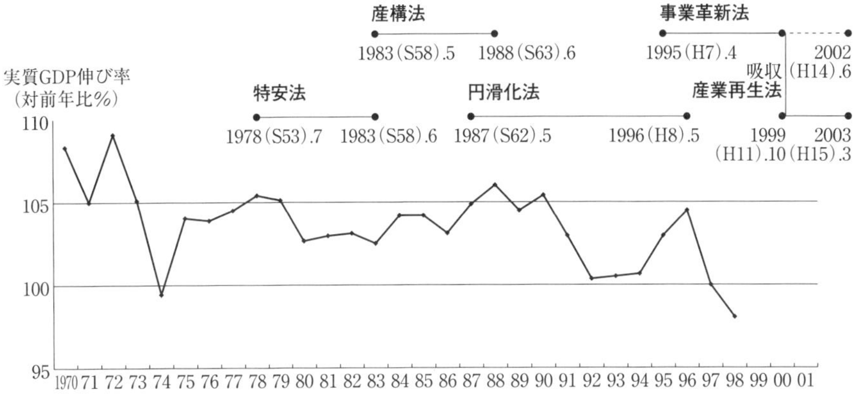

主な出来事（経済事象）

◆円の変動相場制移行
1970(S46).8

◆第１次石油ショック
1973(S48)

◆第２次石油ショック
1979(S54)

◆プラザ合意（超円高へ）
1985(S60)

◆バブル崩壊
1991(H3)

◆マイナス成長
1997(H9)～

出典：実質GDPについては、内閣府経済社会総合研究所『国民経済計算報告』に基づき、筆者が図表を作成した。

産構法の失効予定が1988（昭和63）年６月であり、その１年前の87年５月に立法化されたのが円滑化法である。また、円滑化法は10年間の時限立法であり、その失効は1996（平成８）年５月とされた。この１年前の95年４月に立法化されたのが事業革新法であり、1999（平成11）年９月の産業再生法の立法化を受けて事業革新法は産業再生法に吸収された。以上のように、一連の時限立法群は時系列的にも間断なく続くものである。（なお、この第３章では、今後、時系列的な分析を行ううえで、文章の読みやすさを考えて基本的には西暦表記とする）。

以下、こうした相互に関連の深い法律を、その成立の社会的背景と連関させて考察し、さらに結果についてもできるだけ定量的に評価して、政策税制の活用度についても推察を加えていく。

【産業再生政策「前史」】

通産省の産業再生政策に関する一連の時限立法群の歴史的考察に入る前に、その「前史」段階とでも呼ぶべき（1950年代を中心とするその前後時期の）通産省の政策について少し触れておきたい。

戦争直後の時期は、生産・生活水準の落ち込みを早急に回復すべく、「生産再開」が通産省の政策主眼に置かれていた。すなわち、いわゆる「傾斜生産方式」(3)の採用である。戦時以来の封鎖体制下で、戦後復活した統制経済の手法（物資配給や価格統制）が実行された。

この後、日本経済は本格的に高度成長期に突入する。しかし他方で、早くも産業として衰退の兆しの見られるものも現れた。1955年には「石炭鉱業合理化臨時措置法」（92年に「石炭鉱業構造調整臨時措置法」と改称）が成立し、閉山や生産規模縮小にともなって生じる炭鉱離職者の退職金見合額等を補助するなど、衰退産業における労働者を保護する措置がとられている。またこの時期には、「機械工業振興臨時措置法（1956年）」や「電子工業臨時措置法（1957年）」など、「原局」の役所がその監督下にある諸産業に関連する政策立案をさかんに行った時代でもあった(4)。すなわち、監督下の業界に対する行政権限の維持や拡大、業界の中での規模的な大きさなどを基準として、当該業界に属するすべての既成企業が「原局」の役所を頂点とするピラミッド構造を形成しているかのような「長幼の序」ある秩序への志向の傾向など「原局官庁の行動パターン」(5)が顕著に示された時期であった。

1950年代後半から60年代にかけての時期を、隅谷三喜男教授は「官民協調方式の成立」期と見ておられる。少々長くなるが、隅谷教授の文章を引用したい(6)。

「産業界はしばしば通産省の介入を必要とする事態にも直面した。寡占間競争のもとで寡占大資本間の自主協調が困難なこともしばしば生じた。日本の産業界でも長期的には優勝劣敗の競争原理は働いているが、短期的にはなんらかの調整が行われ、占領下とその直後には通産省が直接その衝に当たったのである。昭和30年代に入ると自主調整がこれに代わるようになり、20年代末からの独禁法緩和もその流れのなかに出てきた動きであった。しかし、新設備あるいは新技術の導入のため大規模な資本投下を必要とする場合には、競争の優劣を左右するので、自主調整は困難であった。（中略）調整困難な場合には通産省の調整を期待し、多くの場合はそれで決着をみた。このような自主調整とその行き詰まり、これに対する政府調整の要請といった関係から、官民協調の関係が作り出されていった。昭和30年代半ばの日本産業界にあっては、寡占大企業といえども国際的水準からみれば決して互角に競争できる大企業ではなく、それが国内において熾烈な競争をするのは、日本経済の視点から必ずしも好ましいとは考えられなかった。通産省としてはそこになんらかの調整が行われることが好ましいと考え、業界のなかでも自主的に協調することは独禁法違反の恐れもあるとし、通産省の調整に期待する動きもあった。そこに生まれたのが『官民協調方式』であった。」

なお、本書全体を通じた作業仮説である「高度規制型」と「成熟市場型」の対比でいうところの、「高度」成長期に（官民双方で）支持された、政府主導で民間企業の行動を「規制」する経済運営、すなわち「高度規制型」政策の萌芽を、（本来、自助努力・自己責任が基底にあるはずの民間側が、政府の業界調整などその積極的な介入を期待しはじめた点で）筆者もこの時期に見出している。

【1960年代後半から特安法の成立までの概観】

通産省の「通商産業政策史」(7)によると、通産省で産業構造政策が検討されるようになったのは1960年頃のことであった。すなわち、国内産業は貿易や為替の自由化に備える必要があるとの観点から、国際競争力強化のために官民が協調する必要があるとの見方が出てきた。こうした社会風潮が醸成される前段階としては、徐々に国際競争力を失いつつあった弱い産業を個々に保護するべく法的な手当がなされていた。先に見たように保護すべき産業分野として、石炭産業などに対しては構造不況業種として、個別的な立法による不況対策が講じられてきた。

こうした流れのなかで、1963年に通産省が国会に上程した「特定産業振興臨時措置法（特振法）」は結果的に廃案となったものの、国が主導して、産業全体を見渡したうえで個々の企業の国際競争力を強化しようとした最初の動きと見ることができる。すなわち、政府は、自動車や石油化学など日本の戦略産業として期待の大きい分野について、企業の合併促進や合理化カルテルなどによって産業再編を加速させようとした。

1971年の円の変動相場制移行により為替の趨勢的な円高が続き、さらに1973年の第１次石油ショックを契機とする原燃料価格の上昇、安定成長への移行に伴う需要の低迷などの構造的要因によって著しい過剰設備を抱えるに至った産業分野が複数散見されるようになった。すなわち、一般的な景気振興策あるいは短期的な生産価格調整のみでは業況の回復しない、いわゆる「構造不況業種」の存在がクローズアップされた。

このような状況下で通産省が上程したのが、1978年の特安法である。

【特定不況産業安定臨時措置法（特安法）】

特安法審議の過程を「国会会議録」から分析すると、特に当時、造船産業と繊維産業において、国が主導して産業再生を行うべし、あるいは国が企業を救済すべきである、との論調が社会的背景として存在していた（**図表Ⅲ-３a 特安法の国会審議一覧**（140～143頁））。

例えば、国会会議録を見ると、造船業に対して、藪中委員は次のように述べている[8]。

> 「現在の海上保安庁の船艇の持っている性能といいますかスピードといいますか、ただいまの大臣の御決意から言うと、悪い言い方かもしれませんが、ちょっと古いのじゃないかなと思います。船員の船室の問題等もありますが、いわゆる性能、整備、スピード等が時代相応ではないのじゃないか、これだけの優秀な造船技術を持っておる日本なんですから、このような老朽船については、大胆に思い切って、ある意味では速やかに、それに

乗っている優秀な海上保安庁の皆さんもいるわけでございますから、問題は船をつくるということだけでございまして、要員その他はあるいは優秀な船になればもっと合理化されるかもしれません。そういう意味合いにおいて、やろうと思えばこれは早速にできる問題でございますので、この辺、大臣の決意といいますかお考えは、何としても私は早期に全部代替していただきたい、こう思いますけれども、いかがでございましょうか。」

この質問に関して福永運輸大臣が「一口に申しまして、ぜひ藪中さんおっしゃるように私もしたいのです」と答弁する(9)など「(政府が) 需要の確保を指導すべき」といった内容の質疑応答や、「東洋紡と三菱レイヨンの提携は……安値競争防止になるので賛成」との発言などが見られる(10)。結果的に特安法は1978年５月15日に成立し、７月から公布・施行された。

特安法の目的は「計画的な設備の処理の促進等により、特定不況産業における不況の克服と経営の安定を図る」ことである(11)。それを実現する手段としては、①特定不況産業に認定（設備過剰の長期継続が見込まれるなどの要件を満たす業種のうち、当該産業の３分の２以上の企業から申し出を受けて認定)、②安定基本計画の策定（設備処理と新増設の制限を盛り込む)、③事業者の自主的設備処理・処理カルテル指示（業界の自主努力だけで設備処理が進まない場合で公正取引委員会の同意が必要、ただし指示に従わなくても罰則制裁はない)、④日本開発銀行からの低利融資・特定不況産業信用基金による債務保証である。この特安法では、設備処理を促進させるような税制措置は講じられていない。

特安法の結果については、①平電炉、繊維、アルミ、造船など14業種が特定不況産業の指定を受け、②例えば造船業では現有設備980万トンのうち360万トンを処理して基本的に過剰設備は解消した(12)とされるなど、通産省によると、当初目標としていた処理目標はほぼ達成し（平均処理目標率23%、平均処理達成率95%)、③処理カルテル指示は８業種、④信用保証累計額は232億円（予算約1,000億円、５業種でまったく利用されず）であった。

特安法に関しては、様々な評価がなされている。早くも施行１年内に「景気回復を受けて設備廃棄でなく休止へ」という動き[13]が一部の業種に見られ、あるいは「特安法の指定業種については省エネ投資ができない」といった批判[14]がなされるなど、環境の変化に臨機応変に対応できないことへの批判や、「日本は競争力の弱い産業への過保護を縮小せよ」というアメリカの主張[15]などもあった。一方で、1979年から80年にかけて発生した第２次石油ショックが原因で、日本経済は再び苦境に陥った。特安法を活用して設備廃棄を進めたものの再び過剰設備問題が顕在化し、より強力な産業再生法案が求められるようになった。

特安法の抜本的改正に際しては「税制あるいは金融制度」を含めたものであるべきとの意見も出されるなど産業再生政策手段として税制が検討され[16]、特安法の期限が切れる1983年に産構法が上程された。

【特定産業構造改善臨時措置法（産構法）】

当時、比較的好調な加工型製造業と不調の続く基礎素材産業の二極分化が進行し、また米国を中心とした海外からは「衰退産業を不公正なカルテルや政府支援で保護するのはおかしい」との批判[17]がなされた。とはいえ他方、撚糸業界、セメント業界、あるいは精糖業界などからはナショナルセキュリティ[18]という美名の下、業界団体からの陳情がかなり活発化し、当時の社会的風潮としては、政治が優先して不況産業を救済するべきという意見[19]も依然として根強かった（**図表Ⅲ-３aおよびⅢ-３b 産構法の国会審議一覧**（143～145頁）を参照されたい）。

結果的に、産構法は1983年４月27日に成立し、５月から公布・施行された。

産構法の目的は「計画的な設備の処理および生産もしくは経営の規模又は生産の方式の適正化等により、特定産業の構造改善を推進する」ことである[20]。それを実現する手段としては、①特定産業に認定（化学肥料など法定７業種のほか当該産業の３分の２以上の企業から申し出等を受けて認定）、②構造改善基本計画の策定（設備処理と新増設の制限、さらに同法では新たに合併や事業提携を盛り込む）、③事業者の自主的設備処理・事業提携推進・処理カルテル指示（「課税の特例」として機械設備の特別償却制度、欠損金の繰越期間の延長、登録免許税･不動産取得税の軽減などが新たに盛り込まれる。処理カルテル指示では特安法と同様に業界の意思統一が前提、かつ公正取引委員会の同意が必要)、④日本開発銀行からの低利融資・特定産業信用基金による債務保証・燃料転換および省エネ技術開発での補助金である。

この産構法では、設備処理と同時に生産性向上のための設備投資や技術開発を促進させるような税制措置・補助金政策が講じられた。

産構法の結果については、①特安法の特定不況産業14業種のうち、綿紡績、梳毛紡績、船舶製造を除く11業種が継続して含まれ、これに化学肥料や化学繊維など15業種が追加され、計26業種が指定を受け、②合併２件、共販会社設立３件などの事業提携が進められ、通産省によると、当初の処理目標の約８割を達成したが（平均処理達成率82％)、半面、③カルテルに関しては、例えば段ボール原紙業界ではカルテルの手続を経ない休廃業が予想以上に増加するなど、その必要性が問われた。ちなみに④開銀融資等に関しては、公表資料がないので不明である。

産構法の評価に関しては、その法案審議の段階から様々な問題提起がなされ、また施行中の景気回復を背景とした実態乖離を踏まえ、その事後的評価はあまり良くない。

法案審議の段階で特に議論されたのは、日本の国際的地位の高まりを反映した国際世論に対する配慮である。1982年５月の経済協力開発機構（ＯＥＣＤ）閣僚理事会において『積極的産業調整政策（Positive Adjustment Policies、以下ＰＡＰ）声明』が採択された。これは第１次石油ショック以降、ＯＥＣＤ加盟国の間で、国際的な競争力が低下した産業に対して競争制限的な措置を導入する事例が増加したことから、こうした保護主義の乱用を防ぐ目的でまとめられたものである。欧米諸国は、当時の日本に対しても保護主義の台頭に懸念を示す一方、日本の国内においてもそうした海外からの声に真摯に耳を傾けるべき、とする意見が出された(21)。これに対して政府は、競争政策の重視と開放体制の堅持などをうたったいわゆる「山中６原則」(22)を示し、保護主義の台頭に対する海外からの批判に考慮した。

さて、法案審議当時、吉田委員は次のように質問している。

「(法案の) 第2条における指定産業ですね、業種指定の中で、実はある業種について、いまここではどこの業種とは言いません、ちょっと支障が出ますから言いませんが、そこの関係者から聞いたところでは、うちの場合はもうこれ入れてもらわない方がかえっていいんじゃないかという、そういう意見も私聞いたんですよ。(中略) 通産との間に、どういうふうにこの話し合いが行われてここに入ってきたのかという点が若干やっぱり疑問なんですね。したがって、どうも納得してないのにここへ入っているじゃないかというふうな印象を受けたものですから、そうなると政令でもってこれは通産省が一方的にまたここのところをやった方がいいだろうということで、それは押しつけでないとしても通産から話が出されたら業界としてはなかなか断りづらいという、そういうことになっては困るんじゃないかというふうに思ってお聞きをしたのでありまして、いま大臣からお話がありましたように、いやこちらから言うんでなくて業界の方からぜひひとつここのところへ入れてくれという話になっていよいよレールに乗っかるんだという話であれば、これはまさに業界の自主性、主体性ということであって私ども心配しないんですが、そういうやはり話を聞いたものですから、私は念のためお聞きをいたしたということでございますが、そういうことでよろしゅうございますね。大臣。」

これに対して、山中通産大臣は「(業界で足並みをそろえて不況に対応するのではなく) 自分の会社だけで切りぬけられると豪語している会社が存在していることは承知しており、(産構法案は) 画竜点睛を欠く」と発言(23)している。

実際、段ボール原紙業界で最大手の摂津板紙は、自由競争を主張し構造改善計画への不参加を表明したため計画策定の時点からつまずいた事例もあった。他方、学者の一部には「産構法案は明らかに技術革新に対しても十分に配慮している……ゆえに賛成する」として当時、肯定的に評価(24)する向きもあった。

しかし、施行直後から景気が順調に回復し、導入末期にはバブル景気にさしかかっており、基礎素材産業にもかなりの需要増加があったため、産構法の期限切れの1988年６月末には26業種すべての指定が解除(25)された。通産省は約８割の処理目標達成としているが、電炉業界（48%）や洋紙業界（61%）など業種によっては達成率のはかばかしくない業種も散見され(26)、あるいは「アジア諸国からの生産増強の要請もあって、産構法によって休止した設備を再度復活させる」動きもある(27)など、運用面でかなり画一的な（個々の企業の自主性を重要視しない）統制色の強い産業再生政策の限界があらわとなった。

1985年のプラザ合意をきっかけに進行した円高は、日本経済の構造的変化を真に迫るものであった。すなわち、日本経済は輸出主導から内需振興への体質転換を本格的に迫られ、特に個々の輸出企業の円高対応行動は、海外直接投資の活発化と同時に国内の製造拠点の空洞化を進展させた。このような為替の急激な変動によって、輸出が急減したり輸入品に対する競争力が著しく低下するなどして事業規模の縮小を余儀なくされた企業群が現れてきた。「今次の円高は政策によってもたらされた」(28)として、これら企業の属する産業に対して再び対策が検討されることとなり、通産省が上程したのが1987年の円滑化法である。

【産業構造転換円滑化臨時措置法（円滑化法）】

特安法から産構法に至る法案審議の過程で見られたような特定産業の保護の継続を求める声は、この産構法から円滑化法への移行過程においても同様に聴かれた。例えば、「産構法による繊維業界や合織業界の設備制限が６月末に切れる」(29)あるいは「石炭産業の閉山に対して政府として産業の立地にいま一歩積極的に」(30)といった特定業界の救済を求める声が国会審議で取り上げられている（**図表Ⅲ-３bおよびⅢ-３c 円滑化法の国会審議一覧**（146頁）を参照されたい）。

ただ、円滑化法の上程時の社会的背景としては、円高（当時はドル暴落(31)とも呼ばれた）趨勢下ではあったものの好景気であり、不況対策というよりはむしろ事業転換を促すための積極的な投資を促進させる政策を打ち出そう(32)ということで法案審議がなされた。結果的に、円滑化法は1987年３月27日に成立し、４月から公布・施行された。

円滑化法の目的は「特定事業者の新たな経済的環境への適応を円滑にし、特定地域の経済の安定及び発展により、産業構造の転換の円滑化を図る」ことである(33)。

それを実現する手段としては、①特定事業者に認定（同法では前二者と違い、業種全体指定でなく、円高など経済事情の激変で経営者の自己責任を超えたところで過剰設備となった「特定設備」を使用している事業者を「特定事業者」と指定)、②事業適応計画・事業提携計画の策定（設備処理と合併や事業提携を盛り込む)、③事業者の自主的設備処理・事業提携推進（「課税の特例」として機械設備の特別償却制度、欠損金の繰越期間の延長、特別土地保有税免除・事業所税・登録免許税·不動産取得税の軽減などがある。事業提携推進では事業提携自体を独禁法の適用除外とするものではないが、事業提携を行う前に主務大臣と公正取引委員会とで事前の意見調整を行う)、④日本開発銀行からの低利融資と利子補給・産業基盤整備基金による債務保証、⑤特定地域対策（構造調整にともなう雇用や地域経済へのマイナスの影響を緩和するための対策で、例えば工場の新立地に対する開銀の低利融資）である。

この円滑化法では、ある産業に属する多数の企業群の協調行動を促すのではなく、個々の企業の構造転換や新分野進出を促す性格が強まった。これにともない、法適用の申請は個別企業の判断に委ねられた点に特徴がある。

円滑化法の結果については、①施行時に鉄鋼や非鉄金属関連の13設備が、後に産構法からの移行でセメントや化学肥料など11設備が指定を受け、合わせて24種類が特定設備の指定を受け、②平均処理達成率などの資料が公表されていないので不明（ただし、施行後１年の時点で計画認定件数が９件との国会会議録あり(34))、③税の減免額、④開銀融資などについても資料が公表されていないので不明(35)である。ただし、円滑化法の下で事業の共同化を進めていたセメント業界で、販売数量のやみカルテル形成の疑いで公正取引委員会の立入り調査が行われる(36)など同法の対策による弊害が発生している。⑤特定地域認定は

51地域（216市町村）であり、産業基盤整備基金から出資を受けた第３セクター事業が数多く誕生した（その後バブル崩壊で大半が破綻している[37]）。

円滑化法の評価に関しては、その法案審議が希薄であり、法の施行直後からいわゆる「バブル」[38]が発生し、事業者対策は中途半端に終わった。具体的には、法案審議当時、国会は売上税法案をめぐり予算委員会の審議も空転することが多く、法案審議もなかなか開始されない状態が続いた。1987年３月末にいわゆる「日切れ法案」[39]との一斉審議となったため、法案審議は４回しかなされていない。

円滑化法は評価を行うにも、その後のフォロー結果で公表されたものが少なく[40]、当初の目標が同法の施策によって達成されたかどうかを判断するのは困難である。ただし、国会会議録[41]によると、前頁の実現手段②事業適応計画の承認件数は９年間で45件（産業別に見れば非鉄金属などは０件、時系列的に見ても1991年度以降は０件）、事業提携計画の承認件数はわずか９件しかなく、この法案の所期の目的がほぼ達成されたとはとてもいえない。この際、加藤委員が「こういった数字から考えていきますと、この法案の所期の目的がほぼ達成されたとはとても言えない……この辺についてはどのようにお考えでしょうか」との質問に対して、政府側の牧野政府委員も「委員御指摘の通り……この法案がどういう成果を上げたかということにつきましては、率直に申し上げまして見る人によっていろいろ考え方があろうかというふうに思います」と苦しい答弁をしている。

また、バブルさなかの平成元年の国会会議録によると「36社の肥料部門の経常損益は相当な赤字という報告を受け」ているとして、設備指定を受けている化学肥料業種の経営状況が報告[42]されている。一方で、同じ化学肥料業種について「設備を処理すると、雇用の問題が出るが当該設備に従事していた従業員の数が、約160名……そのグループの企業の中に再就職をお願いしたのが約50名、それから配置転換をお願いしたのが約70名、出向をお願いしたのが約20名というようなことでございまして、定年退職の方を除いては失業というようなことになってない」といった答弁[43]も行われている。いわば、円滑化法には１

つの企業内・あるいは企業グループ内にできるだけ雇用を抱え込ませて、全体的な失業率アップを抑制させようという意図がうかがえる。

円滑化法は産構法に投げかけられた「保護主義」とか「同業種内の企業間格差を考慮していない」といった疑問や批判に対して、個々の企業の構造転換を通じて産業全体の構造転換を図ろうとした点は改善されているが、雇用に対する考え方で端的に示されるように、既成の企業の維持とその新分野進出を促進させることで、結果的にマクロ経済の産業構造の転換を図ろうとする点は前二者（特安法・産構法）と変わっていない。また、施行期間として10年間を予定し、その期間内にバブル経済の絶頂とその崩壊（経済の低迷）に直面するなど、施行期間の長さゆえに臨機応変さに欠けた点には留意する必要がある。すなわち、円滑化法は本来、経済の構造的転換に即応すべく準備されていた法律であるが、施行直後にバブル経済が発生し、経済の好調さゆえに企業の活用がなく、バブル経済の崩壊後は、それまでの循環的不況とはまったく質の違う不況ゆえに企業の利用が少なかったものと思われる。

例えば、税制上の措置として「特別土地保有税の非課税」が設けられているが（本法に特段の規定を置かず、地方税法第31条の２で規定）、バブル崩壊以降、企業にとっては国内製造設備等のリストラを行う意思はあっても、新規に工場用地を国内に求める意欲は少なく、政策メニューと企業行動（経営の意思）とのミスマッチを指摘することができよう。

バブル崩壊後、顕著となってきたのは、起業意欲の減退や失業率の高止まりにともなう雇用不安、また国内投資の減少と遊休資産の発生などである。こうした新たな状況に対して、通産省は1995年、事業革新法を上程した。

【特定事業者の事業革新の円滑化に関する臨時措置法（事業革新法）】

円滑化法から事業革新法に至る法案審議では、それ以前の産業再生政策で見られたような個別特定産業の保護継続を求める声はほとんどなくなり、どちらかといえば加工組立業あるいは小売業も含めた日本の経済全体の再活性化をいかに行うか、に焦点が移ってきた。例えば、「新規・成長市場分野」として住宅関連や医療福祉関連など12分野が示され[44]、こうした「経済フロンティアをどう拡大していくか」[45]といったことが国会審議で取り上げられている（**図表Ⅲ-３d 事業革新法の国会審議一覧**（147頁）を参照されたい）。

事業革新法の上程時の社会的背景としては、国内生産活動とそれを支える設備投資、研究開発などの諸活動が停滞し、同時に雇用吸収力も急速に悪化していた。具体的には、製造業の国内投資は1992年度以降３年連続して大幅に減少し、技術開発に関しては民間企業の研究費が1992年度に統計上初めてマイナスを記録した後、２年連続して減少し、さらに失業率は3.0％台で推移し（長らく２％前後であったため、当時としては異例に高い水準と認識）、新規開業率は低下し、加工組立業の海外生産比率は大きく上昇していた[46]。

したがって、事業革新法の位置づけとしては、「企業の研究開発を促進させるためのもの」[47]とか「事業者による新事業の創出や新分野進出を促進するもの」[48]といった点が国会審議で強調されている。結果的に、事業革新法は1995年３月17日に成立し、４月から施行された。

事業革新法の目的は「特定事業者が実施する事業革新を円滑化し、国民生産活動の活性化と国民経済の国際経済環境との調和のとれた発展に寄与する」ことである[49]。それを実現する手段としては、①特定事業者に認定（生産および雇用が減少もしくは減少するおそれのある業種として、日本標準産業分類の細分類、すなわち４桁分類で全1,262業種中の165業種を「特定業種」として指定し、その業種に属する事業者を「特定事業者」と認定）、②事業革新計画の策定（新生産方式の導入や設備の能率向上、新販売手法の導入など同法では前三者と違い、新規投資を促すことに力点が置かれている）、③事業者の（自主的な）事業革新[50]推進（「課税の特例」として事業革新設備の特別償却、基準年を1993年度とする増加試験研究費の10％控除、土地の買換え特例、登録免許税・不動産取得税の軽減、共同子会社設立時の設備統合支援などがある）、④日本開発銀行からの超低利融資（95年当時で3.5％）・産業基盤整備基金による債務保証である。なお円滑化法で見られた特定地域対策については、事業革新法では触れられていない。

この事業革新法では、個々の企業の事業革新・構造転換を通じて、経済全体の構造転換を図ろうとする性格がさらに強まった。この流れは円滑化法により顕在化し、それまでの特安法・産構法とは一線を画すものである。ただし、法の適用を受けられるのは、政府があらかじめ指定した「特定業種」の165業種に属していることが基本的条件となっており、(既成・新規を問わず) あらゆる企業が利用できるわけではない、という点には留意する必要がある。すなわち、法が廃止された99年度は145業種が指定されるなど、この特定業種は毎年見直すこととされていたが、日本標準産業分類の全1,262業種のうち12%程度が指定されているのみであり、対象企業に制限があった点は、従前の円滑化法と変わりがない。

事業革新法の結果については、①施行時には (前三者にみられた) 素材型製造業に加え、新たに自動車や家電など加工組立製造業、自動車卸売や小売業など「非製造業」まで範囲が広がった点に特徴があり、②99年９月時点で事業革新計画承認企業は195社であり、③税の減免額、④開銀融資などについては、資料が公表されていないので不明である。

国会会議録によると、適用を受けた企業名として日産自動車や帝人、三菱化学など大企業が挙がっており(51)、こうした企業においてリストラが進展(52)したことから、事業革新法は企業の減量経営支援という意味においては一定の成果を上げたものと推測される半面、前向きの投資や新事業創出にどれほど寄与したかは不明である。

事業革新法の評価に関しては、特定業種に属していれば企業の規模等を問わず個々の企業の判断で申請が可能であり、かつ事業革新計画どおりに事業が革新しなくても実質的なペナルティがないため、企業にとっては申請しやすい (使い勝手のよい) 法律ということで、大企業を中心に同法活用の動きが広まった。しかし、全産業ベースで設備投資のトレンドを見れば、1997年度はマイナス2.1%、98年度はマイナス7.4%、99年度はマイナス6.9%という具合に、事業革新法が産業再生法に吸収された99年前後の動きをかんがみれば、事業革新法によって、国内設備投資が活性化してマクロ経済の構造改革がなされたとは言い難い。すなわち、個々の企業の経営革新を通じてマクロ経済の活性化を図るという視点は大いに評価すべきであるが、その実現策として制定された事業革新法には、どこか不備があったと考えざるを得ない。

例えば、税制の優遇が受けられる業種を政府があらかじめ指定する方法が良かったのかどうか、という疑問である。165業種というのは、自動車や家電など大企業の多い業種を含んでいるから（法の対象とする企業の）カバー率はかなり高いと、一見、申請や適用を受けることのできる企業は多いように見える(53)。

ただし、すでに指摘したように、日本標準産業分類の細分類（４桁分類）は全部で1,262業種ある。残り約1,000業種の漏れた企業群のなかに、政府の税制や金融の支援によって真の事業革新を行い、新事業分野で新規雇用を創出できた企業が多く存在したかもしれないとの疑念が残る。さらには、そもそも過去５年に比べて５％以上の生産や雇用を減少させるような業種に属する企業に「新事業への投資余力」「新商品創出のための研究開発投資意欲」があるのだろうか、という「政策手段としての税制が合理的であったかどうか」という点も検討する必要があろう（これに関しては、次の第２節で、政策手段としての税制と関連づけて考察する）。

いずれにしても、低成長時代の日本経済を考えるうえで、経済構造を転換するためには、より多くの方面（例えば商法など）にも目配りが必要で、また従前の産業再生政策以上に民意を反映した政策(54)で経済を再活性化すべく、通産省が上程したのが、1999年の産業再生法である。

【産業活力再生特別措置法（産業再生法）】

産業再生法の上程直前の時代背景を見てみると、97年、98年と２年連続してマイナス成長を記録し、急激に経済が悪化していた。産業再生法の解説本『わかりやすい産業活力再生特別措置法』（通産省、2000年）の冒頭「法案の背景及び必要性」でも取り上げられているように、こうした経済の急速な悪化に際してベンチマークを行ったのは、米国の経営･経済システムであった(55)。すなわち、1980年代から90年代前半にかけてアメリカの企業が取り組んだ「選択と集中」が米国経済の生産性を飛躍的に向上させ、現在の繁栄をもたらしたと結論付けている。

こうした経済的閉塞状況を打破せしめたアメリカにならい、日本でも当時、産業再生に向けた官民の動きが活発化していた。具体的には、98年8月に当時の小渕首相直属の諮問機関として「経済戦略会議」が設置され(56)、99年2月には答申書「日本経済再生への戦略」が提示された(57)。この答申書では、「活力と国際競争力のある産業再生」のために、過剰設備の処理の支援や成長分野での設備投資促進、情報化の強力な推進、経営組織の革新などを政策で支援することにより産業再生を実現する、とされている。次いで99年3月には「産業競争力委員会」が設置された(58)。この会議の議論を踏まえ、同年6月には「産業競争力強化政策」が発表された。すなわち、産業競争力強化政策は大きく4つの柱からなっている。

第1に「事業再構築のための環境整備」として、企業組織の自由な選択を取り上げ、会社分割制度の導入やストックオプションの対象拡大などが挙げられている。第2に「技術開発活性化等のための環境整備」としてリーディング産業育成に向けた官民共同プロジェクトの推進などが取り上げられている。第3に「中小企業・ベンチャーの育成」として中小企業技術革新制度の充実強化が提起されている。第4に「産業競争力強化のための税制」として、新規産業の育成や企業財務の健全化等に必要な税制の見直しが取り上げられている。そして、これら提起された政策の一部が、9月に産業再生法として法制化されたのである。

ただし、もともと産業競争力会議の構成メンバーが大企業に偏重していたこともあって、会議からの政策提言は鉄鋼など重厚長大型製造業の救済策の要素が強いとの批判もあり、産業再生法に対しても中小企業への目配りがもっと必要である、との意見(59)も多く出されている（**図表Ⅲ-3e 産業再生法の国会審議一覧**（148〜150頁））。

この法案審議の過程では、次のような質疑応答がなされている。産業再生法案に関して池田委員は次のように尋ねた。「リストラ支援で、むしろ下請に対する切り捨て政策というものは全く盛り込んでいない、こういうことですね」。

これに対して堺屋経済企画庁長官は、以下のように答弁している(60)。

「共産党の委員からリストラ問題につきまして三たび質問がございましたので、ちょっと時間をとって答えさせていただきたいと思います。リストラを認めないというのは、技術進歩に対して無視するということになります。これはやはり、どんどんと新しい産業を起こし、新しい技術を取り入れて、労働生産性を向上していかなければなりません。中小企業についてもそうでございますが、今のところ大企業の方が設備投資は下がっているような状況で、これは相当厳しい状況でございます。過去の例を見ましても、例えば1960年代には重油ボイラー規制法までつくって石炭を守ろうとしました。そして、政府も、たくさんお金を投入して、なるべくリストラをしない、従業員を保護しようとしましたが、結果としては、産業もつぶれましたし、地域も不幸になりました。また、国鉄もそうでしたし、映画会社もそうでした。やはり新しい産業を起こす方向に動かしていかないと、今の雇用、今の状況をそのまま守ってリストラをやらないということでは日本の産業再生はあり得ないと思います。したがって、ここは多少痛みを感じましても、できるだけ今審議していただいておりますような雇用対策をとり、また新しい産業が起こるように対策をとりながら、新しい時代に向かってリストラクチャリングをしていかなければならないと考えております。」

この答弁に見られるように、経済の危機的な状況にかんがみ、バブル期に行った過大な投資に苦しむ企業の構造改革の支援と成長分野の創出支援という２つの政策目標が立法時に掲げられて、産業再生法は99年８月13日に成立し、10月１日より施行された。

産業再生法の目的は「事業者が実施する事業再構築を円滑化」し、「創業および中小企業者による新事業の開拓支援」を行い、「事業者の経営資源の増大に資する研究活動の活性化」を図ることにより、「産業活力の再生を実現する」

ことである[61]。特徴的なのは事業革新法と違い、業種指定がないことが挙げられる。すなわち、事業革新法は従前の時限立法群（産構法・円滑化法）に比べて製造業のみならず小売業まで対象が拡大されたが、産業再生法に至っては銀行など金融業含め、事業の規模や営む業種を問わず、また企業に限らず個人もその対象となるなど、より対象が拡大されている。主務大臣から認定を受けるためには「事業再構築計画」を策定しなければならないが、事業革新法との違いは、この計画に収益性や効率性を示す数値基準を明記する必要がある点である。ただし、この数値込みの計画については、あくまでも申請者･申請企業の申告がベースとなっており、計画内容は公表されるものの、認定を受けるためのハードルは実質的には低いものと考えられる。産業再生法における支援措置については、従前の時限立法群と同様の税制・金融面での優遇措置に加えて、商法上の特例措置や雇用対策上の支援措置が加えられた点にその特徴がある。つまり、税制上の優遇措置としては欠損金の繰越期間の延長、登録免許税・不動産取得税の軽減は従前と同様に盛り込まれ、共同出資子会社への譲渡益課税の繰延べが加えられた。商法上の手続の簡素化としては、現物出資等による分社化の際の「検査役制度」の特例[62]や、ストックオプションの対象範囲の拡大などが挙げられる。雇用対策上の支援措置としては「労働移動雇用安定助成金」制度の適用[63]などが盛り込まれている。この他、政策金融面では、開銀等による融資や産業基盤整備基金による債務保証等は、従前の時限立法群と同様に準備されている。

産業再生法の成果については、施行後2年半ほどしか経っていないため、それを論ずるにはまだ十分なデータがそろっていない。認定された計画はインターネットで公表されている[64]ので、認定を受けた企業の名前は判明している。例えば、三菱化学や住友金属工業、みずほフィナンシャルグループ（日本興業銀行、第一勧業銀行、富士銀行の3行が統合）など、大手企業・銀行などが挙げられる。産業再生法は、その立法目的のなかで中小企業や創業に目配りしたわりには、中小企業の活用が少ない点には留意する必要がある。

国会会議録[65]によると、池田委員は「産業再生法の認定企業は現時点（2001

年３月末）で87社（中略）うち、中小企業は７社だけで、しかもこれら中小企業は《立派な》中小企業であり……」と指摘し、零細企業や個人事業主の認定が皆無に近いことを批判している。さらに、銀行の場合、資本金が大きいため、資本金に対してかかってくる登録免許税の減免額は莫大なものとなる。みずほフィナンシャルグループ（３行合併）の場合、試算すれば減免額が約140億円にものぼるなど、こうした巨大銀行に対して「税を減免し過ぎではないか」との批判は根強い(66)。

【産業再生の時限立法群の対比（小括）】

この第２節〔１〕項では、特安法(1978)から産業再生法(1999)に至る５つの法律について、時系列的に対比させながら概観してきた。それぞれの法律は、その法案審議の際にその当時の社会的風潮を色濃く反映し、表向きは「時限措置」とされながら、その内実は「継続性」の強いものとなっている。この際、微妙にその政策目的と手段に修正・変更を加えられながら、それぞれの法律が前後に連綿と連なっている、という点に注目する必要がある。

すなわち、特安法では政府による民間企業の救済といった要素が強かったが、時を経て産業再生法では民間企業の自助努力が主であり、政府はそれを支援する役目ということで従にまわる、という考え方が強調されるようになり、政策目的の重心が変わってきている。そうした重心のシフトにもかかわらず、各法ともにその１つ前の法律を踏まえようとするため、カルテル容認などの弱者保護の思想と、投資促進や市場性重視の思想（強き企業を伸ばす、適者生存の考え方）が混在し、最近の法律になればなるほど政策手段面で混乱が生じることになってしまっている。

次の〔２〕項では、この政策手段面での混乱について、税制に焦点を当てて考察する。

---

(1)　特安法については『構造不況法の解説』通産省（1978)、以下、『産構法の解説』(1983)『円滑化法の解説』(1988)、『事業革新法の解説』(1995)、『わかりやすい産業活力再生特

別措置法』(2000)などの各法の解説本を参考とした。

(2) 国立国会図書館「国会会議録」http://kokkai.ndl.go.jp で検索。

(3) 小宮隆太郎・奥野正寛・鈴村興太郎『日本の産業政策』(財)東京大学出版会(1984)28-29頁。「政策の主たる対象領域は生産再開が容易でないとされた石炭、鉄鋼の2産業(その他硫安、電力等も重視された)であり、いわゆる傾斜生産方式がとられた。」

(4) 小宮隆太郎『現代日本経済研究』(財)東京大学出版会(1975)309-310頁。

小宮教授は「日本における産業政策決定上の著しい特徴の1つは一般に『原局』と呼ばれる政府の事務当局が重要な役割を演じていることである。(中略)特定の産業にかんする特別法についての原案はすべて原局によって作成される。」と指摘しておられる。

(5) 前掲注(3)小宮・奥野・鈴村(1984)13-14頁。

(6) 隅谷三喜男『産業政策と経済発展』(財)通商産業調査会(1998)78-79頁。

(7) 『通商産業政策史 巻14』通産省(1993)3頁。

この他『通商産業政策史 巻15』同(1991)『通商産業政策史 巻16』同(1992)など。

(8) 衆議院運輸委員会(1978年4月19日)での藪中委員の質問。

(9) 前掲注(8)の藪中委員の質問に対する福永国務大臣の答弁。

あるいは同委員会において、河村委員は「需要をつくってやるには国が手伝ってやらなければならない」との旨、発言しておられる。

(10) 参議院商工委員会(1978年4月26日)での芦田参考人の発言。

(11) 特安法 第1条「この法律は、最近における内外の経済的事情の著しい変化にかんがみ、特定不況業種について、その実態に即した安定基本計画を策定し、計画的な設備の処理の促進のための措置を講ずることにより、雇用の安定及び関連中小企業者の経営の安定に配慮しつつ特定不況業種における不況の克服と経営の安定を図り、もって国民経済の健全な発展に資することを目的とする。」

(12) 衆議院運輸委員会(1980年4月15日)での謝敷政府委員の発言。

(13) 衆議院大蔵委員会(1979年2月27日)での安田委員の発言。

(14) 参議院予算委員会 第二分科会(1981年3月30日)での井上委員の発言。

(15) 衆議院商工委員会(1979年5月30日)で工藤委員が紹介。

(16) 衆議院商工委員会(1982年2月24日)での安倍通産大臣の発言、あるいは衆議院商工委員会(1982年8月4日)での杉山政府委員の発言で「税制」措置検討が表明された。

(17) 参議院商工委員会(1983年5月17日)で吉田委員が紹介。当時、新特安法と呼ばれた産構法案は、日米通商円滑化委員会で取り上げられるなど日米摩擦の端的な事例の1つとなっていた。

(18) 衆議院予算委員会 第六分科会(1983年3月5日)で佐藤委員が使用。例えばアルミニウムなど基礎素材産業に関して、すでに国際競争力を失いつつあるとはいえ、国内の需要家に対しては国内の供給者がその材を供給すべき、とする国家的見地からの企業保護を意味しているものと推測される。

⒆　衆議院商工委員会（1983年３月２日）での植竹委員の発言、あるいは衆議院大蔵委員会（1983年３月23日）での米沢委員の「不況産業救済策を議論していると常にアメリカから横槍が入り……これはけしからん。」とする発言など。

⒇　産構法 第１条「この法律は、最近における内外の経済的事情の著しい変化にかんがみ、特定産業について、その実態に即した構造改善計画を策定し、計画的な設備の処理及び生産若しくは経営の規模又は生産の方式の適正化の促進等のための措置を講ずることにより、雇用の安定及び関連中小企業者の経営の安定に配慮しつつ特定産業の構造改善を推進し、もって国民経済の健全な発展に資することを目的とする。」

(21)　衆議院 物価等に関する特別委員会（1983年３月４日）で式部委員は「過剰設備廃棄から、生産・販売等の共同化まで踏み込むのは……全くＰＡＰの精神に反する」と発言。

(22)　産構法の立案に際しては、通産大臣の諮問機関である「産業構造審議会」が意見具申をしている（1982年12月）。この過程で山中貞則通産大臣は、立案の基本原則として以下６点を示した。これを俗に「山中６原則」という。①（回復の見込めない分野の）縮小と（回復し得る分野の）活性化②雇用の地域経済へのマイナス影響の緩和③総合的な対策の実施（事業提携に関する規定の新設、税制・金融上の措置の整備）④民間の自主性の尊重⑤競争政策の重視と開放体制の堅持⑥対策の時限性。

(23)　参議院商工委員会（1983年４月19日）での吉田委員と山中国務大臣の答弁。

(24)　参議院商工委員会（1983年４月21日）での上野参考人（経済学者）の発言。

(25)　新庄浩二「規制緩和時代の産業政策」『国民経済雑誌』神戸大学経済経営学会（2001）第183巻第４号、９頁。

この解除事実をもって、新庄教授は「時間の経過とともにいずれ景気が本格的に回復したとき、過剰設備が解消されるのであれば、それは構造的というよりは循環的なものであり、特に政府が救済に乗り出す必要はない……本来ならば、この時点で不況業種政策は不要になったと考えるべき」と、痛烈に批判しておられる。

(26)　参議院商工委員会（1987年３月27日）での田代委員の発言。

(27)　衆議院商工委員会（1988年５月11日）での緒方委員の発言。

(28)　衆議院商工委員会（1986年11月５日）での青山委員の発言。

(29)　衆議院予算委員会 第六分科会（1986年３月７日）での辻委員の発言。

(30)　参議院商工委員会（1987年３月26日）での対馬委員の発言。

(31)　衆議院商工委員会（1987年３月25日）での水田委員の発言。

(32)　参議院商工委員会（1987年３月27日）での広海委員の発言。

(33)　円滑化法 第１条「この法律は、国民経済が中長期的に発展し、国際経済の進展に寄与していくためには、我が国の産業構造が国際経済環境と調和のとれた活力あるものに転換していくことが重要であることにかんがみ、特定事業者の新たな経済的環境への適応を円滑にするための措置を講ずるとともに、特定地域の経済の安定及び発展のための措置を講ずること等により、我が国の産業構造の転換の円滑化を図ることを目的とする。」

(34)　参議院商工委員会（1988年４月21日）での杉山政府委員の発言。

(35)　参議院商工委員会（1987年３月27日）での杉山政府委員の発言では、テクノポリスの助成措置との比較において「1983年から86年までのトータルで71件の特別償却の適用件数があり、減税額が約260億円で一件当たり３億円余りの減税が受けられるので、（円滑化法の適用による特別償却額は）かなりのもの……」との認識が示されている。

(36)　衆議院商工委員会（1990年６月20日）での和田委員が「今月の９日の新聞報道では業界大手の各メーカーが販売数量のやみカルテルを結んでおったというこの疑いで、大手の各本社や業界団体やあるいは販売のための業界がつくっておる共同事業会社等々に立入調査を行っておる。公正取引委員会が今回その辺に調査の立ち入りをすることになったのは、再三再四にわたる警告の結果今回踏み切ったんじゃないかと思う。」と発言。実際、同年末に違法カルテルの課徴金支払を命じられている。

(37)　吉川康之「産業再生政策の動向」第一勧銀総合研究所レポート（2000）32頁。

　第一勧銀総研の吉川氏は、円滑化法の特定地域「第３セクター」による失敗事例として「ネイブルランド（大牟田市）」「呉ポートピアランド（呉市）」「カナディアンワールド（芦別市）」などを挙げ、「安易な地域対策がかえって地域振興の足を引っ張る結果となった」として酷評しておられる。

(38)　翁邦雄・白川方明「資産価格バブルと金融政策：1980年代後半の日本の経験とその教訓」『金融研究』日本銀行金融研究所（2000）第19巻第４号。

　日本銀行の翁氏は「日本経済は1980年代後半以降、バブル経済の発生・拡大、崩壊という形で、極めて大きな変動を経験した。バブル経済は①資産価格の急激な上昇、②経済活動の過熱、③マネー・信用の膨張の３つによって特徴づけられる」として「バブル」という言葉の概念を説明しておられる。

(39)　３月31日に現行法の期限が切れることになっているもので、延長ないし新しい手当を立法的に行わないと翌４月１日から給付金の支給ができないなど、国民生活に大きな影響を及ぼすものをいう。円滑化法は、1987年２月13日に閣議決定され、国会へ提出されたが実質審議がなされたのは３月24日、25日、26日、27日の４回で、27日に可決成立し、４月１日に施行された。

⑷⓪　新庄教授は「資料が公表されておらず評価することはできない」と指摘しておられる。（前掲注㉕新庄（2001）９頁）。しかし、国会会議録を精読したところ、円滑化法を廃止する審議（1996年４月11日、後掲注⑷①）で同法の総括をある程度定量的に評価した部分が見つかるなど多少の事後評価は可能である。

⑷①　参議院商工委員会（1996年４月11日）での加藤委員と牧野政府委員の質疑応答。

⑷②　衆議院農林水産委員会（1989年６月20日）での畠山政府委員の発言。

⑷③　参議院農林水産委員会（1989年６月16日）での畠山政府委員の発言。

⑷④　経済フロンティア拡大政策とは、マクロ・ミクロの対策により経済構造の改革を図ることがあくまでも基本ではあるが、それらの対策の効果が生じるまでにはその性格上、ある程度の時間が必要で、この間に日本経済において空洞化が進展することのないよう、企業が国内で行う新事業分野開拓や技術開発、事業革新支援、新事業育成努力促進などを行う「産業構造政策」のこと。このために政府は、以下の12分野における市場規模予測と雇用規模予測を行い、個々の企業の事業革新の方向性を示した。すなわち①住宅②医療福祉③生活文化④都市環境整備⑤環境⑥エネルギー⑦情報通信⑧流通物流⑨人材⑩国際化⑪ビジネス支援⑫新製造技術の各関連分野である。

⑷⑤　衆議院予算委員会（1995年４月20日）での橋本通産大臣の発言。

⑷⑥　各種統計については以下を参照されたい。

設備投資動向については「法人企業統計季報」によると、製造業の設備投資の前年度比は92年度▲19%、93年度▲21%、94年度16%となっている。

民間企業の研究費推移については「科学技術研究調査報告」によると、前年度比は92年度▲1.9%、93年度▲5.3%となっている。

「失業率（労働省）」は92年 2.2%、93年 2.5%、94年7月 3.0%、95年3月 3.0%である。

開業率と廃業率の対比については「事業所統計」によると、1966-69年の平均開業率は6.0%、それに対して廃業率は2.5%であった。これが1988-91年では開業率3.2%、廃業率2.8%となっている。

「個別製品の海外生産比率（通産省）」によると、例えばカラーテレビは85年39%→93年72%、電気冷蔵庫は85年19%→93年41%となっている。

⑷⑦　参議院国民生活・経済に関する調査会（1996年２月７日）での横川政府委員の発言。

⑷⑧　衆議院商工委員会（1996年５月17日）での鈴木政府委員の発言。

⑷⑨　事業革新法 第１条「この法律は、内外の経済的環境の多様かつ構造的な変化に対処して特定事業者が実施する事業革新を円滑化するための措置を、雇用の安定等に配慮しつつ講ずることにより、国内生産活動の活性化を図り、もって国民経済の国際経済環境と調和のとれた健全な発展に寄与することを目的とする。」

(50) 事業革新とは、シュンペーターの言う「イノベーション」に相当。従業員の知識・技能・設備・技術等を活用して行う事業の分野や方式の変更のこと。

(51) 衆議院商工委員会（1998年12月4日）での吉井委員の発言。

(52) 参議院本会議（1999年8月2日）での西山議員の「事業革新法に基づく事業革新計画の承認を受けた企業のうち、株式上場企業60社は、95年から98年の間に全従業員の13%、5万6千人もの人減らしを行い……」と発言。

(53) 前掲注(37)吉川（2000）33頁。吉川氏は「(事業革新法は）円滑化法と比較すると支援の対象や措置は広範な分野に及び……（後略)」として、肯定的に評価しておられる。

(54) これまでの産業再生政策に関する一連の法律は「産業構造審議会（以下、産構審)」によって答申されたものを受けた形で立案作業が進められた。この点、産業再生法は、産業再生に関する政策を検討するに際して民間企業の意見を積極的に反映させるべく、新規開業支援、既存企業の再活性化支援、成長分野創出支援、創造的技術開発・普及等を課題とする「産業競争力会議」からの諸提言を反映させている。なお、産構審は通産大臣への答申であったのに対し、産業競争力会議は総理大臣の主宰によっている。

(55) 前掲注(1)『わかりやすい産業活力再生特別措置法』通産省（2000）3頁。

(56) 国家行政組織法 第8条に基づいて総理府内に設置。民間経営者と経済学者の計10人が委員に指名。

(57) 5つの基本戦略が提示された。すなわち、①経済回復シナリオと持続可能な財政、②健全で創造的な競争社会の構築とセーフティネットの整備、③バブル経済の本格清算と21世紀金融システム構築、④活力と国際競争力ある産業の再生、⑤21世紀に向けた戦略的インフラ投資と地域の再生である。

(58) 小渕首相の私的懇談会として設置。民間経営者（17名）と内閣閣僚で構成。

(59) 衆議院商工委員会（1999年11月9日）で濱田委員は、「中小企業対策と称しながら、本当は中堅から大企業が救われる道をどんどん開く」などと発言している。

(60) 参議院予算委員会（1999年7月19日）での池田委員と堺屋長官の質疑応答。

なお、この答弁に見られる堺屋太一氏の考え方と第1章第1節〔2〕項【労働・賃金】の注(8)で取り上げた八田達夫教授の論考について、両者を対比させて、若干論じておきたい。

堺屋氏も八田教授も、衰退産業に関する「過度の」保護政策に対しては反対する立場をとっており、この点、共通している。ただし、かつての石炭産業に対する産業政策についての認識・評価が（両者の間では）微妙に差があるように思われる。堺屋氏が石炭産業に対する「重油ボイラー規制法」などを例に挙げて、これを「過度の」保護政策と見ているのに対して、八田教授は、かつての1次産業から2次産業への労働力移動の円滑化を1つの成功事例と見ている立場から、石炭産業に対する諸政策、とりわけ労働政策については、「(効率的な資源配分を促進する上で) 許容される範囲の」保護政策として全否定はしない。いずれにしても、両者で共通しているのは、今後21世紀において日本では、経済発展のプロセス上、衰退する産業から（今後進展が望める）新興産業へと、いかに労働力移動を円滑的に推進するかが国の政策の（1つの）柱となるということであり、この点、筆者もその認識を同じくするものである（労働移動の円滑化と税制については第4章で考察する)。

(61) 産業再生法 第1条「この法律は、内外の経済的環境の変化に伴い、我が国経済の生産性の伸び率が低下している現状にかんがみ、我が国に存する経営資源の効率的な活用を通じて生産性の向上を実現するため、特別の措置として、事業者が実施する事業再構築を円滑化するための措置を雇用安定等に配慮しつつ講ずるとともに創業及び中小企業者による新事業の開拓を支援するための措置を講じ、併せて事業者の経営資源の増大に資する研究活動の活性化等を図ることにより、我が国産業の活力の再生を速やかに実現することを目的とする。」

(62) 裁判所が選任する検査役に代わり、企業が選任する弁護士・公認会計士・監査法人による調査を可能とする。

(63) 出向・再就職あっせんにより労働者を「受け入れた」事業主または事業転換を目的として事業部門の設置・整備を行い、労働者の配置転換を実施した事業主等への助成として「賃金助成（負担額の4分の1、中小企業は3分の1)」を1年間助成。ただし、平成12年9月までは賃金助成（同3分の1、中小企業2分の1）を行うというもの。

(64) 経済産業省「行政文書ファイル検索」
http://www.clearing.meti.go.jp/clearing/FileSearch 等

(65) 参議院財政・金融委員会（2001年4月5日）での池田委員の発言。

(66) 参議院財政・金融委員会（2000年3月23日）での池田委員の発言や参議院予算委員会(2000年4月25日）での小池委員の発言など。

図表Ⅲ-3a　特安法の国会審議一覧

【特安法】S53（1978）.7—S58（1983）.6

（検索期間1977.3-2001.6）

元号	西暦	月	日	回次	院	会議名（委員会）	議員	政府	特記事項（出典：国立国会図書館「国会会議録」http://kokkai.ndl.go.jp）
53	1978	3	31	84	衆	連合（商工・社労・農水・運輸）	浦井	河本D	（浦井）現在過剰設備になっている業種はオイルショック後に設備投資を強行したものばかり…
53	1978	4	19	84	衆	運輸	藪中	謝敷	（謝敷）需要の確保を指導　設備廃棄は規模に応じて差　造船業は設備過剰…
53	1978	4	26	84	参	商工	青山	芦田	（芦田）東洋紡と三菱レイヨンの提携 安値競争防止…賛成
53	1978	4	27	84	参	運輸	田代	謝敷	（謝敷）造船工業会メンバー23社　各社それぞれが我慢してこの危機を乗りきる
53	1978	6	8	84	衆	決算	村山	謝敷	（村山）佐世保重工業 準大手はたて直しを図るべきだ
53	1978	7	13	84	衆	運輸	原田	謝敷	（原田）造船業界あたりは設備の買い上げを強く要望　特安法離職者求職手帳の半数は造船
53	1978	7	27	84	参	運輸	柳澤	謝敷	（謝敷）造船業 極力アウトサイダーが出ないように業界の指導に努め
53	1978	9	27	85	衆	商工	安田	河本D	（安田）設備廃棄に当たっての労働者への配慮 やり過ぎの縮小には踏み込んだ指導必要
53	1978	10	13	85	衆	運輸	太田	謝敷	（謝敷）特安法　過剰設備の処理を円滑に推進
53	1978	10	17	85	衆	社会労働	大橋	若杉	（木下）円滑化法による助成措置では、あれではまことに微々たるもので少な過ぎる…
53	1978	10	17	85	参	運輸	太田	謝敷	（謝敷）特定船舶製造業の労働者の雇用の安定及び関連中小企業の経営の安定に十分配慮
53	1978	10	18	85	衆	商工	上坂	左近	（上坂）合板は特安法には入らないが不況業種なので別途法律で救済
53	1978	10	19	85	参	社会労働	柄谷	藤井	（柄谷）不況業種の定義は広くあるべき　漁業も入れて…
53	1978	10	20	85	参	商工	藤井	栗原	（栗原）合成繊維 設備廃棄だけでは不十分で 業務提携 企業の集約を期待…
54	1979	2	13	87	衆	大蔵	安田	原木	（安田）アルミニウム業界 同じ不況業種に比して恩恵を受けている
54	1979	2	20	87	衆	社会労働	村山	間野	（村山）石川島播磨 佐伯工場に仕事が全然なくて裸にしておくのでなく政府が仕事を廻して
54	1979	2	27	87	衆	大蔵	安田	榎本	（安田）通産大臣は景気回復を受けて設備廃棄から休止へ、との発言があるが…
54	1979	2	27	87	衆	予算（第一分科会）	安田	榎本	（安田）日本化成と鹿島アンモニアの合併　労働者の雇用はどうなるのか
54	1979	2	28	87	衆	予算（第五分科会）	中村	謝敷	（中村）造船 設備過剰は大手の問題
54	1979	3	6	87	衆	大蔵	安田	−	（安田）共産党の立場から日本化成と鹿島アンモニアの合併に反対 現下…経営状況好転
54	1979	3	20	87	衆	運輸	佐野	真藤s	（佐野）日立造船、住友重工など…じっと耐えて蟄居している まさにそうであらねばならない
54	1979	3	20	87	衆	社会労働	森井	細野	（森井）企業側がうまく法に便乗して減量経営に拍車をかけたのではないか
54	1979	3	22	87	参	農林水産	下田	大永	（下田）日本化成と鹿島アンモニアの合併 関連事業者の利益を不当に損なうことがないように
54	1979	4	10	87	衆	運輸	渡辺	謝敷	（謝敷）徐々に設備削減の効果が出ている
54	1979	5	23	87	衆	農林水産	津川	大永	（津川）日本化成 労働者に対する犠牲の転嫁が心配
54	1979	5	30	87	衆	商工	工藤	江崎	（工藤）「日本は競争力の弱い産業への過保護を縮小せよ」という米国の主張（外圧）がある

元号	西暦	月	日	回次	院	会議名(委員会)	議員	政府	特記事項（出典：国立国会図書館「国会会議録」http://kokkai.ndl.go.jp)
55	1980	4	15	91	衆	運輸	久保	謝敷	(謝敷) 造船業 現有設備980万tのうち360万t処理して基本的に過剰設備は解消した
56	1981	3	30	94	参	予算（第二分科会）	井上	厚谷	(井上) 特安法の指定業種については、省エネ投資ができないとの報道あり…
56	1981	3	31	94	参	商工	井上	小松	(小松) 第２次石油危機で特安法認定当時から比べましてさらに体質が脆弱化…
56	1981	4	22	94	衆	商工	宮田	宮本	(宮本) 素材産業 …特安法の適用し得る範囲の中で計画を延長する必要…
56	1981	11	6	95	衆	商工（エネルギー・鉱物資源問題小委員会）	水田	土方s	(水田) いわゆる特安法が58年６月30日で切れますから…いわゆる立法措置を希望…
56	1981	11	12	95	衆	商工	島村	植田	(島村) 特安法期限切れ…これを延長するか、またはこれにかわる新法の制定が必要
56	1981	11	20	95	衆	商工	渡辺	志賀	(渡辺) 紙パルプ業界は依然として厳しい状況にある
57	1982	1	27	96	衆	本会議	岡田	安倍D	(阿部) 基礎素材産業‥特安法につきましては、…法律上の措置の必要性を具体的に検討
57	1982	2	5	96	衆	予算	大内	安倍D	(大内) 特安法の改正といったようなものをぜひ考えていただきたい
57	1982	2	23	96	衆	予算	米澤	安倍D	(安倍) 特安法の期限が切れる…紙パルプ等の個々の産業…来年まで待ち切れない
57	1982	2	24	96	衆	商工	水田	安倍D	(安倍) 特安法 抜本的改正 税制あるいは金融制度、そういうものも含めたものであるべき
57	1982	2	27	96	衆	予算（第四分科会）	村山	志賀	(志賀) 紙パルプ オイルショック後一時仮需が発生 設備投資が活発に行われてしまった
57	1982	3	8	96	衆	予算（第四分科会）	佐藤	植田	(佐藤) 基礎素材産業はナショナルセキュリティである 特安法の延長を求める…
57	1982	3	12	96	参	予算	下条	安倍	(安倍) 特安法については各素材産業の対策が出そろった段階で、新たに法律上の措置をする…
57	1982	3	26	96	衆	商工	水田	原田	(原田) アルミ業界 特安法で110万t体制としていたが、70万t体制へさらに絞る
57	1982	5	14	96	衆	商工	佐藤	真野	(真野) 産構審で、アルミ,石油化学,塩ビ,ソーダ工業,肥料等 同時並行的にいろいろ議論
57	1982	7	8	96	衆	特別（物価問題等に関する）	中野	田辺	(田辺) 特安法の評価をしつつ新情勢に対応して素材産業を活性化する視点で、総合的に検討
57	1982	8	4	96	衆	商工	清水	杉山	(杉山) 財政投融資、税制上の措置というものをも含め、総合的な立場からただいま検討
57	1982	8	5	96	衆	商工（エネルギー・鉱物資源等問題小委員会）	−	齋藤	(齋藤) アルミ　特安法の施行後ややいい時期もあったが、昨年56年は628億の赤字
57	1982	8	6	96	衆	商工	横手	志賀	(横手) 撚糸業界 加工賃の低下による構造的不況 業界の皆さん方が通産省に対して陳情
57	1982	12	16	97	衆	予算	米澤	塩崎D	(米澤) 新特安法がいま検討 地方選挙もありますし、時期的な問題に関心がある…
58	1983	2	3	98	衆	予算	橋本	山中	(橋本) 産業活性化のために税制、財投、予算上の措置などのインセンティブを与える必要有り
58	1983	2	19	98	衆	予算	木下	中曽根D	(木下) 各種の摩擦現象を極力回避することがきわめて肝要特に、雇用問題への対応
58	1983	2	22	98	衆	商工	亀井	渡辺	(亀井) 新特安法 市場の競争原理を阻害してしまうという危険性あり
58	1983	3	2	98	衆	商工	植竹	山中D	(植竹) 今後は政治が優先して経済がフォローしていく　長期的な産業政策推進すべき
58	1983	3	4	98	衆	特別（物価問題等に関する）	式部	田辺	(田辺) 第２次石油ショックを基礎素材産業が受け、より深く広く構造的困難が産業へ
58	1983	3	5	98	衆	予算（第六分科会）	佐藤	植田	(佐藤) 酒田のアルミ ナショナルセキュリティーの観点 新特安法ではどう守られるのか…

元号	西暦	月	日	回次	院	会議名（委員会）	議員	政府	特記事項（出典：国立国会図書館「国会会議録」http://kokkai.ndl.go.jp）
58	1983	3	9	98	衆	商工	－	内山s	（江崎）特安法、産構法は設備の処理を主として目的にした法律で目標はほぼ達成…
58	1983	3	22	98	衆	社会労働	水田	山中D	（水田）実際には23%の設備廃棄ほとんど実施 しかし活性化を取り戻すことできず…
58	1983	3	22	98	衆	商工	川本	谷口	（川本）産業政策の中に労働政策が入っていかない 雇用問題への手当てが不十分
58	1983	3	23	98	衆	商工	渡辺	小長	（渡辺）新特安法では特安法での反省＝後ろ向きの設備廃棄だけではどうにもならない、を…
58	1983	3	23	98	衆	大蔵	米沢	妹尾	（米沢）不況産業救済策を議論していると常にアメリカから横槍が入る。これはけしからん…
58	1983	3	25	98	衆	決算	宮田	谷口	（谷口）新特安法で、厳しい情勢下、不況業種とか不況地域の実情に合った指定等行う…
58	1983	4	12	98	参	商工	吉田	小長	（小長）各業種とも計画的な設備処理実施 平均達成率は95% 第２次石油危機の影響を緩和
58	1983	4	13	98	衆	商工	渡辺	山中D	（渡辺）大変な基礎素材産業不況のあおりを受けて、ゴーストタウン化したところもかなりある
58	1983	4	15	98	衆	商工	水田	山中D	（山中）新法は税制でも手当を講じている…
58	1983	4	19	98	参	商工	吉田	山中D	（吉田）抜本的な構造不況業種の救済には必ずしもならなかった…（もっと助けて欲しい）
58	1983	4	21	98	参	商工	－	土方s	（土方）原料及びエネルギー対策についてこの新法以外に引き続いて格段の御配慮をお願い…
58	1983	4	26	98	参	商工	吉田	小長	（吉田）新特安法は５年間の時限立法であったものをさらに今後５年間延長するという…
58	1983	4	28	98	参	社会労働	対馬	谷口	（対馬）産業救済がむしろ中心であって、労働者の雇用安定という問題は出てきていない
58	1983	5	10	98	参	農林水産	伊藤	横田	（横田）産構法で構造改善基本計画に沿って設備処理の実施を指導
58	1983	5	17	98	参	商工	吉田	齋藤	（吉田）アメリカ「衰退産業を不公正なカルテルや政府支援で保護するのはおかしい」と主張
58	1983	5	19	98	衆	特別（物価問題等に関する）	林	田中	（田中）すでに成立を見た特安法で、構造的問題を抱える基礎素材産業、中小企業対策を行う
58	1983	5	20	98	衆	商工	長田	山中D	（長田）日米通商円滑化委員会においては、この新特安法がやり玉に上がっている…
59	1984	3	28	101	衆	商工	水田	池田s	（池田）特に中小企業の経営はほとんどこれの活用をしていない、日常的に実は感じている…
59	1984	4	12	101	参	農林水産	－	土方s	（土方）特安法で第一次改革、産構法で第二次改革…法律延長による化学肥料価格の安定を要望
59	1984	7	10	101	衆	農林水産	－	長野s	（長野）特安法で第一次改革、産構法で第二次改革…法律延長による化学肥料価格の安定を要望
62	1987	3	25	108	衆	商工	青山	杉山	（青山）過去に特安法、産構法、これらで設備凍結、設備制限を実施 一定の成果あげた…
62	1987	3	27	108	参	商工	市川	杉山	（市川）今までの特安法また産構法では、いわば業種指定をした…今次の新法では…
63	1988	5	11	112	衆	商工	城地	杉山	（城地）特安法、そして産構法、そして昨年さらにそれらとの関連も含めて円滑化法が制定
63	1988	5	24	112	参	商工	市川	杉山	（市川）無秩序な過剰設備など大企業がつくり出した責任を不問にするのは疑問
3	1991	3	13	120	衆	商工	小沢	糸田	（小沢）セメント各社の独禁法違反に公正取引委員会自身が責任を感じなければならない
8	1996	4	11	136	参	商工	山下	塚原D	（山下）労働者が設備処理に伴って一体どういう実態に置かれるのか国がフォローすべき
9	1997	3	27	140	参	商工	梶原	稲川	（稲川）過去、通産省は法律を種々つくり、他方経済情勢の変化に応じ廃止も重ねて行って…
11	1999	7	27	140	衆	商工	吉井	江崎	（吉井）円滑化法では、産構法、特安法以上に雇用の問題を重視すべきと言っていたのに…
11	1999	7	28	140	衆	商工	中桐	林	（林）過去の同様の法律では雇用安定は、ある意味では努力規定というか訓示規定のみ

元号	西暦	月	日	回次	院	会議名（委員会）	議員	政府	特記事項（出典：国立国会図書館「国会会議録」http://kokkai.ndl.go.jp）
11	1999	8	3	140	参	経済・産業	梶原	江崎	（江崎）特安法、産構法は設備の処理を主として目的にした法律で目標はほぼ達成…
11	1999	8	5	140	参	経済・産業	梶原	与謝野D	（梶原）産業再生法では雇用問題が、特安法や産構法や円滑化法に比べても落ちている…

注）・名前の後に「s」は参考人「D」は主務大臣。
・元号欄の網かけ部分は、その期間、この法律が施行されていたことを示す。
・特記事項欄の網かけ部分は、当該「質疑応答」を参考とし、本書に引用している。
（ただし、引用の仕方は、直接的に本文に引用したものもあれば、当該「質疑応答」で交わされた会話の中で出てきた事象やデータの引用にとどまるものもある。）

図表Ⅲ-3b　産構法の国会審議一覧

【産構法】S58（1983）.5―S63（1988）.6

（検索期間1982.3-2001.6）

元号	西暦	月	日	回次	院	会議名（委員会）	議員	政府	特記事項（出典：国立国会図書館「国会会議録」http://kokkai.ndl.go.jp）
58	1983	3	4	98	衆	特別（物価問題等に関する）	式部	田辺	（式部）過剰設備廃棄から、生産、販売等の共同化まで踏み込む 全くＰＡＰの精神に反する
58	1983	3	9	98	衆	商工	－	河合s	（河合）経団連 事業提携計画の大臣への提出は義務づけではなく業界が自主的に判断→賛成
58	1983	4	19	98	参	商工	吉田	山中	（山中）自分の社だけで切り抜けられると豪語している会社あり… 画竜点晴を欠く
58	1983	4	21	98	参	商工	－	上野s	（上野）経済学者の立場 この法律は明らかに技術革新に対しても十分に配慮 ゆえに賛成する
58	1983	4	26	98	参	商工	吉田	山中	（吉田）アメリカから批判「非効率の国内企業を外国企業から隔離するようなカルテルは疑問」
58	1983	5	17	98	参	商工	吉田	齋藤	（齋藤）回復可能性のある部分の活性化 積極的産業調整 ＯＥＣＤのＰＡＰに合致
59	1984	3	10	101	衆	予算（第六分科会）	島田	高木	（高木）砂糖業界 指定21業種の１つ ６割方の目標は、設備処理の面で達成しつつある…
59	1984	3	27	101	衆	社会労働	永井	谷口	（谷口）神戸精糖問題 労使紛争…精糖業界が業界として非常に深刻な情勢
59	1984	3	28	101	衆	商工	水田	池田s	（水田）雇用関係で、特安法から産構法になるとき…働く人たちの意見を十分聞くこと条件付
59	1984	4	3	101	衆	社会労働	永井	望月	（木下）円滑化法による助成措置では、あれではまことに微々たるもので少な過ぎる…
59	1984	4	6	101	参	商工	松岡	山田	（山田）セメント業界 指定22番目狙う 適切なる保護…
59	1984	4	7	101	参	社会労働	本岡	高木	（本岡）神戸精糖問題 会社は砂糖業界の再編成に参画、休業中の労働者の労働債権の有無…
59	1984	4	7	101	参	商工	梶原	山田	（山田）前向きな構造改善を計画推進、雇用・地域経済への影響を回避 なだらかな雇用調整
59	1984	4	12	101	参	農林水産	－	土方s	（土方）特安法で第一次改革、産構法で第二次改革…法律延長による化学肥料価格の安定を要望
59	1984	5	15	101	衆	商工（エネルギー・鉱物資源等問題小委員会）	－	山田s	（山田）特別償却制度初年度18% 過剰設備の廃棄による欠損金（特段の臨時措置）

元号	西暦	月	日	回次	院	会議名（委員会）	議員	政府	特記事項（出典：国立国会図書館「国会会議録」http://kokkai.ndl.go.jp）
59	1984	5	18	101	衆	商工	中川	野々内	（野々内）アルミ地金 素材の輸入がふえるということによってかなり影響
59	1984	7	6	101	衆	商工	中村	篠島	（篠島）セメント産業 業種指定 乱売合戦を避ける…
59	1984	7	10	101	衆	農林水産	－	長野s	（長野）硫安業界団体 本法律の延長による化学肥料価格の安定化の措置の継続を切に望む
59	1984	7	24	101	参	商工	梶原	福川	（福川）中にはまだ一部問題の業種もありますが、おおむね所期の目的を達しつつある
59	1984	8	3	101	衆	商工	後藤	福川	（後藤）足尾の古河鉱業（自溶製錬技術） こういうところの基盤を奪わない対策講じるべし
59	1984	12	11	102	参	農林水産	山田	塚田	（塚田）年間設備能力の26%（100万トン）設備処理を行う計画で６割進捗…
60	1985	3	8	102	衆	予算（第六分科会）	佐藤	村田	（村田）基礎素材産業 一部に好転の見られる業種もあるが、全般的には依然非常に厳しい
60	1985	4	2	102	参	商工	田代	篠島	（篠島）改善計画の設備処理の期限内に目標が達成されるよう、関係業界をできるだけ指導
60	1985	4	12	102	衆	商工	水田	野々内	（水田）肥料産業の救済を…労働者の雇用というのも１つの大きな柱…
60	1985	4	18	102	参	商工	市川	木下	（木下）繊維、セメント、家電など、所管の各業種…情報化の望ましい方向を検討
60	1985	5	16	102	参	商工	梶原	福川	（梶原）セメント 通産省は産構法の中に入れ自由な競争を制限…大手企業はいわば半官…
60	1985	5	24	102	衆	商工	水田	野々内	（水田）基礎素材産業の構造改善 単純平均で通産省の発表によると58%が処理済み
60	1985	5	28	102	参	商工	梶原	黒田	（梶原）大企業は通産省が中に入り、自由競争の制限をして、需給調整…中小企業はどうなる？
60	1985	6	5	102	衆	商工（エネルギー・鉱物資源等問題小委員会）	－	矢橋	（矢橋）26業種 過剰設備の処理 23%、事業集約化 12業種（30件）、収益改善
60	1985	11	20	103	衆	商工	水田	畠山	（水田）石油の構造改善については（政府に）責任がある…
60	1985	11	21	103	参	商工	梶原	金子	（梶原）住友電線 法を利用し、給制限をやって価格をつり上げている…
61	1986	2	12	104	衆	商工	渡辺	木下	（渡辺）雇用安定に努力という表現だけであって、実際にはやらなくてもそれで済んでしまう
61	1986	3	7	104	衆	予算（第六分科会）	辻	浜岡	（辻）産構法による繊維業界、合繊業界の設備の制限が６月末で切れる…
61	1986	3	28	104	衆	建設	武田	田中	（武田）公共事業で傾斜配分、東北地方にはコンクリートがたくさんつくれる対応をする…
61	1986	4	8	104	参	建設	青木	新村	（青木）セメント 値段、販売の数量の点からそういうものをよく指導しないといけない…
61	1986	4	9	104	衆	商工	福岡	福川	（福川）民活法に基く保証業務が中心になっていく…
61	1986	5	14	104	衆	商工	水田	浜岡	（浜岡）新規企業の増加に対し、既存の企業がかなりナーバスになるという背景がある
61	1986	11	5	107	衆	商工	青山	岩崎	（青山）今次の円高は政策によりもたらされた…中小企業の救済はどうするのか…
61	1986	11	25	107	参	特別（日本国有鉄道改革に関する）	梶原	林	（梶原）住友電工 政府が介入したカルテルで救済
61	1986	12	9	107	参	建設	一井	落田	（一井）円高不況をまともにかぶる…板紙業界 数百億円の赤字を抱える企業が何社もある
62	1987	3	25	108	衆	商工	水田	杉山	（杉山）円滑化法の審議 円滑化法案２条に相当する条文は産構法の中にはない…
62	1987	3	27	108	参	商工	田代	杉山	（田代）産構法の設備処理 ７月 電炉48%、段ボール原紙55%、洋紙61%捗々しくない

元号	西暦	月	日	回次	院	会議名（委員会）	議員	政府	特記事項（出典：国立国会図書館「国会会議録」http://kokkai.ndl.go.jp）
63	1988	3	1	112	衆	商工	水田	植松	（水田）産構法が廃止になるけれどもフェロアロイはどうするかということが問題として残る
63	1988	5	11	112	衆	商工	緒方	鈴木	（緒方）アジア諸国から生産増強の要請もあって、産構法によって休止した設備を再度復活
63	1988	5	17	112	参	農林水産	稲村	安藤	（稲村）産業の空洞化というものが今後、農村での製造業立地をするときには影響がある…
63	1988	5	24	112	参	商工	梶原	田村D	（田村）多くの業種において稼働率の向上や業況の回復が見られるなど大きな成果が得られた
2	1990	3	27	118	衆	農林水産	東	鷲野	（鷲野）精糖産業 9割の達成率（90万トン）設備の廃棄、工場数29工場を21工場へ
2	1990	3	30	118	参	農林水産	菅野	鷲野	（鷲野）製糖業界 産構法は外れたが構造改善に取り組んで貰わねばならぬ…私どもも指導
5	1993	10	29	128	衆	商工	松本	－	（松本）バブル 素材産業まさに20%、30%、40%の前年度比で設備をずっと投資…
7	1995	3	16	132	参	商工	市川	牧野	（市川）事業革新法の審議 雇用確保の観点から産構法～円滑化法を踏まえ…条文検証
8	1996	4	11	136	参	商工	山下	塚原D	（山下）事業革新法 気持ちの上では産構法、特安法以上に雇用の問題については配慮…
11	1999	7	27	145	衆	商工	吉井	江崎	（吉井）円滑化法では、産構法、特安法以上に雇用の問題を重視すべきと言っていたのに…
11	1999	7	28	145	衆	商工	中桐	林	（林）過去の同様の法律では雇用安定は、ある意味では努力規定というか訓示規定のみ
11	1999	8	3	145	参	経済・産業	梶原	江崎	（江崎）特安法、産構法は設備の処理を主として目的にした法律で目標はほぼ達成…
11	1999	8	5	145	参	経済・産業	梶原	与謝野D	（梶原）産業再生法では雇用問題が、特安法や産構法や円滑化法に比べても落ちている…
11	1999	8	6	145	参	経済・産業	梶原	－	（梶原）産業再生法案反対討論 、産構法にあるように、労働組合との協議や合意必要
13	2001	2	28	151	衆	予算（公聴会）	－	中北	（中北）東洋大学経済学部 中北教授の公述。1980年代前半まで税制上のインセンティブ…

注）・名前の後に「s」は参考人「D」は主務大臣。
・元号欄の網かけ部分は、その期間、この法律が施行されていたことを示す。
・特記事項欄の網かけ部分は、当該「質疑応答」を参考とし、本書に引用している。
（ただし、引用の仕方は、直接的に本文に引用したものもあれば、当該「質疑応答」で交わされた会話の中で出てきた事象やデータの引用にとどまるものもある。）

図表Ⅲ-3c　円滑化法の国会審議一覧

【円滑化法】S62（1987）.4—H8（1996）.5　　（検索期間1986.3-2001.6）

元号	西暦	月	日	回次	院	会議名（委員会）	議員	政府	特記事項（出典：国立国会図書館「国会会議録」http://kokkai.ndl.go.jp）
62	1987	3	24	108	衆	特別（石炭対策）	鳩山	高橋	（鳩山）石炭産業 閉山に先行した地域の振興策をかなり積極的に…北海道の産炭地指定を…
62	1987	3	25	108	衆	商工	水田	田村D	（水田）ドル暴落 これまでと同じようなパターンではどうにもならない…
62	1987	3	26	108	参	商工	対馬	高橋	（対馬）石炭産業 政府として通産省として閉山に対して産業の立地に、いま一歩積極的に…
62	1987	3	27	108	参	商工	本岡	広海	（広海）事業転換のための積極的な投資を促進するために、中小企業等基盤強化税制…
62	1987	5	12	108	参	予算	橋本	宮澤D	（宮澤）産業基盤整備基金を設けるといったようなことで産業の転換を促そう…
62	1987	5	16	108	参	予算	抜山	杉山	（杉山）過剰設備を抱えている事業の事業縮小を円滑化…金融税制上いろいろ御援助する…
62	1987	5	21	108	参	商工	本岡	田村D	（本岡）高島炭坑 新日鐵広畑工場…条件を弾力運用必要 大都市型の産業問題に適応できない
62	1987	5	26	108	参	商工	木本	杉山	（木本）企業に、リゾート分野等への転換を引き受けてもらう…
62	1987	6	17	108	参	調査会（国民生活に関する）	飯田	杉山	（飯田）為替相場の変動で急にだめになって会社もつぶれてしまう…余りにもひど過ぎる
62	1987	7	17	109	衆	予算	木下	鈴木	（木下）円滑化法による助成措置では、あれではまことに微々たるもので少な過ぎる…
62	1987	7	28	109	衆	地方行政	岡田	大村	（大村）企業城下町 産業基盤整備基金による出資とか利子補給等で強力にサポート
62	1987	8	19	109	衆	大蔵	山田	森清	（森清）円滑化法関係の無利子融資は特定地域における出資適格事業かつ第三セクターが要件
62	1987	9	17	109	参	地方行政	山口	葉梨	（山口）炭鉱は、日本の国策として一生懸命戦後石炭を掘り続けてきた…救済必要…
63	1988	4	13	112	衆	商工	奥野	杉山	（杉山）急速な円高に伴いますいわゆる円高デフレ…円滑化法で対応…
63	1988	4	21	112	参	商工	梶原	杉山	（杉山）71件の特別償却の適用件数 減税額が約260億円 1件あたり平均3億円減税
63	1988	5	11	112	衆	商工	城地	杉山	（杉山）最近の円高 新しい事態によって困難 各企業の個別の自主的判断 設備処理等行う
63	1988	5	17	112	参	農林水産	稲村	安藤	（稲村）産業の空洞化というものが今後、農村での製造業立地をするときには影響がある
63	1988	5	24	112	参	商工	梶原	杉山	（杉山）繊維·尿素·溶成燐肥·化成肥料·フェロシリコン、業界からの御要望等もございます
1	1989	6	16	114	参	農林水産	一井	畠山	（畠山）160名 そのグループ再就職が約50名、配置転換約70名、出向約20名
1	1989	6	20	114	衆	農林水産	前島	畠山	（畠山）肥料工業の経営状況 36社の肥料部門の経常損益は相当な赤字という報告を受け
2	1990	6	14	118	参	商工	市川	武藤	（市川）現実には地域に産業が分散しない、結局首都圏に集中…なぜ打開されないのか
2	1990	6	20	118	衆	商工	和田	糸田	（和田）通産省はセメント産業に極めて甘いのではないか…
7	1995	2	21	132	衆	商工	吉井	牧野	（吉井）事業革新法の審議…円滑化法の条文 雇用安定についての質疑…
11	1999	4	20	145	参	経済・産業	梶原	山田	（山田）産構法 円滑化法 個別企業の設備廃棄 税制上措置を講ずる政策手段に変わってきた…
11	1999	7	22	145	衆	本会議	吉井	−	（吉井）共産党の立場 産業再生法審議 特安法や円滑化法では…労働者の地位を害しない…
11	1999	7	27	145	衆	商工	吉井	江崎	（吉井）円滑化法では、産構法、特安法以上に雇用の問題を重視すべきと言っていたのに…
11	1999	7	28	145	衆	商工	中桐	林	（林）過去の同様の法律では雇用安定は、ある意味では努力規定というか訓示規定のみ

注）・名前の後に「s」は参考人「D」は主務大臣。
・元号欄の網かけ部分は、その期間、この法律が施行されていたことを示す。
・特記事項欄の網かけ部分は、当該「質疑応答」を参考とし、本書に引用している。
（ただし、引用の仕方は、直接的に本文に引用したものもあれば、当該「質疑応答」で交わされた会話の中で出てきた事象やデータの引用にとどまるものもある。）

図表Ⅲ-３ｄ　事業革新法の国会審議一覧

【事業革新法】H7（1995）.4－H14（2002）.6　　（検索期間1994.3-2001.6）

元号	西暦	月	日	回次	院	会議名（委員会）	議員	政府	特記事項（出典：国立国会図書館「国会会議録」http://kokkai.ndl.go.jp）
7	1995	2	17	132	衆	商工	逢沢	牧野	（牧野）特定業種の指定要件 ５年程度の期間 生産が５％減少雇用も減少傾向一応の目処
7	1995	2	21	132	衆	商工	吉井	牧野	（牧野）この法案 雇用の安定非常にいろいろな箇所でこれをリファーしている…
7	1995	3	16	132	参	商工	沓掛	齋藤	（齋藤）工場新増設のために関連して工場立地法の弾力運用に取り組む…
7	1995	4	20	132	衆	予算	小沢	橋本D	（橋本）事業革新法の活用を含め経済フロンティアをどう拡大していくか…12分野明示
7	1995	4	20	132	参	予算	成瀬	橋本D	（橋本）事業革新法、中小企業新分野進出等円滑化法、中小企業創造活動促進法の３つが柱
7	1995	5	19	132	参	特別（中小企業対策）	市川	安本	（安本）具体的判断の際、過去５年間に業種全体の雇用の減少及び生産の５％以上の減少を基準
7	1995	9	6	133	参	決算	伊藤	牧野	（牧野）企業が新しい分野（必ずしも新規産業でない）へ 既存の技術ノウハウ人材で…支援
7	1995	10	3	134	衆	本会議	－	村山D	（村山）中小企業創造活動促進法や事業革新法の制定…新産業の創出に鋭意取り組んできた
7	1995	10	19	134	衆	本会議	野田	－	（野田）新進党提案 事業革新法 長期所有土地等から機械装置等へ買いかえ課税繰り延べ拡充
8	1996	2	7	136	参	調査会（国民生活・経済に関する）	－	横川	（横川）事業革新法、これは研究企業の研究開発促進税制の強化などを内容としている法律
8	1996	2	21	136	衆	商工	大畠	牧野	（牧野）昨年春に事業革新法…幸いにこれは非常に使い勝手のいい法律…現在もう百件以上
8	1996	4	11	136	参	商工	加藤	－	（加藤）円滑化法→事業革新法 日本経済自体を活性化する必要があったことから移行
8	1996	5	7	136	参	労働	山東	中嶋	（中嶋）将来の新しい分野の芽となる研究開発基盤の整備、構造改革型の社会資本を整備…
8	1996	5	17	136	衆	商工	豊田	鈴木	（鈴木）通産省 事業者による新規事業の創出、新分野進出促進が極めて大事に…
8	1996	5	30	136	衆	決算（第三分科会）	笹木	横川	（横川）企業の新事業展開について、研究･教育両面での産学連携の必要性がうたわれておる
8	1996	5	30	136	衆	決算（第二分科会）	吉田	福田	（福田）予算･税･財投による産学協同などの研究開発の推進、産学連携に必要な研究施設整備
8	1996	7	18	136	衆	特別（金融問題等に関する）	坂口	藤島	（藤島）企業の構造調整の努力を支援する、こういう観点から、法を施行 構造調整の支援
9	1997	3	21	140	衆	商工	横光	佐藤D	（佐藤）高コスト構造や制度的制約、こういうものが顕在化している…事業者の努力を阻害…
9	1997	3	27	140	参	商工	梶原	稲川	（稲川）過去、通産省は法律を種々つくり、他方経済情勢の変化に応じ廃止も重ねて行って…
9	1997	12	5	141	衆	商工	西川	堀内D	（堀川）長期保有資産売却 建物や機械に買いかえた場合の譲渡益 80％の圧縮記帳
10	1998	3	18	142	衆	大蔵	西田	江崎	（江崎）長期的取引 必ずしも効率的ではなくなり フレキシブルな企業の経営の優位性高まる
10	1998	4	3	142	衆	商工	山口	江崎	（江崎）産業基盤整備基金は、現在、民活法･事業革新法‥13本の法律…債務保証･出資
10	1998	12	4	144	衆	商工	吉井	江崎	（吉井）事業革新計画承認企業のリストをもらうと、日産自動車、帝人、三菱化学
10	1998	12	8	144	衆	商工	吉井	－	（吉井）共産党の立場から…大企業の身勝手な企業行動助長 新事業創出促進法案に反対
10	1998	12	10	144	参	経済・産業	山下	岡本	（山下）新事業創出法案審議…事業革新法でいう事業革新を伴わぬ既存事業部門の分社化も支援
10	1998	12	10	144	参	商工	林	与謝野D	（与謝野）企業が分社化により新事業に乗り出す場合にも支援措置…事業革新法の特例を盛込
10	1998	12	11	144	参	経済・産業	山下	与謝野D	（山下）共産党の立場 新事業促進法反対：事業革新法の承認企業が猛烈な人員削減をしてきた…
11	1999	7	28	145	衆	商工	中桐	林	（林）過去の同様の法律では雇用安定は、ある意味では努力規定というか訓示規定のみ
11	1999	8	2	145	参	本会議	西山	－	（西山）共産党 産業再生法について質問：この法案に組み入れられる事業革新法…
11	1999	8	3	145	参	経済・産業	梶原	江崎	（江崎）特安法、産構法は設備の処理を主として目的にした法律で目標はほぼ達成…
11	1999	8	5	145	参	経済・産業	梶原	与謝野D	（梶原）産業再生法では雇用問題が、特安法や産構法や円滑化法に比べても落ちている…
11	1999	8	6	145	参	経済・産業	梶原	－	（梶原）産業再生法案反対討論、産構法にあるように、労働組合との協議や合意必要
11	1999	11	22	146	参	特別（中小企業対策）	西山	－	（西山）日産は産業活力再生法の前の法律「事業革新法」の認定をずっと受けてきた大企業…
11	1999	12	13	146	参	特別（中小企業対策）	山下	村田S	（村田）新事業促進法（事業革新法の特例適用）10ヶ月で３件（日本鋼管･睦印刷･C横浜）
13	2001	2	28	151	衆	経済産業	塩川	平沼D	（塩川）マツダ:事業革新法で減税の恩恵を受けながら、ヨーロッパに生産拠点移転意図あり

注）・名前の後に「ｓ」は参考人「Ｄ」は主務大臣。
・元号欄の網かけ部分は、その期間、この法律が施行されていたことを示す。
・特記事項欄の網かけ部分は、当該「質疑応答」を参考とし、本書に引用している。
（ただし、引用の仕方は、直接的に本文に引用したものもあれば、当該「質疑応答」で交わされた会話の中で出てきた事象やデータの引用にとどまるものもある。）

図表Ⅲ-3e　産業再生法の国会審議一覧

【産業再生法】H11（1999）.9—H15（2003）.3　　（検索期間1998.3-2001.6）

元号	西暦	月	日	回次	院	会議名（委員会）	議員	政府	特記事項（出典：国立国会図書館「国会会議録」http://kokkai.ndl.go.jp）
11	1999	5	17	145	参	決算	川橋	甘利D	（川橋）労働問題：緊急雇用対策としての産業再生法案…
11	1999	7	9	145	衆	労働	城島	甘利D	（甘利）産業が競争力をつけていく過程で雇用に影響が出る…可能性としてはゼロではない
11	1999	7	13	145	衆	本会議	中野	小渕D	（小渕）未来産業の創造に向けた技術開発の活性化、創造的な中小企業、ベンチャー企業の振興
11	1999	7	13	145	参	本会議	池田	－	（池田）共産党の立場から反対 設備廃棄を促す優遇税制を初めリストラ支援の税制は不況促進
11	1999	7	14	145	衆	予算	西川	与謝野D	（西川）民需の回復に至っていない…政策的官需の下支えで辛うじてもっている…
11	1999	7	16	145	参	予算	平田	与謝野D	（平田）過剰設備といいましても、過剰設備には過剰な労働者がおる…権利保護は？
11	1999	7	19	145	参	予算	池田	堺屋D	（堺屋）リストラを認めないというのは、技術進歩に対して無視するということになります…
11	1999	7	21	145	衆	商工	大島	堺屋D	（大島）雇用の受け皿が準備されない中で、設備等々をどう削減していくかという話ばかり…
11	1999	7	22	145	衆	本会議	吉井	－	（吉井）共産党として法案に反対 日本経済は、２年連続のマイナス成長…労働者にしわ寄せ
11	1999	7	23	145	衆	法務	木島	陣内D	（木島）持ち株会社の責任というのもしっかりあわせつくっているじゃないかという指摘…
11	1999	7	27	145	衆	商工	吉井	江崎	（吉井）円滑化法では、産構法、特安法以上に雇用の問題を重視すべきと言っていたのに…
11	1999	7	28	145	衆	商工	中桐	林	（林）過去の同様の法律では雇用安定は、ある意味では努力規定というか訓示規定のみ
11	1999	7	28	145	衆	大蔵	佐々木	尾原	（尾原）特別償却▲10億円 中小企業特別償却or税額控除制度▲10億円 登録免許税▲20億円
11	1999	8	2	145	衆	予算	西川	与謝野D	（与謝野）債務の株式化 新株発行への登録免許税の負担 登録免許税を７分の２に軽減
11	1999	8	2	145	参	本会議	西山	－	（西山）共産党 産業再生法について質問：この法案に組み入れられる事業革新法…
11	1999	8	3	145	参	経済・産業	梶原	江崎	（江崎）特安法、産構法は設備の処理を主として目的にした法律で目標はほぼ達成…
11	1999	8	3	145	参	財政・金融	池田	宮澤D	（池田）企業がリストラ努力を重ねていく過程で経済に縮小方向への調整圧力がかかる
11	1999	8	5	145	参	経済・産業	海野	樋口s	（樋口）産業再生法案の恩典に浴した者は、それに対して何を返すべきか個々に考えるべき
11	1999	8	6	145	参	経済・産業	西山	与謝野D	（西山）共産党 産業再生法での労働者の権利保護を…このままでは財界の案丸のみではないか
11	1999	11	2	146	衆	本会議	鳩山	－	（鳩山）某大手自動車メーカー 複数の工場閉鎖を含む大規模なリストラ計画を発表…雇用不安
11	1999	11	4	146	参	本会議	直嶋	－	（直嶋）産業再生法失業率悪化に拍車を …雇用面での手当てを怠った政府の責任は如何に…
11	1999	11	9	146	衆	商工	濱田	深谷D	（濱田）中小企業対策と称しながら、本当は中堅から大企業が救われる道をどんどん開く
11	1999	11	16	146	衆	商工	大畠	細田	（大畠）分社化・工場ごとの売買…そのときの労働者の権利というものはどうあるべきか？
11	1999	11	16	146	衆	内閣	瀬古	中嶋	（瀬古）興銀、第一勧銀、富士銀行、住友、さくら銀行、日産で、ＮＴＴ、三菱自動車リストラ
11	1999	11	17	146	衆	労働	寺前	牧野D	（寺前）大企業の人減らし2011年までに41社14万人 …政府が労働者保護ルール早く策定を…
11	1999	11	18	146	参	商工	保坂	細田	（保坂）産業再生法など昨今の経済対策、少しくものづくりに傾注し過ぎていないか…
11	1999	11	18	146	参	労働・社会政策	直嶋	牧野D	（直嶋）企業の競争力強化…本当は同時並行的にその雇用問題への手当てが必要…

元号	西暦	月	日	回次	院	会議名（委員会）	議員	政府	特記事項（出典：国立国会図書館「国会会議録」http://kokkai.ndl.go.jp）
11	1999	11	19	146	参	特別（中小企業対策）	山本	細田	（細田）創業支援策…創造法認定企業、経営革新法認定企業、産業再生法等ある…
11	1999	11	22	146	参	特別（中小企業対策）	福山	深谷D	（福山）過剰設備、過剰債務、過剰雇用を処理→下請で酷い状況になっている…
11	1999	12	6	146	衆	予算	濱田	牧野D	（濱田）労働者の切り捨てというところに使われる…その手当ては…
11	1999	12	8	146	参	予算	笠井	小渕D	（笠井）日本共産党…解雇規制法、リストラから労働者を保護する法律などを提案
12	2000	2	25	147	衆	予算（第六分科会）	西川	深谷D	（深谷）通産省 ストックオプションを利用し易くする改善…特定の子会社の従業員等への付与
12	2000	2	28	147	衆	予算（第六分科会）	小沢	深谷D	（深谷）産業再生法制定による企業の関連諸制度改革、ベンチャーとか創業の支援を行う
12	2000	2	29	147	衆	予算	青山	小渕D	（小渕）技術開発の活発化が必要…ために、ミレニアムプロジェクト、産業再生法の制定等行う
12	2000	3	14	147	参	法務	塩崎	細川	（塩崎）認定事業者に税の恩典…子会社従業員へのストックオプション認定
12	2000	3	15	147	参	経済・産業	－	深谷D	（深谷）生産性の上昇率、日本は98年の平均で0.3%、ＯＥＣＤ諸国の平均が1.1%…
12	2000	3	16	147	衆	本会議	大森	－	（大森）リストラ至上主義 風潮が日本列島を席巻 一方的な解雇や雇用の不安定化が進む
12	2000	3	22	147	衆	商工	中山	茂木	（茂木）産業再生法に基づく特許料等の軽減措置等により、ＴＬＯに対する支援の充実…
12	2000	3	23	147	参	財政・金融	池田	林	（池田）登録免許税を減免し過ぎではないか、富士重工2.4億円、みずほグループ140億円減免
12	2000	4	11	147	参	本会議	倉田	森D	（森）生産性の向上、新規産業の創出、魅力ある事業環境の創出を通じて、経済発展狙う
12	2000	4	14	147	衆	商工	吉井	佐野	（佐野）通産省が日産のリストラに際して、再雇用の斡旋を行ったという事実はない…
12	2000	4	18	147	衆	商工	中山	堺屋D	（堺屋）産業構造、技術革新を全面的に進め…産業再生法→産業技術力強化法案…１つずつ結実
12	2000	4	19	147	衆	商工	吉田	深谷D	（深谷）鉄鋼各社が生き抜いていくため…他社との連携も含めた事業の再構築が非常に大事
12	2000	4	20	147	衆	決算行政監視（第三分科会）	達増	茂木	（茂木）ベンチャーに対する社会全体としての認識が残念ながらまだまだ低い…
12	2000	4	20	147	衆	本会議	中桐	深谷D	（深谷）経済の生産性の向上を図るためには、企業組織の円滑な変更を行うことが大変必要
12	2000	4	25	147	参	予算	小池	谷垣D	（小池）登録免許税軽減 大銀行救済し過ぎ。試算すれば320億円も減税
12	2000	4	28	147	衆	法務	北村	長勢	（長勢）産業再生法あるいは民事再生法の附帯決議 労働者権利保護…労働契約承継法案
12	2000	5	9	147	衆	農林水産	藤田	福島	（藤田）産業再生法はリストラ支援…政府自身が製糖メーカーの再編合理化を奨励…雇用は？
12	2000	5	15	147	参	本会議	直嶋	深谷D	（深谷）産業競争力を強化するためには、企業が単に不採算部門の合理化のみならず再編が必要
12	2000	5	18	147	参	労働・社会政策	但馬	梅村	（梅村）経営資源を得意分野に集中させ、新分野をも切り開いていく前向きな事業再構築支援
12	2000	5	22	147	参	特別（金融問題・経済活性化）	笠井	林	（笠井）日本共産党として問題視…みずほグループ 登録免許税減免し過ぎ…
12	2000	5	23	147	参	労働・社会政策	但馬	成瀬s	（成瀬）日経連事務局…会社分割制度の導入、ぜひとも必要…御願いしたい
12	2000	5	25	147	参	農林水産	郡司	玉沢D	（郡司）サトウキビ 鹿児島南西諸島あるいは沖縄…産業再生法の適用を望む…
12	2000	7	17	148	衆	大蔵	渡辺	北村	（北村）昨年の10月の施行後、現在までに既に43件の計画を承認
12	2000	7	18	148	衆	大蔵	渡辺	山口	（渡辺）産業再生委員会 損失処理と債権放棄をモラルハザードを回避 前倒しで進めていく
12	2000	8	4	149	衆	労働	大森	野寺	（大森）三菱自動車 昨年末に１万人の人員削減計画、産業再生法の適用も受け…

元号	西暦	月	日	回次	院	会議名（委員会）	議員	政府	特記事項（出典：国立国会図書館「国会会議録」http://kokkai.ndl.go.jp）
13	2001	2	16	151	衆	本会議	日森	宮澤D	（日森）企業再編のもう一方の当事者である働く人々への対応が必要
13	2001	2	27	151	衆	予算（公聴会）	−	鈴木k	（鈴木）金融再生法、産業再生法、民事再生法、会社分割法…大企業のリストラ·合理化を積極支援
13	2001	2	28	151	衆	経済産業	塩川	北村	（北村）事業再構築計画件数はただいま現在で71件 累計23,961人の減 自動車が半数占める
13	2001	2	28	151	衆	財務金融	吉井	北村	（北村）71件の計画の中で、解雇を伴うものというのはございません…
13	2001	3	1	151	衆	財務金融	植田	−	（植田）産業再生法…経営者サイドは強いし、強力な手段というものを手に入れている…
13	2001	3	15	151	衆	本会議	木島	森D	（木島）共産党の立場…大企業人減らしに政府は産業再生法や会社分割法などでこれを支援…
13	2001	3	15	151	参	予算（公聴会）	西山	笹森k	（西山）共産党の立場…１年半の間に24,000人がリストラ…それが政府によって応援…
13	2001	3	21	151	参	予算	円	扇D	（扇）産業再生法の改善の活用、債権放棄の際の税務上の処置を明確化し、不良債権処理
13	2001	3	22	151	参	経済産業	藁科	平沼D	（平沼）不良債権処理…産業再生法というものを省令と告示の改正の範囲の中で拡大
13	2001	3	23	151	参	本会議	緒方	森D	（緒方）不良債権処理に関して、労働者の権利保護が必要
13	2001	3	23	151	参	予算	峰崎	平沼D	（平沼）不良債権処理…産業再生法というものを省令と告示の改正の範囲の中で拡大
13	2001	3	26	151	参	予算	小池	柳澤D	（小池）大銀行への過度の税の減免がなされようとしている…
13	2001	3	27	151	参	経済産業	足立	平沼D	（平沼）中小企業者に対してはセーフティーネットを構築しながらも不良債権処理進める
13	2001	3	27	151	参	財務金融	大渕	−	（大渕）失業者に対する受け皿づくりを急ぐこと。失業保険の給付期間がきちっと保障される…
13	2001	4	2	151	参	特別（金融問題·経済活性化）	海野	北村	（北村）企業の事業再構築に債権放棄が含まれる場合の認定基準、これを明確化…
13	2001	4	5	151	参	財務金融	池田	高木	（池田）産業再生法認定企業は87社 うち、中小企業は７社だけ（立派な中小企業）…
13	2001	4	12	151	参	厚生労働	大脇	北村	（北村）本日現在事業再構築計画89件…、中小企業経営革新支援法は約4,000社の認定
13	2001	4	18	151	参	調査会（国民生活·経済に関する）	西山	−	（西山）上位10社で23,000人首切り…政府は220億円もの支援
13	2001	5	23	151	衆	経済産業	−	平沼D	（平沼）産業再生法活用…不良債権処理とあわせ、企業の前向きな事業再構築による産業再生
13	2001	5	24	151	参	経済産業	−	平沼D	（平沼）産業再生法活用…不良債権処理とあわせ、企業の前向きな事業再構築による産業再生
13	2001	5	25	151	衆	本会議	塩川	小泉D	（塩川）共産党の立場…雇用の流動化の前に政府は雇用面のセーフティーネットの拡充をすべき
13	2001	5	31	151	参	経済産業	−	平沼D	（平沼）不良債権処理（大手建設会社等々） 4月27日で産業再生法 省令と告示の改正…

注）・名前の後に「k」は公述人「s」は参考人「D」は主務大臣。
・元号欄の網かけ部分は、その期間、この法律が施行されていたことを示す。
・特記事項欄の網かけ部分は、当該「質疑応答」を参考とし、本書に引用している。
（ただし、引用の仕方は、直接的に本文に引用したものもあれば、当該「質疑応答」で交わされた会話の中で出てきた事象やデータの引用にとどまるものもある。）

〔２〕税制を切り口とした一連の産業再生政策の評価

【政策手段としての税制の対比】

この〔２〕では、産構法（1983)、円滑化法（1987)、事業革新法（1995)、産業再生法（1999）の各法律における税制の内容について概観する。条文およびその意味するところについては、それぞれを表にまとめ（**図表Ⅲ-４a 産構法における税制、4b 円滑化法における税制、4c 事業革新法における税制、4d 産業再生法における税制**のそれぞれを参照されたい（162〜168頁））、それらを紹介した後、「手段としての税制」の使用状況について推察する。

次いで、結果的に見た場合の問題点を「手段としての税制」の内容のみならず、政策目的との関連において考察する。これらを踏まえたうえで、各時限立法（産業再生政策）の評価を行う。

【産構法における税制】

産構法は、その第９条において税制上の各種支援措置を講ずる旨を規定している。すなわち、特定産業における事業者が、構造改善計画に従って、設備の処理、原材料・エネルギー対策等に係る設備投資を行う場合、および承認を受けた事業提携計画に従って、合併等の事業提携を行う場合には、租税特別措置法または地方税法の定めるところによって税制上の支援が行われる。第９条の意義は、特定産業の構造改善を円滑にするために税制面からも所要の支援措置が講じられることを宣言し、その周知徹底を図ることにある。したがって、欠損金の繰越控除制度などの税制上の措置の根拠規定は各税法に設けられることになっており、1983（昭和58）年度の税制改正において創設が決定された各種特例措置の内容は「租税特別措置法」や「地方税法」において規定されている。

産構法においては「①欠損金の繰越控除制度」において、その繰越控除期間が最長10年まで（本則５年）延長された（租税特別措置法66条の12)。また、事業提携の際の現物出資により取得した株式に対して「②圧縮記帳」ができ、「③登録免許税」の軽減（30％減額）が講じられた（租税特別措置法66条、81条第２項）。さらに、現物出資や営業の譲渡にともなう不動産の取得に係る「④不動産取得税」の税額の減額（６分の１軽減）も盛り込まれた（地方税法附則11条の４第１項、第12項）。また、特定産業の構造改革に資する機械･装置等の「⑤特別償却」も規定され、普通償却に加えて初年度において取得価格の18％の特別償却が認められた（**図表Ⅲ-４ａ 産構法における税制**（162、163頁））。

これらの「政策減税」がどの程度活用されたか、統計資料は筆者が調べた限り見当たらない。ただし、石油化学業界を見れば、産構法下において約200万トンの設備処理を行ったとされるが（業界全体の約30％に相当）、1988年頃には一部の休止設備について再稼動の動きが見られ、通産省への届出分だけで再稼動能力は約45万トンにものぼっている[(1)]。こうした事実から推察するに、政策税制によって一時的に過剰設備処理が実施されても、景気変動によって好況になれば再び設備の増設に走り、景気の下降局面では再び設備の過剰感が生じて苦しむということで、政策目的通りの結果が得られたとはいえない。

【円滑化法における税制】

円滑化法は、その第11条において税制上の各種支援措置を講ずる旨を規定している。すなわち、承認特定事業者が、承認事業適応計画に従って特定設備の処理を行う場合および、承認特定事業者または承認提携事業者がそれぞれ承認事業適応計画または承認事業提携計画に従って設備投資を行う場合には、「租税特別措置法」や「地方税法」で定めるところによって税制上の支援が行われる。

円滑化法においては産構法に引き続き、「①欠損金の繰越控除制度」が規定され、繰越控除期間が最長10年まで延長された（租税特別措置法66条の14）。本法では特段の規定を置いていないが、合併等事業提携で生じる「②登録免許税」の軽減（事例別に規定）が講じられている（租税特別措置法81条第２項）。さらに不動産の取得に係る「③不動産取得税」の税額の減額（10分の１軽減）

も盛り込まれている（地方税法附則11条の４第15項、第16項）。また、本法において、事業転換や事業提携に資する機械･装置等の「④特別償却」も規定され、普通償却に加えて初年度において取得価格の15％の特別償却が認められている（特定地域においては22％）。この他、本法には特段の規定を置いていないが、地方税法で「⑤特別土地保有税」の非課税および「⑥事業所税」の軽減が講じられている。この⑤や⑥、あるいは④にみられるように、円滑化法では「特定地域」の活性化を税制によって誘導しようとしたことと、⑤に代表されるように「右肩上がりを続ける土地価格」に対する税制面での手当がなされた点に特徴がある（**図表Ⅲ-４b 円滑化法における税制**（164頁））。

これらの「政策減税」がどの程度活用されたか、統計資料は筆者が調べた限り見当たらない。ただし、日本の「ＧＤＰ（国内名目総生産）」の推移と実物資産における「土地」価格の推移を対比させて見れば(2)、1970年（暦年）の名目ＧＤＰ約73兆円に対して土地価格は約163兆円と2.2倍であり、これが75年2.5倍、80年2.9倍、85年3.1倍、90年5.5倍、95年3.7倍、98年3.2倍と推移し、87年に施行され96年まで存続予定であった円滑化法の期間において、いわゆる資産バブルが発生・崩壊した点には留意する必要がある。すなわち、特定地域の活性化や右肩上がりを続ける土地価格に対する税制面での手当、および政策誘導は、完全にその前提条件である「地価の右肩上がり」が崩れたために、政策手段として用意された税制メニューがほとんど意味をなさなくなってしまった。円滑化法はその施行中に、施行前に想定していなかった事態（資産バブルの崩壊）に直面し、まったく質の違った不況に対応可能な政策手段が用意されていなかったことから察するに、あまり活用されなかったものと思われる。

【事業革新法における税制】

事業革新法は、その第15条において税制上の各種支援措置を講ずる旨を規定している。すなわち、承認特定事業者であって一定の要件を満たす者等が、承認事業革新計画に従って取得した設備等に関して、「租税特別措置法」や「地方税法」で定めるところによって税制上の支援が行われる。

事業革新法においては円滑化法に引き続き、「①特別償却」が本法で規定されている。具体的には、承認事業革新計画に基づいて認定を受けた特定事業者等が計画に従って機械や装置等を取得する場合、普通償却に加えて、初年度において取得価格の25%の特別償却が認められる。本法では特段の規定を置いていないが、主務大臣の認定を受けた特定事業者が行う「②試験研究に関する試験研究投資促進税制」が手当てされている。すなわち、本則では1965（昭和40）年を基準年とし、過去最高を超える場合に超えた分の20%を税額控除、となっているのを、1993（平成５）年を基準年とするよう変更し、以降の最高額を超えた場合に、超えた額の10%を税額控除すること、としている（租税特別措置法42条の４第７項）。この他、本法では規定されていないが、租税特別措置法や地方税法で手当てされている措置としては、「③長期保有資産に関する買換え特例」（長期保有資産を機械等に買い換える場合、圧縮割合80%、租税特別措置法65条の７第１項）や、産構法･円滑化法に続き事業革新法においても「④登録免許税」の軽減（事例別に規定、半減〜約３割減）が講じられている（租税特別措置法81条）。さらに、不動産の取得に係る「⑤不動産取得税」の税額の減額（６分の１軽減）も盛り込まれている（地方税法附則11条の４第11項）。事業革新法は、バブル発生と崩壊という経済事象を踏まえ、②において基準年をバブル崩壊後に移動させるなど、経済の異常な過熱を平準化させる試行を行っている点に特徴がある（**図表Ⅲ-４c 事業革新法における税制**（165頁））。

これらの「政策減税」がどの程度活用されたか、この事業革新法も前二者と同様、統計資料は筆者が調べた限り見当たらない。ただし、②においてこれを利用できるのは「主務大臣の認定を受けた特定事業者」に限られる点を考慮する必要がある。すなわち、認定を受ける事業者は「内外の経済的環境の多様かつ構造的な変化を受けて、その国内生産活動が停滞しているもの」（第15条）であり、認定の基準を実施要綱より拾えば「主務省令で指定する特定業種（５年前に比べて５%以上、生産や雇用を減少させるような業種）に属する事業を当該特定事業者が営む事業全体の20%以上の規模で営んでいること」や「その売上高が過去10年間で、その売上高の最高額を直近時点で２年連続して超えているといった例外的に好調な企業でないこと」となっている。いわば投資余力のなさそうな企業に対して「研究開発投資」を促進させる政策メニューが準備されているわけであり、こうした事態から推察するに、事業革新法における政策税制は、一部のメニューにおいてあまり利用されなかったものと思われる。

【産業再生法における税制】

産業再生法は、その第17条において税制上の各種支援措置を講ずる旨を規定している。すなわち、認定特定事業者であって一定の要件を満たす者等が、認定事業再構築計画に従って取得等した設備等に関し、「租税特別措置法」や「地方税法」で定めるところにより、税制上の支援が行われる。

本法に基づき、事業再構築計画の認定を受けた者は、それぞれの措置ごとに以下に挙げる７つの要件のうち、いくつかの要件を満たす場合に、本法第１項から第５項までの課税の特例措置を受けることができる。要件の第ⅰは「事業革新を行うこと」、第ⅱは「事業構造変更を行うこと」、第ⅲは「生産及び雇用が減少しており、又は減少するおそれがある業種であって主務省令で定めるもの（特定業種）に属する事業を現に営んでいることの主務大臣の確認を受けていること」、第ⅳは「資本又は出資を有しない法人のうち常時使用する従業員の数が千人以下のものその他主務省令で定めるものであること」、第ⅴは「内外の経済的環境の多様かつ構造的な変化による著しい影響を受けて（ⅰの事業革新を）行う者であることの主務大臣の確認を受けていること」、第ⅵは「事業の重要な変更として主務省令で定めるものであることの主務大臣の確認を受けていること」、第ⅶに「施設の相当程度の撤去又は設備の相当程度の廃棄であることの主務大臣の確認を受けていること」である（以下、各項の適用はⅰ～ⅶの番号で説明する）。

産業再生法においては、事業革新法等に引き続き「①特別償却」が本法で規定されている。具体的には、小規模法人の特定の新規設備投資に係る特別償却および「税額控除」が設けられている（対象事業要件者……ⅰⅱⅲⅳ）。認定事業再構築計画に従って機械等を取得する場合、普通償却に加えて、初年度において取得価格の30%の特別償却か、7%の税額控除を選択できる（本法17条第1項)。また、大企業や中堅企業向けには事業革新設備への特別償却制度が準備されている（対象事業要件者…… i iii v)。認定事業再構築計画に従って機械等を取得する場合、普通償却に加えて、初年度において取得価格の18%（事業分野または方式の変更の場合）ないし24%（事業の構造の変更の場合）の特別償却が認められる（本法17条第2項)。さらに、これも事業革新法を継いで「②長期保有資産に関する買換え特例」(長期保有資産を機械等に買い換える場合、圧縮割合80%、租税特別措置法65条の7第1項）が用意されている(対象要件者…… i iii v、 i v viのいずれかに該当する者、本法17条第3項)。そして、産構法で盛り込まれた企業の合併等の円滑化に資する税制としては、共同現物出資会社の設立にともなう「③譲渡益課税の繰延べ」が挙げられる(対象要件者…… i ii iii、 i ii viのいずれかに該当する者、本法17条第4項)。産構法や円滑化法で盛り込まれた「④欠損金の繰越期間の特例」は、産業再生法でも期間を短くして盛り込まれた(対象要件者…… i ii vii、本法17条第5項)。すなわち、設備等の廃棄にともなう欠損金の繰越期間は本則5年に対して産構法や円滑化法では10年に延長であったが、産業再生法においては7年の延長とされた（租税特別措置法66条の12 第2項)。

この他、本法では規定されていないが、租税特別措置法や法人税法で手当てされている措置としては、産構法、円滑化法、事業革新法に続き産業再生法においても「⑤登録免許税」の軽減（事例別に規定が講じられている（租税特別措置法80条第2項))。さらに、不動産の取得に係る「⑥不動産取得税」の税額の減額（6分の1軽減）も盛り込まれている（地方税法附則11条の4第15項)。

産業再生法においては事業革新法と違い、業種指定がなく、事業の規模や営む業種を問わず、また企業に限らず個人もその対象となるなど、より対象が拡大されている点に特徴がある（**図表Ⅲ-4d 産業再生法における税制**（166～168頁))。

政策税制の活用状況については、公開された資料は筆者が調べた限りほとんどなく、国会会議録等に見られる国会質疑で活用状況を推察するより他ない。

第２節〔１〕項の【産業活力再生特別措置法】で指摘したように、産業再生法は中小企業や個人の創業に目配りしたわりには中小企業の利用が少ない(3)、あるいは銀行の合併などでの税の減免額の大きさが問題視される(4)など、施行後間もない現時点で、すでに複数の論点からの批判が生じている。

【各時限立法の評価（小括）】

税制上の措置は講じられなかったが、産業再生政策を歴史的に見た場合の最初の時限立法である**「特安法」**では、政府による民間企業の救済とそうした企業群の集積である業界自体の救済色が強かった。手段として用いられたカルテル容認に見られる護送船団的手法は、その後に続く一連の時限立法群に一定の影響を持つものと考えられる。

すなわち、**「産構法」**では国際的な「保護主義乱用の防止」に配慮しつつも、設備処理などを促進させる税制措置を受けられる対象企業は、国が実質的に認定（産業指定）するものであったし、指導によって業界の足並みをそろえようとする努力もなされた。他方、生産性向上のための設備投資や技術開発投資を促進させるような税制上の措置が盛り込まれたのも、この産構法からであった。いわば企業の自助努力を重視し、政府はその支援にまわる姿勢が模索されたのである。

ここで強く指摘しておきたいのは、「産構法」においては、「特安法」が基本的に内在させていた性格、すなわち市場を使わず「政府による統制」を志向する考え方に(5)修正が加えられ、企業の自主性を重んじてその淘汰をある程度「市場に委ねる」方向へと舵が切られたことである。いわば「政策目的」面で市場重視へと転換した第一歩が、この「産構法」であった。しかし、後でも述べるように、政策目的のなかで特安法から産構法にかけて「弱者保護」の概念が引きずられたために（その後の一連の時限立法でも弱者保護の政策目的を引きずってしまったがゆえに）、手段面での諸措置の効果が減殺されることとなってしまった。いわば弱者保護の目的を実現するための政策措置は、局所的に見れば合理性を有するものであるかもしれないが、他方、起業活動の刺激や新事業創出も含めた産業再生という政策目的の全体を見れば、逆にその考え方は「足かせ」となっている。産構法には、こうした「合成の誤謬」(6)の萌芽が見てとれよう。

次に用意された**「円滑化法」**では、ある産業に属する多数の企業群の協調行動よりもむしろ個々の企業の構造転換や新分野進出を促すなど、個別企業の自主性重視の姿勢が強められている。しかしながら、準備された政策メニューが地価の右肩上がりに代表される従前の経済発展を前提としていたので、バブル崩壊後の構造的な不況には対処できないものであった。例えば、特別土地保有税の免除に代表されるように、手段として準備された税制でも、地価の続落という現実の前には何ら企業行動に影響を及ぼすものとはなり得なかったのである。こうした反省のもとに、日本経済の再活性化を図るべく事業革新法は策定された。

「事業革新法」では、基本的に成熟経済下（低成長率）における個々の企業の再生を通じて経済全体の活性化や構造転換を図る、という姿勢が示されている。例えば、1990年前後の異常な経済の過熱を考慮したうえで、そのバブル崩壊後の状況を踏まえて実質的に企業の意思決定に影響を及ぼすような政策メニューが準備された。具体的には、企業の研究開発投資促進のために用意された政策税制では（93年を基準年とするよう）基準年の変更が行われ、バブルのピークを避けて実質的に機能するように設計された。しかしながら、すでに指摘したように、この税制を活用できるのは過去５年に比べて５％以上の生産や雇用を減少させるような業種に属する企業である。新事業への投資余力や新商品創出のための研究開発投資意欲がそもそも存在するのか甚だ疑問であり、手段として税制を用いる「手段合理性」がないと指摘せざるを得ない。

換言すれば、特安法以降、産構法、円滑化法と一貫して「弱者救済」が政策目的に厳然と存在し、これに「市場性重視」が徐々に加わって、この事業革新法では個々の企業の強い分野を伸ばす、あるいは新分野進出を個々の企業に委ね、結果的に経済全体が活性化すればよいという後者（市場性重視）の考え方が優先されるに至った。それにもかかわらず、両者が混在しているために、政策手段面での齟齬が生じていると思われる。

すなわち、弱者救済の思想で対象企業を選定してしまうため、結果的に赤字企業（赤字事業）が多数存在している業種を指定（あるいは、投資促進税制に見られるように投資余力のない企業群を指定）している可能性が大きくなり、税制がインセンティブとして働きにくくなってしまっている。個々の企業の活性化を通じて経済全体の活性化を図るという政策目的だけを純粋に取り出せば、業種指定は行わず、むしろ投資余力のある企業にこそ投資を促す政策メニューとした方が、実効が上がるはずである（具体例で言えば、事業革新法で手当てされた研究開発投資における基準年の変更は、全産業を対象として実施すべきである）。以上の観点から事業革新法を評価すれば、「政策目的」については二律背反的内容が混在しているために目的合理性が失われ、結果的に「手段としての税制」にも合理性がない法律であった、と指摘できよう。

さて、現行の**「産業再生法」**では、事業革新法の問題点が解決されたといえるであろうか。対象とされる企業は申請ベースであり（個々の企業の自主性が一層重視され）、対象も大幅に拡大し、全産業をカバーするなど改善が図られている。市場性重視はより強まり、個々の企業の活性化によって経済全体の活性化を図るとする政策目的の合理性は、事業革新法に比べて高まった。その手段として用いられる税制も、赤字企業の多い産業が対象ではなく、黒字企業でも申請が可能となったため、（特に黒字基調の）企業群の意思決定に影響を及ぼすことが十分予想されるので、手段面での合理性も高まったものと評価できよう。

しかし、残された課題もある。すでに指摘したように「中小企業では申請が少ない」という点に留意する必要がある。筆者の調べたところ、例えば中小企業あるいは個人事業主が、申請の受付窓口である（全国に9ヶ所ある）各地方の経済産業局（旧 通商産業局）に行けば、比較的簡単に申請手続が可能であるが、担当官僚からは「申請が経済産業省側で認められても、実務上、税の減免等が認められるか否かは財務省（国税庁）マター」との指摘を受ける。つまり、産業再生法で「小規模法人の特定の新規設備投資に係る税額控除」が用意されていて、中小企業者等が（特別償却でなく税額控除という点に）魅力を感じて申請しようとしても、実質的なハードルは高いことになる。

例えば、産業再生法17条第１項の規定（租税特別措置法10条の４第１項第８号、42条の７第１項第８号）によると「一定規模以上の機械等を物品賃貸事業者から特定の契約により賃貸した場合」とあるが、「一定規模以上の機械」や「特定の契約」として課税当局に認められないと税額控除が受けられないということになる。

このように、起案者すなわち「入口」が通産省で、実際に課税免除が本当に認められるかというチェック、すなわち「出口」が国税庁（課税当局）という構造的な分断の問題は、産業再生に関する一連の時限立法群に共通して内在するものである。もう１つ事例を挙げれば、事業革新法における「試験研究投資促進税制」において、「研究開発費用」には研究開発（Ｒ＆Ｄ）に携わる人員（技術者）の人件費も含まれるが、中小企業の場合、技術者も営業で外回りをすることがある。こうした技術者でもあり営業マンでもあるような人員を技術者とカウントして、Ｒ＆Ｄ費が前年を超えたとして法の適用を申請しても、課税当局の判断いかんによっては法の適用を認められない（税の減免がない）ことも起こり得る。

以上の事例で示されるように、申請の実務として求められる各種経営指標を計算して申請書を作成する労力が、本当に課税の減免という形で報われるのか判然としないこともあって、あるいは産業再生政策自体の存在が知られていない（政府によるＰＲが徹底されていない）等の別の理由とも相まって、総じて中小企業等の活用が進んでいないものと考えられる。

次の第３節では、以上のような一連の時限立法群の分析結果を踏まえて、今後の産業再生政策はどうあるべきか、また政策手段としての税制のあり方について論を述べたい。

---

(1)　参議院商工委員会（1988年５月11日）での鈴木政府委員の発言。

(2)　『国民経済計算年報（2000年版）』に基づく。

1970年の①名目ＧＤＰは73兆円、②土地は163兆円、③土地の対ＧＤＰ比2.2倍
75年①148兆円②377兆円③2.5倍、80年①240兆円②700兆円③2.9倍
85年①320兆円②1,003兆円③3.1倍、90年①430兆円②2,365兆円③5.5倍
95年①483兆円②1,775兆円③3.7倍、96年①500兆円②1,708兆円③3.4倍
97年①510兆円②1,680兆円③3.3倍、98年①499兆円②1,616兆円③3.2倍

(3)　参議院財政・金融委員会（2001年４月５日）。2001年３月末で87社が産業再生法で認定。うち中小企業は７社。

(4)　参議院財政・金融委員会（2000年３月23日）。みずほフィナンシャルグループの税の減免額は約140億円と巨額。これを池田議員が問題視し、批判している。

(5)　日本経済新聞（1978年１月26日）社説で、以下のように「特安法」を批判している。

「いわゆる構造不況業種の対策をめぐって、企業や金融機関の自己責任のとり方、行政介入のあり方などについての議論が一段と活発になってきた。通産省が今国会提出を目指して調整中の『特定不況産業安定臨時措置法案』は、それに対する産業政策当局の考え方を浮き彫りにするものとして注目されよう。そしてわれわれは、この法案にいささか性急な感じであらわれている同省の“統制的発想”と独占禁止政策に対することさら挑戦的とも見受けられる態度には、多くの危惧を抱かざるを得ない。（中略）自由企業体制のもとで、いったい企業の自己責任はどうなるのか。行政がなぜそこまで面倒をみなければならないのか。現行独禁法の適用範囲でなぜそれがカバーできないのか、理解に苦しむ点が多い」

(6)　個にとって良かれと思ってとった行動でも、全体がそのように行動すると社会的には望ましくない状況に陥り、結局はその跳ね返りで個の状態も悪しき状況になることをいう。換言すれば「個別主体として真であっても全体としてみると真となるとは限らない」状況である。

図表Ⅲ-４a　産構法における税制

	産構法（昭和58年５月24日公布・施行）【９条】について ＜条文＞	＜趣旨＞ 本条は、特定産業に属する事業者が、構造改善計画に従って設備の処理、原材料・エネルギー対策等に係る設備投資を行う場合及び承認を受けた事業提携計画に従って合併等事業提携を行う場合には、租税特別措置法又は地方税法の定めるところにより、税制上の支援措置を講ずる旨を定めた規定である。 本条の意義は、特定産業の構造改善を円滑に推進するため税制面からも所要の支援措置が講じられることを宣言し、その周知徹底を図ることにある。従って、税制上の措置の根拠規定は各税法に設けられることになっており、昭和58年度税制改正において創設が決定された各種特例措置の内容は租税特別措置法、地方税法において規定されている
※欠損金の繰越控除制度 （繰越控除を最長10年間まで） 各事業年度の前５年以内の事業年度において生じた欠損金額はその各事業年度の損金に算入され、所得の金額から控除される制度	【第９条の２】 特定産業に属する事業者が当該特定産業に関する構造改善基本計画に定めるところに従った設備の処理（廃棄によるものに限る。以下この項において同じ。）を行った場合において、当該設備の処理により欠損金を生じたときは、租税特別措置法（昭和32年法律第26号）で定めるところにより、法人税に係る欠損金の繰越しについて特別の措置を講ずる。	1.第１項　本項は、設備の廃棄により生ずる除却損に係る欠損金の繰越控除の特例について規定したものである。すなわち、特定産業に属する事業者が、構造改善基本計画に定めるところに従って設備の処理（廃棄によるものに限る。）を行った場合には、当該廃棄を行った事業者の欠損金額のうち当該廃棄により生じた除却損に対応する金額については、法人税に係る欠損金の繰越控除を最長10年間（本則５年間）まで認めるものである。 （租税特別措置法第66条の12）
※圧縮記帳 （事業提携の際の現物出資により取得した株式に対して） ※登録免許税軽減（▲30%）	2　第８条の２第１項の承認（第８条３第１項の規定による変更含む。以下この章において同じ）を受けた事業者、当該承認に係る合併により設立した法人又は当該承認に係る出資に基づいて設立された法人については、租税特別措置法で定めるところにより、法人税又は登録免許税を軽減する。	2.第２項　本項は、合併等事業提携を行うことに伴って生ずる法人税、登録免許税の軽減について規定したものである。すなわち、まず第一に特定産業に属する事業者が承認を受けた事業提携計画に従って現物出資をした場合には、当該出資により取得した株式につき当該株式の価値と出資資産の出資前の帳簿価格との差額の範囲内で圧縮記帳を行うことを認めるものである。（租税特別措置法第66条）第二に、特定産業に属する事業者が承認を受けた事業提携計画に従って合併、営業の譲渡、現物出資等をした場合には、当該承認を受けた事業者、当該承認に係る合併により設立した法人又は当該承認に係る出資により設立された法人の行う会社設立登記、合併登記、不動産等の所有権の取得に係る登記等に対して課せられる登録免許税の税率をそれぞれ約３割軽減するものである。（租税特別措置法第81条第２項）

※不動産取得税軽減 （▲６分の１）	３　前項に規定する事業者又は法人については、地方税法（昭和25年法律第226号）で定めるところにより、不動産取得税について必要な措置を講ずる。	３.第３項　本項は、現物出資、営業の譲渡に伴う不動産の取得に係る不動産取得税の軽減について規定したものである。 すなわち特定産業に属する事業者が承認を受けた事業提携計画に従って営業の譲渡、現物出資をした場合には、当該承認を受けた事業者、当該承認に係る合併により設立した法人又は当該承認に係る出資により設立された法人の土地、建物の取得に対して課せられる不動産取得税の税額を６分の１軽減するものである。 （地方税法附則第11条の４第１項、第12項）
※特別償却 （普通償却に加えて初年度において取得価格の18％の特別償却） 建物は８％	４　特定産業に属する事業者（事業の転換により当該特定産業に属さなくなったものを含む。）が当該特定産業に関する構造改善基本計画（第２項に規定する事業者又は法人にあっては、第８条の２第１項の承認に係る事業提携計画を含む。）に定めるところに従って新たに取得し、又は製作し、若しくは建設した機械及び装置その他の減価償却資産については、租税特別措置法で定めるところにより、特別償却をすることができる。	４.第４項　本項は、特定産業の構造改革に資する機械・装置等の特別償却について規定したものである。 すなわち、特定産業に属する事業者（事業の転換により特定産業に属さなくなったものを含む。）が、構造改善基本計画又は事業提携計画に定めるところに従って原材料・エネルギーコストの低減、製品の性能、品質の向上、事業の転換のために必要な機械・装置等又は事業提携に伴い必要となる機械・装置等を取得等した場合には、当該機械・装置等について普通償却のほか、初年度において取得価額の18％（建物等は８％）の特別償却を認めるものである。 （租税特別措置法第43条第１項第４号）

出典「産構法の解説」通産省（1983年12月）

図表Ⅲ-４b　円滑化法における税制

	円滑化法（昭和62年５月１日公布・施行）【11条】について ＜条文＞	＜趣旨＞ 本条は、承認特定事業者が承認事業適応計画に従って特定設備の処理を行う場合及び承認特定事業者又は承認提携事業者がそれぞれ承認事業適応計画又は承認事業提携計画に従って設備投資を行う場合には、租税特別措置法で定めるところにより、税制上の支援措置を講ずる旨を定めた規定である。
※欠損金の繰越控除制度 （繰越控除を最長10年間まで） 各事業年度の前５年以内の事業年度において生じた欠損金額はその各事業年度の損金に算入され、所得の金額から控除される制度	【第11条】 承認特定事業者が承認事業適応計画に従って特定設備の処理（廃棄によるものに限る。以下この項において同じ。）を行った場合において、当該特定設備の処理を行った承認特定事業者について当該特定設備の処理により欠損金を生じたときは、租税特別措置法（昭和32年法律第26号）で定めるところにより、法人税に係る欠損金の繰越しについて特別の措置を講ずる。	1.第１項　本項は、設備の廃棄により生ずる除却損に係る欠損金の繰越控除の特例について規定したものである。すなわち、承認特定事業者が、承認事業適応計画に定めるところに従って設備の処理（廃棄によるものに限る。）を行った場合には、当該廃棄を行った事業者の欠損金額のうち当該廃棄により生じた除却損に対応する金額については、法人税に係る欠損金の繰越控除を最長10年間（本則５年間）まで認めるものである。 （租税特別措置法第66条の14）
※特別償却	２　承認特定事業者又は承認事業提携者（第７条第１項の承認に係る合併により設立した法人又は当該承認に係る出資に基づいて設立された法人を含む。）が、それぞれ承認事業適応計画又は承認事業提携計画に従って新たに取得し、又は製作した機械及び装置については、租税特別措置法で定めるところにより、特別償却をすることができる。	2.第２項　本項は、承認特定事業者又は承認提携事業者がそれぞれ事業転換等又は事業提携を実施する上で必要となる機械又は装置に対する特別償却について規定したものである。 すなわち、承認特定事業者（関係事業者を含む。）又は承認提携事業者が、承認事業適応計画又は承認事業提携計画に定めるところに従って、事業転換等のために必要な機械及び装置又は事業提携に伴い必要となる機械及び装置を取得した場合には、当該機械及び装置について普通償却のほか、初年度において取得価格の15%（特定地域においては22%）の特別償却を認めるものである。 （租税特別措置法第44条の３）

租税特別措置法第81条 地方税法附則第11条の４ 同　第31条の２ 同　第32条の３の２	3.その他　本項に係る税制としては、この他に、承認事業適応計画に従って行う事業転換等（特定地域において行われるものに限る。）に伴う土地取得に対する特別土地保有税の非課税及び工場新増設に対する事業所税の課税標準の特例並びに承認事業提携計画に従って行われる合併、営業の譲渡、現物出資等に係る登録免許税の軽減及び営業の譲渡に伴う不動産の取得に係る不動産取得税の軽減があり、本法には特段の規定を置いていないが、それぞれ租税特別措置法及び地方税法において定められている。

出典「円滑化法の解説」通産省（1988年6月）

図表Ⅲ-４c　事業革新法における税制

	事業革新法（平成７年４月１日施行）【15条】について ＜条文＞	＜趣旨＞ 本条は、承認特定事業者であって一定の要件を満たす者等が承認事業革新計画に従って取得等した設備等に関し、租税特別措置法で定めるところにより、税制上の支援措置を講ずる旨を定めた規定である。
※特別償却	【第15条】 内外の経済的環境の多様かつ構造的な変化の影響を受けて、その国内生産活動が停滞しているものとして主務大臣の認定を受けた特定事業者であって、第５条第１項の承認を受けたもの及びその関係事業者が、承認事業計画に従って新たに取得し、又は製作した機械その他の減価償却資産については、租税特別措置法（昭和32年法律第26号）で定めるところにより、特別償却をすることができる。	1.本条は、承認事業革新計画に基づいて主務大臣の認定を受けた特定事業者等が取得する大蔵省告示において定められた一定の機械その他の減価償却資産について、普通償却のほか、初年度において取得価格の25%の特別償却を認めることを規定している。 （租税特別措置法第44条の４） 2.「内外の経済的環境の多様かつ構造的な変化の影響を受けて、その国内生産活動が停滞しているものとして主務大臣の認定を受けた」とあるが、認定の基準は具体的には実施要綱に規定されており、 ①第２条第１項に基づき主務省令で指定する特定業種に属する事業を当該特定事業者が営む事業全体の20%以上の規模で営んでいること（複数の特定業種に属する事業を営んでいる場合には合算して計算） ②その売上高が過去10年間で、その売上高の最高額を直近時点で２年連続して超えているといった例外的に好調な企業でないこと等 が認定の要件となる。 3.本特例の対象事業者は、主務大臣の認定を受けた承認特定事業者だけではなく、その承認事業革新計画に含められ事業革新のための措置を行う関係事業者をも対象としている。これは、承認特定事業者が事業革新を行う際に、必要な設備投資等を自らが行う代わりに、関係事業者に行わせることがあり、その場合においても、経営上、承認特定事業者自身が行うのと同等又はそれ以上の効果を挙げることができる場合があるとの実態に基づく措置である。

	4.その他　本法に係る税制としては、この他に、以下の措置が、租税特別措置法又は地方税法に基づき設けられている。 この場合においても「主務大臣の認定」要件は、2.と同様である。
租税特別措置法第65条の７第１項	①主務大臣の認定を受けた特定事業者が行う長期保有資産に関する買換え特例
租税特別措置法第42条の４第７項	②主務大臣の認定を受けた特定事業者が行う試験研究に関する試験研究促進税制
租税特別措置法第81条	③承認事業革新計画に係る会社の設立及び合併等の登記並びにそれらに伴う不動産等の所有権の登記に係る登録免許税の特例
地方税法附則第11条の４	④承認事業革新計画に従い、主務大臣の認定を受けた特定事業者からの営業の譲渡に伴って不動産を譲渡される場合における不動産取得税の特例 なお、①及び②については、計画の提出は不要で、「主務大臣の認定」のみで税制上の措置を受けることができる。

出典「事業革新法の解説」通産省（1995年5月）

図表Ⅲ-４ｄ　産業再生法における税制

	産業再生法（平成11年10月１日施行）【17条】について ＜条文＞	＜趣旨＞ 本条は、認定特定事業者であって一定の要件を満たす者等が認定事業再構築計画に従って取得等した設備等に関し、租税特別措置法で定めるところにより、税制上の支援措置を講ずる旨を定めた規定である。 本法に基づき、事業再構築計画の認定を受けた者は、それぞれの措置ごとに次の①～⑦のうちいくつかの要件を満たす場合に、第１項から第５項までの課税の特例措置について、租税特別措置に定めるところに従って受けることができることとなっている。 ①事業革新を行うこと ②事業構造変更を行うこと ③生産及び雇用が減少しており、又は減少するおそれがある業種であって主務省令で定めるもの（「特定業種」）に属する事業を現に営んでいることの主務大臣の確認を受けていること ④資本又は出資を有しない法人のうち常時使用する従業員の数が千人以下のものその他主務省令で定めるものであること ⑤内外の経済的環境の多様かつ構造的な変化による著しい影響を受けて（①の事業革新を）行う者であることの主務大臣の確認を受けていること ⑥事業の重要な変更として主務省令で定めるものであることの主務大臣の確認を受けていること ⑦施設の相当程度の撤去又は設備の相当程度の廃棄であることの主務大臣の確認を受けていること （以下、各枠内の適用は上記①～⑦の番号で説明する）
※特別償却（小規模法人の特定の新規設備投資に係る特別償却及び税額控除）	【第17条】 次の各号いずれにも該当する事業構造変更及び事業革新を併せて行う認定事業者が、認定事業再構築計画に従って新たに取得し、又は製作した機械その他の減価償却資産については、租税特別措置法（昭和32年法律第26号）の定めるところにより、課税の特例の適用があるものとする。 一　生産及び雇用が減少しており、又は減少するおそれがある業種であって主務省令で定めるもの（第３項及び第４項において「特定業種」という。）に属する事業を元に営んでいることについて主務大臣の確認を受けたこと。 二　資本又は出資を有しない法人のうち常時使用する従業員の数が千人以下のものその他主務省令で定めるものであること。	対象事業者要件 ①②③④ 本項は、対象事業者が認定事業再構築計画に従って、平成13年３月31日までに一定規模の機械等を取得し、事業の用に供した場合、その事業の用に供した日を含む事業年度における当該機械等の償却限度額は、当該設備等に係る普通償却額に、当該機械等の取得価額の100分の30に相当する額を加えた額とすることを規定している。 なお、償却限度額の増額に代えて、当該機械等の取得価額の100分の７に相当する金額について、当該事業年度に課される法人税若しくは所得税からの税額控除を選択することも可能。 また、一定規模以上の機械等を、物品賃貸事業者から特定の契約により賃貸した場合には、貸借費用の総額の60%に相当する金額の100分の７に相当する金額について、当該事業年度に課される法人税若しくは所得税からの税額控除を選択することも可能。 （租税特別措置法第10条の４第１項第８号…所得税） （租税特別措置法第42条の７第１項第８号…法人税）

※特別償却 （事業革新設備への特別償却制度）	２　前項第一号に該当する者のうち、内外の経済的環境の多様かつ構造的な変化による著しい影響を受けて事業革新を行う者であることについて主務大臣の確認を受けた認定事業者及びその関係事業者が、認定事業再構築計画に従って新たに取得し、又は製作した機械その他の減価償却資産については、租税特別措置法の定めるところにより、課税の特例の適用があるものとする。	対象事業者要件 ①③⑤ 本項は、対象事業者が認定事業再構築計画に従って、平成13年３月31日までに事業革新設備を取得し、事業の用に供した場合、その事業の用に供した日を含む事業年度における当該設備の償却限度額は、当該設備の普通償却額と以下の償却率に基づく特別償却限度額を合計した額とすることを規定している。 （１）法第２条第２項第２号に規定する事業革新を実施する事業再構築計画に記載された事業革新設備の場合…償却率 18% （２）法第２条第２項第１号に規定する事業構造変更及び同項第２号に規定する事業革新を実施する事業再構築計画に記載された事業革新設備の場合…償却率 24% （租税特別措置法第11条の３第１項…所得税） （租税特別措置法第44条の４第１項…法人税）
※買換え特例・圧縮記帳 （長期保有資産の買換え特例）	３　次の各号のいずれかに該当すること及び内外の経済的環境の多様かつ構造的な変化による著しい影響を受けて事業革新を行う者であることについて主務大臣の確認を受けた認定事業者が、認定事業再構築計画に従って事業用資産の買換えを行う場合には、租税特別措置法の定めるところにより、特定の事業用資産の買換えの場合の課税の特例の適用があるものとする。 一　特定業種の属する事業を現に営んでいること 二　事業の重要な変更として主務省令で定めるものを行うこと	対象事業者要件 ①③⑤、①⑤⑥のいずれかに該当する者 本項は、対象事業者が平成13年３月31日までの間に認定された事業再構築計画に従って、認定を受けた日から同日以後３年を経過する日までの間に、以下に記す譲渡不動産※1）を譲渡した場合であって当該譲渡の日を含む事業年度において、次に記す取得資産※2）を取得し、かつ、当該取得の日から１年以内に、当該取得資産を事業の用に供したとき又は供する見込みであるときは、当該取得資産につき、次の数式に基づく圧縮額を限度として、その帳簿価額を減額等により経理したときに限り、その減額等した額に相当する金額は、当該事業年度の所得金額の計算上、損金の額に算入する。 式：圧縮額＝圧縮基礎取得額×差益割増×圧縮率＊ ＊圧縮率＝80%（但し、譲渡先が公共的なところであれば90%） ※1）譲渡不動産…国内にある土地等、建物又は構築物で、対象事業者が取得した日から引き続き所有していたこれらの資産のうち所有期間（その取得がされた日の翌日からこれらの資産が譲渡された日の属する年の１月１日までの期間とする。）が10年を超えるもの ※2）取得資産…既成市街地等（首都圏整備法等で定められている地域、例えば、東京23区,武蔵野市,横浜市,川崎市,大阪市,名古屋市以外の地域にある建物、構築物又は機械及び装置で、認定事業再構築計画に従って取得されるもの （租税特別措置法第37条第１項…所得税） （租税特別措置法第65条の７第１項…法人税）

※譲渡益課税の繰延べ（共同現物出資会社設立に伴う譲渡益課税の繰延べ）	4　次の各号のいずれかに該当することについて主務大臣の確認を受けた法人であって事業構造変更及び事業構造革新を併せて行う認定事業者が認定事業再構築計画に従って他の特定事業再構築事業者と共同で新たに法人を設立するために現物出資を行う場合には、租税特別措置法の定めるところにより、課税の特例の適用があるものとする。 一　特定業種の属する事業を現に営んでいること 二　事業の重要な変更として主務省令で定めるものを行うこと	対象事業者要件 ①②③、①②⑥のいずれかに該当する者 対象事業者が、他の事業者と共同で認定を受けた事業再構築計画に従って、平成13年３月31日までに、当該計画に係る当該他の事業者（即ち共同認定事業者）と共同して新たに法人を設立（その発行済み株式の総数（総額）を対象事業者と当該他の事業者で保有される会社に限る。）するために、その有する金銭以外の資産の出資（対象事業者が行う金銭以外の資産を含む資産の出資により新設会社の発行済み株式の総数（総額）の25%以上を保有するものに限る。）をした場合、当該出資により取得した株式につき、その取得した事業年度において、当該出資により生じた差益金の額を限度としてその帳簿価格を損金経理により減額したときは、その減額した金額に相当する額は、当該事業年度の所得の金額の計算上、損金の額に算入する。 （租税特別措置法第66条第１項…法人税）
※欠損金の繰越期間の特例（設備等の廃棄に伴う欠損金の繰越期間の特例：５→７年）	5　事業構造変更及び事業革新を併せて行う認定事業者（第１項又は第２項の確認を受けた者を除く。）のうち、施設の相当程度の撤去又は設備の相当程度の廃棄を行うものとして主務大臣の確認を受けた法人が、認定事業再構築計画に従って特定施設の撤去又は特定設備の廃棄により欠損金を生じたときは、租税特別措置法の定めるところにより法人税に係る欠損金の繰越し又は法人税の還付について特別の措置を講ずる。	対象事業者要件 ①②⑦ 対象事業者が認定事業再構築計画に従って、平成13年３月31日までに、その有する国内にある減価償却資産につき、法第17条第５項に規定する施設の撤去又は設備の廃棄に該当するものを行った場合において、当該設備の廃棄等を行った日を含む事業年度の欠損金額のうち、当該設備の廃棄等を行ったことにより生じた欠損金額については、欠損金の繰越期間を通常の５年から７年に延長する。 （租税特別措置法第66条の12第２項…法人税）

	その他　本法に係る税制としては、この他に、以下の措置が、租税特別措置法又は地方税法に基づき設けられている。
租税特別措置法第80条第２項	①認定事業者又は認定活用事業者が計画に従って行う登記に係る登録免許税の軽減 ②認定事業者が行う「債務の株式化」に伴う資本の増加について登録免許税の軽減
地方税法附則第11条の４第15項	③認定事業再構築計画に従い、主務大臣の確認を受けた認定事業者からの営業の譲渡に伴って不動産を譲渡される場合における不動産取得税の軽減（６分の１を軽減）

出典「産業再生法の解説」通産省（2000年6月）

第３節　考　察　――今後の産業再生政策のあり方――

〔１〕第３章の考察（まとめ）－基本的な政策スタンスの提起－

本章では、通産省の産業再生政策について、「社会的状況」と「法の目的や手段（要件）」を対比させながら、歴史的考察を行ってきた。特に、法の目的面で（本書での作業仮説でいうところの）「高度規制型」時代に発想された「弱者保護」の概念が、時を隔てた今の時代、つまり「成熟市場型」の現在においても引きずられて残存するために、政策手段面での諸措置の効果が減殺され、合成の誤謬が生じている点を明らかにした。

このような分析を踏まえて、「成熟市場型」時代における望ましい政策スタンスを考えてみたい。この第３節では、特安法から産業再生法に至る一連の時限立法群において連綿と続いてきた（そしてこれからも続くであろう）産業再生政策に関して、より実効の上がるものとするために（政策目的を貫徹させるために）いくつかの提案を行うこととする。

提案に際しては、「成熟市場型」という経済・社会面における日本の現状を踏まえる必要がある。すなわち、「高度規制型」時代において、特安法の成立前夜は第１次石油ショック後とはいえ、ＧＤＰ名目値で105％の経済成長を遂げており、基本的にはインフレ基調にあったのに対し、昨今ではマイナス成長ともデフレ経済状況ともいわれるように、経済の基本的状況がまったく異なっているためである。

また、特安法施行当時の20年以上前に比べて、現在ではより経済のグローバル化が進み、ヒト・モノ・カネの地球規模での往来が飛躍的に増えている。特に、カネの面でいえば、日本企業の株主に外国人や外国の機関投資家が名を連ね、（資本）市場から日本企業に対する「経営革新プレッシャー」の激しさは増すばかりである。さらには、失業率は長く２％台であったのが昨今では５％台へと倍増し、下がる気配はない。

すなわち、かつての産業政策において、一連の時限立法群の考察によって明らかなように「前後の法律間の継続性・整合性」にとらわれる傾向が顕著であり、時代の動きに機敏に対応しきれなかった点を反省し、昨今の経済・社会環境の変化を踏まえて、以下、いくつかの視点から私見を示し、今後の産業再生政策のあり方についての論点整理を行う。

第１に指摘しておきたいのは、弱者（強者）は市場が決めるものであって政府（経済産業省等）が認定するものではない、という点である。特安法から事業革新法までは、業界からの自主申請形式や、生産（売上）や雇用の減少数による業界選定など多様な方法が採られたものの、基本的には政府が弱者を認定し、そうした弱者に保護を行うという目的設定がなされていた。しかも業界全体に目配りし、一番経営力の弱いところ（本来であれば市場における選別により淘汰されるべき企業）にレベルを合わせて救済を図る、いわゆる護送船団方式が意図されていた。この点、産業再生法では、従前の時限立法群に総じて見られた「特定（不況業種、産業、事業者）」の文字が消された点は、法適用の申請時における個々の企業の自主性を尊重している点で、大いに評価すべきことである。

しかし、産業再生法においても、申請事業者は「事業再構築計画」を作成し（一定の基準値をクリアし）、この計画を主務大臣に認定してもらわないと、リストラに不可欠な環境整備面での諸施策（ストックオプションの拡充や登録免許税の軽減）を受けることができない。すなわち、企業の創業的活動や起業意欲を促進させる制度の恩典を受け得るのは、政府に制度利用を願い出て認められた企業のみ、という制度設計となっている。事業再構築計画の策定などの労力（手続コスト）は、企業の制度利用意欲を減退させている１つの要因となっていることも十分に考えられる。したがって、例えばストックオプションの拡充などは、計画の策定および認定のハードルを設けずに、一般的な租税優遇措置として、旧来型の産業再生政策とは切り離すべきである。事業再構築計画を作成、申請し、認定を受ける作業は、特安法以来の政策メニューである「開銀融資（現 政策投資銀行融資）」の申請手続上必要と思われるが、こうした企業救済の要素を残す弱者保護政策と市場性重視の政策が混在していることで、全体的な効果が減殺されてしまっている。

第２に、政策目的面での弱者保護と市場性重視（企業の自助努力促進）を明確に二分し、各々において合理的な手段を採用するべきであることを指摘したい。

この際、弱者保護の政策における基本は、個々の経済主体（個人、事業者、企業）の自助努力であり、こうした自助努力を超える部分を政府が支援する（個人や企業が主で、政府は従にまわる）点が意識されなければならない。例えば、自助努力は行ったが（市場によって選別され）、結果的に倒産・失業した者へのセーフティネットの構築が、弱者保護政策の１つの根幹となる。

すなわち、産業再生政策は「セーフティネット構築政策（A）」と「潜在的競争力伸長支援策（B）」に二分し、それぞれにおいて政策措置を講じるのである。（B）のイメージとしては、伸びる力のある民間（企業や個人）を伸ばすような政策である。具体的には、新事業への進出支援や起業促進などの分野で、個人の自助努力を基本にしたうえでそれを活性化する措置を講じることである。

この際、政策税制は、（A）には馴染まないことを付記しておく。セーフティネット政策がその対象として念頭に置いているのは赤字企業や赤字事業主であり、租税優遇措置が機能するとは合理的に考えられないためである。逆に、伸びる潜在力を持つ企業や個人は、（実際に税を納めるだけの力を持つ）良い経営状況（黒字基調）にあると考えられるので、（軽課・重課の両面で）税制への感応度合いは、赤字基調の企業等に比べて相対的に高いと考えられる。したがって、（B）は、制度を利用したいものへのインセンティブとして企業や個人を間接的に導く「税制」が有効な分野であり、当該制度は企業や個人が等しくあまねく活用できるように設計されることが望ましい。すなわち、事前に計画を主務官庁に届け出るといった煩雑な申請作業は不要とし、そこで用いられる税制は、できるだけ一般的な租税優遇措置とするべきであろう。

第3に「力のある企業（個人）」がより力を付けられるか、という点で政策を考慮する必要があろう。

前述した（B）における基本的姿勢は、「国際競争力の強化」を「国内（産業）秩序の維持」よりも優先させることでなければならない。つまり、国際的に見た場合の個々の企業、個人の強さの総和が、一国のマクロ的な経済の強さとなるので、国全体の国際競争力強化のためには、国が、（国際競争力を付けるために民間が行う）個々の企業・個人の自助努力を支援することが何より重要となる。税制でいえば、国全体の技術力向上のために、民間の研究開発投資や省力化投資を促進すべく、投資余力のある企業に、いっそうの投資促進を促す政策税制が肝要となる。

すでに見たように、事業革新法（1995年）において、試験研究投資促進税制の基準年の変更が試行された。これは典型的な（B）分野の政策であり、この措置の一般化が望まれるところであった。

結局、産業再生法の成立時点（1999年）において、産業再生法とは切り離して（計画を作成し、所轄省庁に届け出て認可を受ける作業を不要とし）、「租税特別措置法42条の４」の法改正（平成11年法律９号による改正）という形で一般化された（直近５年間のうち上位３期の平均値を基準値とする措置(1)。詳しくは本書の第２章を参照されたい）。このような政府の姿勢は、大いに評価したい。

さらに、残された課題として（これはどのような政策についてもいえることであるかもしれないが）、第４に、政策内容の（個々の企業・個人への）徹底ということがある。すでに本書の第２章で見た租税特別措置に関する「その認知度と活用度」を調査した結果によると、特に中小企業において「知られていないから活用していない」という点がクローズアップされた。やはり、政策をより実効あるものとするための「中小企業の活用度向上」には、政府による積極的なＰＲは欠かせない。

さて、以上のような筆者の結論には、さらに反対論があるかもしれない。市場性重視としながらも政府による積極的関与は望ましいとする筆者の見解について違和感を覚える向きもあろう。一般的に「市場重視」といえば、政府の関与を限りなくゼロとして市場参加者の合理的な行動に委ねれば、最適な結果が得られるとする意見である(2)。しかし、これに対しても再反論される論者(3)がおられ、政府関与がゼロになるのではなく、「市場に委ねた方がより効率的な資源配分がなされると人々が信じること」が市場主義の本質であり、民間の自助努力を支援するのが政府の役割である、とする意見も出されるようになってきている(4)。

特に、中里実教授は、「課税」は企業を誘導する１つの手法として、「マーケット・フレンドリー」であるとして、次のように述べておられる(5)。

「誘導的手法はマーケット・フレンドリーである。これは、誘導的手法が、基本的に、市場メカニズムを利用して間接的に政策目的を実現しようとするものだからである。したがって、直接的にも間接的にも、強制は存在しない。また、当然のことであるが、誘導されたくないものは、誘導されなくともよい。」

「課税は、政策目的実現の手法として、しばしば利用される。特に最近は、環境税をめぐる議論が活発に繰り広げられている。租税法（財政目的が重要）においても、刑法（応報刑が重要）においても、民法（公平性の確保が重要）においても、法制度は一定の経済的効果（インセンティブ効果）を及ぼすのであるから、それを意識的に活用すれば、いずれも、政策目的実現の手段となりうる。そして、いずれの場合においても、政策目的は付随的である。租税の財政目的の側面に関しては、精緻な法理論の体系が存在するが、付随目的である政策目的に関しては、租税特別措置批判といった、財政目的を重視する視点からの研究は存在するものの、政策目的を正面においた議論はあまり行われてはいない。」

「マーケット・フレンドリーとは、サブスタンシャル・デュー・プロセスの考え方と軌を一にするものであり、より規制的でない手法を用いるべきであるという視点からの評価である。なぜそのような価値判断が可能であるかというと、その方が中立性の思想（それは少なくとも間接的には、市場メカニズムを定めていると考えられる憲法29条から導けるものと思われる）に合致すると考えられるからである。」

筆者の「政府による関与」のイメージは、まさしく誘導的手法を用いた公共政策という点で、中里教授のイメージされる「マーケット・フレンドリー」な分野における関与であり、具体的には、研究開発や環境面での投資促進や（高失業率を受けての）雇用促進といった分野を想定している。特定産業の育成等は、筆者の念頭にないことを付記しておきたい(6)。

〔2〕本書全体への示唆

ここで、本書全体を通じて筆者が持っている3つの問題意識から、この章における研究を整理しておきたい。

まず、①高度成長期に発想され実施されたような昔の政策を、成熟経済下の現在においても引きずって使い続けてよいのかという点については、次のように考えられる。すなわち、政策目的に二律背反的内容（弱者保護と市場性重視）が混在し、それが継続していることによって、結果的に「手段としての税制」が活かされないということを繰り返し指摘しているように、やはり「高度規制型」の発想を引きずったままでは「成熟市場型」政策とはなり得ない。

次に、②高度成長期と成熟経済下では、必要とされる政策の中身は何が違うかという点については、後者の市場重視政策においては「より強き（企業）を伸ばすこと」という発想が肝要であることを指摘し、強き企業の成長力を経済全体に波及させることに力点を置くべきであると考える。

さらに、③高度成長期の政策を成熟経済下ではどう適応させればよいかという点については、本章での研究（産業再生政策の歴史を考察し、特に税制と企業行動に焦点を当てた分析）では、産業再生政策の政策目的を純粋に（弱者保護と市場性重視に）二分し、弱者保護政策では税制を用いるべきでないこと、市場性重視政策では「より強き（企業）を伸ばすこと」を優先し、そのために政策税制は、投資促進など分野を限ってではあるものの（あらゆる企業が基本的に活用できるよう）一般化させていくべきことを提言した。

ここでいう一般化とは、それまでの産業再生に関する時限立法で、実質的に政府によって政策税制を利用できる企業が制限されてしまっていたことを反省し、政府による認定や政府への事前届出の不要な状態を創り出すことをいう。

さて、本章では政策税制を中心とする適用企業への恩典（メリット）面を主に考察してきたが、もう1つの柱である「雇用問題」についても若干触れておきたい。「経世(国)済民」すなわち、「経済」の要諦は、人々の日々の暮らしにあり、それは生身の人間の生計に直結している。特安法から産業再生法まで総じて「雇用の安定」を政策目的に掲げているのは、人々の日々の暮らしを重視する経済政策の原点を宣言しているに他ならない(7)。

ただし、その中身は、時代背景を背負いながら大きく変質してきているように思われる。すでに国会会議録等で見てきたように、特安法の頃は「ある企業に属している従業員は、定年までその企業にとどめおくのがよい」「企業の業績が悪くなっても、解雇等を極力避けて当該企業に抱え込ませるべきだ」といった社会通念が存在していたように思われる(8)。したがって、雇用調整助成金等の給付策が必ず盛り込まれてきた。しかしながら昨今、一企業に抱え込ませる政策は限界に達し、政府サイドもその政策姿勢を変化させつつある。具体的には、新規に雇用した場合、雇用主に助成金を支給するなど、「より雇用吸収力のある企業に人材を流入させよう」という思想が顕れてきている。これは本節で提案した「強きをより伸ばす」という姿勢と合致するものである。この雇用流動化については、次の第4章で考察する。

---

(1)　1999（平成11）年3月31日の官報（号外第60号）「租税特別措置法42条の4」変更。

「第42条の4第8項第5号の前に次の2号を加える。

三　比較試験研究費の額　適用開始年度の開始の日前5年以内に開始した各事業年度の所得の金額の計算上損金の額に算入される試験研究費の額（当該各事業年度の月数と当該適用年度の月数が異なる場合には、当該試験研究費の額に当該適用年度の月数を乗じてこれを当該各事業年度の月数で除して計算した金額。以下、この号及び次号において同じ。）

のうち当該試験研究費の額が最も多いものから順次その順位を付し、その第一順位から第三順位までの当該試験研究費の額の合計額を3で除して計算した金額（当該5年以内に開始した各事業年度の数が3に満たない場合には、政令で定めるところにより計算した金額）をいう。」（下線付与は筆者）

以上のように、「直近5年間のうち、試験研究費の多いものから上位3つの平均値を超える場合」という具合に要件に変更が加えられた。

(2) 古くは、「神の見えざる手」で必ず均衡がもたらされるとしたアダム・スミスなどの自由放任主義（レッセフェール）を主張する考え方からすれば、市場性重視はすなわち政府関与の否定となる。また、最近では、「揺り籠から墓場まで」を主張する福祉政策への反対から自由主義経済を主張する向きもある（例えば、初代F・ハイエク、第2代会長W・オイケンなど経済学者が中心のモンペルラン・ソサイエティの会員など）。ただし、自由主義といっても、個々の具体的政策（政府の関与度合い）については必ずしも意見の一致をみない。

(3) 宇沢弘文教授は、自由主義の極端な例として、M・フリードマン教授を次のように批判した。

「人は生まれながらにして（赤ん坊でも）合理的な判断が下せるという極論すればそういう世界をフリードマンは考えている。しかし、どう考えてもそこまで個々の主体が合理的活動を行う、とする前提には無理がある」（1997年12月29日の筆者インタビューより。）

なお、宇沢教授のこうした考え方は『宇沢弘文著作集　新しい経済学を求めて』岩波書店（1995）に示されている。

(4) 『2000年版経済白書特集（週刊東洋経済 臨時増刊）』東洋経済新報社（2000）

(5) 中里実「誘導的手法による公共政策」『岩波講座　現代の法4　政策と法』（1998）297、298、303頁。

(6) 根岸哲「企業の公的規制と補助」『岩波講座　基本法学7　企業』（1983）。

根岸教授は、政府の行政改革委員会・官民活動分担小委員会が提出した報告書（1996年12月）における「民間活動を優先し、可能な限り市場原理に任せる。（中略）産業間の所得再配分を目的とした施策や産業保護的な施策、特定産業の育成政策から撤退。将来有望な幼稚産業など生産性の向上を目的とした施策が必要な場合は、理由を説明、期間を限って実施（後略）」を引用されつつ、産業補助の合理性を検討する際にも、この考え方は基本的にあてはまると指摘しておられる。同時に、EC競争法による国家補助の統制について、「特定の産業に限定されない国家補助としては、研究開発、環境……雇用……」などを列挙して紹介されている。

(7)　衆議院社会労働委員会（1979年２月20日）での村山委員の発言に「石川島播磨の佐伯工場に仕事がなくて裸にしておくのではなく政府が仕事を廻して……」とある。

この他、特安法関連や産構法、あるいは円滑化法においても雇用問題に関する質疑は多数ある（**図表Ⅲ-３a〜３c 国会審議一覧**を参照されたい）。

(8)　この「（失業者を発生させないために）一企業に抱え込ませる」という「高度規制型」の政策に関連して、2001年のノーベル経済学賞を受賞したM・スペンス名誉教授は、受賞に際してのインタビューで以下のように語っておられる。（日本経済新聞朝刊（2001年10月13日））

「日本の産業の底力は変わっていない。一方で非常に難しく、痛みを伴う構造改革を進めている。過去に実施してきた財政刺激策が効果的でなかったのは私にとって理解できない点だ」

ここで、スペンス名誉教授の疑問、すなわち、過去に実施してきた財政刺激策がなぜ効果的でなかったのかという点について、筆者なりの考えを述べておきたい。これは、「成熟市場型」政策として、政府がどのような分野に関与していくかを考えるうえで、非常に重要なことである。

１つには、第１章第２節ですでに取り上げたように、財政刺激の内容が、常に公共事業への支出が中心であり、大きな政府を指向し、活力ある民間の自立を促すものではなかった点にある。結果的に、建設業は各産業から吐き出された人員で膨らみ、ピーク時（1999年）には800万人もの雇用を抱えるに至った。政府の規模が維持されれば、理論的には「財政再建」も増税か国債発行でしか可能とならない。結果的には国債発行に頼り、日本の財政赤字は先進国中で最大となっている。加えて、政府や地方自治体の財政出動の息切れと同時に、失業率が高水準でしかも悪化に歯止めがかからない。従前の財政大盤振る舞い時とは逆に、失業者が建設業を中心に増加しつつある。

そこで提起したいのが、政策減税である。「Ｙ＝Ｃ＋Ｉ＋Ｇ＋（Ｘ−Ｍ）」という経済学の基本公式に基づけば、Ｙを上昇（経済成長）させるにはＧ（政府、$G-T$とさらに細分される）において「G↑（公共投資を増やす）」か「T↓（税金を減免する）」しかない。財政刺激策の重点を公共投資から政策減税に転換し、政策減税の対象として第３章で取り上げた日本の技術力向上に資する企業の投資促進（分野としては、Ｒ＆Ｄ、IT、環境など）を行えば、国の現在のマクロ的な望ましい方向と企業のベクトルを合わせることができよう。

第4章 フリンジ・ベネフィット課税と企業行動

第3章では、通産省の産業再生政策における（誘導的手法としての）政策税制を歴史的に分析した。すなわち、特安法から産業再生法までの一連の時限立法群は、法の目的面で「弱者保護」の概念を引きずることなどにより、政策実現の手段として税制を用いることの合理性が（「成熟市場型」の政策として見た場合に）損なわれている実態を明らかにした。したがって、「成熟市場型」政策として税制を用いる場合は、「より強き企業を伸ばす」という考え方が肝要であり、具体的には、産業再生政策においては「セーフティネット構築政策」と「潜在的競争力伸長支援策」に二分し、とりわけ後者の分野で税制を活用するべき、と提案した。「潜在的競争力伸長支援策」とは、伸びる力のある民間（企業や個人）を伸ばすような政策であり、彼らの新事業創出力や起業力を活かすことで（市場によって淘汰される可能性の高い）弱い企業からの経営資源の移転などを円滑化し、経済・社会全体としての活力を維持・発展させることが肝要であると指摘した。特に、第2章および第3章では（第1章で見た経済成長の3要因のうち）、「技術」面での民間企業の活性化策として税制の法要件の変更や産業再生に関する法律の目的部分の見直しなどを具体的に提言した。

第4章では、経済成長の3要因のうち「労働力移動の円滑化」に資する「成熟市場型」政策とはどのような内容となるか、税制と関連づけて研究を行う。具体的には「フリンジ・ベネフィット課税と企業行動」に関する考察である。

特に、従業員の選別化・流動化を意図した労務管理の姿勢の変化など「企業サイドの意識変化」を実証的に分析し、これと税制の運用実態を対比させることにより、「成熟市場型」政策として必要とされる税制のあり方に関して示唆を得ることとしたい。

【第４章の構成】

本章では、成熟経済に突入した日本の現況を踏まえたうえで、21世紀における国民福祉・企業福祉をどう考えればよいかという問題を「企業課税（政策）と企業行動」という観点から考察する。具体的に取り上げるのは、フリンジ・ベネフィット課税の問題である(1)。

第１節　研究分野の概観では、〔１〕でこの章における研究を行うにあたっての基本的な視点を述べ、〔２〕でフリンジ・ベネフィットの言葉の定義を行い、それを法学者（租税法学者）はどうとらえているか、また経済学者（財政学者）や経営学者はどう認識しているかについて整理する。

第２節　実証研究では、〔１〕でバブル経済崩壊の前後で企業経営におけるフリンジ・ベネフィットの位置付けがどう変化したかを見るためにマクロ経済統計分析を行う。さらに〔２〕でフリンジ・ベネフィットに対する経営の現場での意識レベルを検証するため、企業の人事担当者の意識調査（アンケート調査）およびインタビュー等を行う。さらに〔３〕でフリンジ・ベネフィットに関する現行税制を概観し、〔１〕および〔２〕で明らかとなった企業の意識変化と税制との乖離状況を探る。

第３節　考察では、第２節で行ったミクロおよびマクロの定量的な分析を踏まえ、〔１〕で分析結果を概括し、〔２〕で「労働力移動の円滑化」に資する「成熟市場型」政策としての税制を提起する。さらに〔３〕で第４章の本書全体への貢献・示唆するところについて述べる。

第１節　研究分野の概観

〔１〕「フリンジ・ベネフィット課税と企業行動」に関する研究の基本的な視点

日本の政治・政策、あるいは経済システム、さらには企業のマネジメントの再構築が必要であるとの認識は、（すでに第１章で見たように）今や、各学問領域の識者および実務家の間で大勢を占めるに至っている。

これは、経済面でいえば、高度成長から低成長・成熟経済へという変化、また発展途上国から世界で有数の先進国入りを遂げた日本のポジションの変化を踏まえてのことである。

本章での狙いは、以下に掲げる３点について明らかにすることである。

第１に、フリンジ・ベネフィットをめぐる最近の「企業の意識変化」について明らかにし、第２に、福祉の負担をめぐる国と企業の押し付け合いの実情と「近未来像」を示す。この２点を踏まえたうえで、第３に「日本におけるフリンジ・ベネフィット課税（企業課税）」の可能性を探る。

本章でも、前の第２章・第３章と同様に、個々の企業行動の総和が経済である、という視座を採用している。法律上の「制度」が「経済」に何らかの影響を与える場合には、常に個々の企業の「意思決定」を経由すると考えられるからである。このこととの関連で、個々の企業へのインタビューを試みたり、ある程度まとまったアンケート調査を実施するなど実証的アプローチを採用している。

〔２〕言葉の定義と先行研究

この項では、本章が「フリンジ・ベネフィット課税と企業行動」を研究対象としていることに関連して、言葉の定義や学界における議論の整理などを行っておきたい。

【言葉の定義】

フリンジ・ベネフィット（fringe benefits）の直訳は「労働の付加給付」である。しかし、国ごと、あるいは学問分野ごと、さらに言えば当該用語を用いる論者ごとに、その定義・言葉の意味するところは違う。

例えば、石島弘教授は、租税法学的見地からフリンジ・ベネフィットを「所得を包括的に捉えようとする場合に考慮すべき概念」として「給与所得に関して金銭以外により支給される給与（compensation paid other than in cash）とか、現物給与（compensation in kind）」と定義付けておられる(2)。

また、西久保浩二氏は経済・経営学的見地から、租税法学で扱うフリンジ・ベネフィットと経済・経営学で扱うところの「福利厚生」との概念の区分について整理し、福利厚生という語を主として用いて、次のような論を展開しておられる(3)。

> 「税制の中ではフリンジベネフィットと福利厚生という概念の区分がなされていることが興味深い。すなわちフリンジベネフィットは福利厚生を含む広義の概念として位置づけられている。（中略）従業員に対する贈与・雇用者の便宜・労働条件などと並列する概念として福利厚生が最後に登場する。（中略）福利厚生という概念は税法上においては給与課税として課税すべきか否かという判断基準のひとつとして捉えられており、従業員の労働の対価ではない給付であることを示すための説明概念として用いられている。」

この他、海外の文献などでは、雇用されている側の人間が「余分として（extras)、現金給与以外（non-wage）でもらうもの」ということで、国による福祉政策を含める考え方(4)から、企業の福利厚生制度を個々に列挙して定義付けする考え方(5)まで多様である。

本章における研究では、国による福祉部分は基本的に取り扱わない。ただし、最終的に「企業課税と企業行動」という法学と経済・経営学にまたがる学際的テーマを扱う以上、基本的には石島教授の定義「現物給与（compensation in kind)」に従うものの、西久保氏の指摘するような①贈与②雇用者の便宜③労働条件④その他残りの諸制度を一括りした福利厚生という4区分を意識しつつ、企業の福利厚生制度として現象面で顕在化しているものすべてをフリンジ・ベネフィットとして定義し、以下この概念で「フリンジ・ベネフィット」という言葉を用いる。

なお、所得税法では、36条1項において「収入とすべき金額は（中略）金銭以外の物または権利その他経済的な利益の価額を含む」とされ、所得税法基本通達36-15で5例、法人税法基本通達9-2-10では12例が「経済的利益」の内容として挙げられている(6)。また、石島教授は、所得税法基本通達36-15を踏まえたうえで、法人税法基本通達9-2-10の主語を「役員または使用人」と読み替えて、「法人の役員等に対する」12例をフリンジ・ベネフィットの実務上の典型的な例としている(7)。

【租税法におけるフリンジ・ベネフィットの概念】

金子宏教授は、フリンジ・ベネフィットに関して「給与は金銭の形をとる必要はなく、金銭以外の資産ないし経済的利益も、勤務の対価としての性質を持っている限り、広く給与所得に含まれる（中略）これらの資産ないし経済的利益は、現物給与とかフリンジ・ベネフィットと呼ばれる」と述べられている(8)。

租税法学が企業のフリンジ・ベネフィットを取り上げる場合、金子教授や先に見た石井教授の定義は同じであり、「金銭以外により支給される給与」というのが通説であろう(9)。

これに加えて、最近の議論は、年金やストックオプションにも目が向いている。すなわち、巷間、関心の高いいわゆる「401K」プランをめぐる課税議論などである。この議論については「年金税制」『日税研論集 Vol.37』が詳しい(10)。例えば、水野忠恒教授は同論集の中で「高齢化社会と年金税制」という題で「所得課税における年金課税のありかたを検討すべき時期にきている」と結んでおられる[11]。また、佐藤英明教授は同論集の中で「私的年金の課税」と題して、私的年金をめぐる課税関係を「租税負担の公平」という観点と同時に「政策目的の遂行」という２つの視点から考察しておられる。特に、後者の視点については、「急速な高齢化が進むわが国における私的年金制度の重要性に鑑み、それが政策的に望ましいと考えられる方向に発展することを誘導し、または強制すべきだという考え方がありうる。この観点からは、私的年金をめぐる税制はその誘導ないし強制の手段として有力視されることになろう」と指摘しておられる[12]。

ただ、概括すれば、フリンジ・ベネフィットに関する租税法学の関心は、専ら、所得税側から見た議論（もらう側、従業員サイドに立つ議論）が多く、法人税側から見た議論（支払う側、企業サイドに立つ議論）は少ない[13]。

また、先述の佐藤教授のような、ある「政策目的の遂行」のために従業員サイドと同時に企業サイドへのインセンティブへも目配りして考察する視点はむしろ少ないことを指摘しておく。

【財政学におけるフリンジ・ベネフィットの扱い】

財政学が企業のフリンジ・ベネフィットを取り上げる場合、大抵は、国民トータルの福祉費用について「国と民間（企業）のコスト分担をどうするか」を主たるテーマとしている。海外との比較を行う場合も多く、毎年出版される『海外労働白書』に詳しい。例えば、アメリカの最新事例として「従業員への育児支援に関連する事業主の支出に対する税額控除を拡大」するクリントン大統領（当時）の一般教書を紹介するなど「海外労働情勢」という項の中で、国民の福祉増大に関する国と企業の関係について具体的事例を紹介している[14]。

この他、年金についても議論は多い。特に引用されるのは、村上清氏の『年金改革－21世紀への課題－』である[15]。また、企業福祉に関する国家支援を論じたものとしては、加藤寛教授と丸尾直美教授の共編著である『福祉ミックス型社会への挑戦－少子・高齢時代を迎えて－』が挙げられる[16]。在宅介護や子育て支援などにおける国の支援策を中心として論が展開され、国でも企業でも補えない部分を非営利非公式的組織でカバーするというインフォーマルな社会システムに、論の焦点が当てられている。

財政学者の主たる関心事は、少子・高齢社会で福祉費用が膨張することへの懸念と、その費用負担を国・企業・個人、さらには非営利組織等でどうやって分散し、分担させるのか、という点にあるように思われる。最近の研究がＮＰＯ論へ急速にシフトしている(17)ことにかんがみれば、企業をDeep Pocketとみなし、個々の民間企業レベルでの福利厚生制度の充実をもって国民福祉の増大を図る論や、逆にいわゆる「大きな政府」論で国家による国民福祉の総抱えといった極端な説は影を潜めつつあると考えられる。

また、本章における考察の対象である「企業のフリンジ・ベネフィット」に関連して、「企業内福祉に関する税制のあり方に関する研究会報告書－労働省委託研究－」(18)などが挙げられる。同報告書の中で、跡田直澄教授は「フリンジ・ベネフィット化には労使双方にとってのメリットがあるが、その規模が拡大して経済社会全体からみて非効率性が強まり、効率性を阻害するほど不公平なものになっているとすれば、それは改善されるべきである」と指摘され、市場経済の貫徹の観点から課税のあり方を探っておられる(19)。

この他、企業課税と企業行動を取り上げた論としては、宮島洋教授の「企業福祉と税制」がある(20)。宮島教授は、企業の労働費用と福利厚生について、労働省（現 厚生労働省）のマクロ経済統計をもとに趨勢を分析し、主として「社宅建設と税制」の関わりに焦点を絞って論じておられる。しかし、バブル経済という経済の過熱する最中に書かれた論であるため、今日（こんにち）的にかんがみれば、いくつかの点で立論の前提条件が崩れてきているように思われる。

【経営学におけるフリンジ・ベネフィットの評価】

経営学が企業のフリンジ・ベネフィットを取り上げる場合、大抵は「企業福祉による経営への効用」を明かすための論が展開される(21)。

企業におけるフリンジ・ベネフィットは、従業員の集団的凝集性（一体感）を高めるのにうまく機能してきた、と肯定的にとらえるのが一般的である。例えば、(先に言葉の定義で引用した) 西久保氏は、「制度導入の目的因子」として「①採用定着因子、②社会性因子、③労務性因子、④競争性因子、⑤横並び因子」の５つを掲げ、「福利厚生制度に対する『目的因子』が企業成長とともに重層的に蓄積される」と指摘している(22)。

昨今の厳しい経済情勢を踏まえ、右肩上がりの企業のフリンジ・ベネフィット（企業福祉）ではなく、その効率的運用が模索されるようになった実務上の動きをかんがみ、経営学の主たる関心も例えば「カフェテリア・プラン」へと重心を移しつつある。

とはいえ、概括すれば、経営学者の主たる関心事はまだまだ「日本的」とされる労務管理の良さ、例えば長期雇用・年功序列賃金・企業内組合などの経営への効用という文脈上で企業のフリンジ・ベネフィットを理解しているように思われる。例えば、丸尾直美教授は「企業福祉の諸制度が、労使の一体感と協力を促すのに役立ち、これが生産性向上の一因となってきたのではないかとの評価がある」として、「日本的経営の三大柱は終身雇用・企業別労組・年功賃金だといわれている。しかし、企業内福祉政策も加えて日本的経営の四大柱というべきだろう」と指摘している(23)。

最近の研究でも、企業の福利厚生政策を「従業員を雇用する以上、当然導入しなければならない雇用条件の１つ」として位置付け、法定外福利費の大幅削減はない、と見る論もある(24)。

経営学の多くの論者は、現在に至ってなお、雇用制度の歴史性・伝統性に重きを置いて「①福利厚生は縮小しない、②企業は従業員を囲い込み続ける、③従業員を選別しない」という３つの前提の枠組みの中で、日本企業の福利厚生制度を見ているように思われる。また、経営学の分野では、企業課税と企業行動を本格的に取り上げた論文はほとんどない。

【〔２〕の小括】

法学・経済学・経営学ともに、現在、経営の現場で何が起こっているのかを定量的に、実証的にとらえたうえで議論を展開する実証的アプローチは少ない。

現在、企業がフリンジ・ベネフィットをどうとらえ、今後どうしようとしているのかを明らかにするために、企業経営者の意思を探る必要がある。特に、高度成長期を通じて培われてきた「日本的経営」「日本的労務管理」は（成熟経済状況にある現下において）どのように変化したかを検証することが肝要である。

この点、先述した宮島教授は、マクロ経済統計を用いて企業の実態を把握しようとし、意欲的な研究を行われた[25]。本章における研究では、第２節〔１〕項で宮島教授と同様のアプローチを採用し、同研究（宮島（1991））に建設的な批判と検討を加えつつ、日本企業のフリンジ・ベネフィットの実態に迫る。

また、西久保氏は、ベネッセ、西友、松下電器、リクルートなど個々の企業のフリンジ・ベネフィットの制度概要を詳しく報告している[26]。このような個々の企業の事例紹介も「今、経営の現場で何が起こっているか」を明らかにするうえで、有力な手法である。

本章における研究では、（第２章における「租税優遇措置」に関する調査研究と同様に）関西経営者協会の協力により、大企業から中小企業まで114社（500社送付、回収率22.8%）の「フリンジ・ベネフィットの実態およびビジネスの意思の変化」について第２節〔２〕項の前半で報告する。また、この〔２〕項の後半では、西久保氏と同様、各個別企業の福利厚生制度の概要について報告する。その際、その制度を設計している人事担当責任者へのインタビューを行うなど、ビジネスの意思の変化について（西久保（1998）以上に）もう少し突っ込んで実態に迫る。

さらには、先行研究がどちらかといえばフリンジ・ベネフィット（課税）に関して「個々人に対する」「課税免除もしくは軽課措置」すなわち、「所得税から見た企業のフリンジ・ベネフィット」という視点が多いことにかんがみ、本章における研究では「企業に対する」「軽課または重課」すなわち、「法人税から見たフリンジ・ベネフィット」という視点を常に意識して論を進める。

---

(1)　なお、この調査結果およびその分析・考察について、筆者は「第23回 日税研究賞（入

選)」を受賞し、概要を公表済みである。拙稿「フリンジ・ベネフィット課税と企業行動」『第23回日税研究賞 入選論文集』(財)日本税務研究センター(2000)を参照されたい。

(2) 石島弘「フリンジ・ベネフィット現物給与の検討を中心として－」『租税法研究』(1989)第17号、50-51頁。

「Fringe benefits(フリンジ・ベネフィット)の語は、他の分野においても用いられており、また、税制に関しても多くの国で広く用いられているが、その意味内容は必ずしも明確ではない。しかし、フリンジ・ベネフィットは、その発生形態の視点から、現金所得以外のすべての利益(all advantages other than cash income)、現金によらない利益(noncash benefits)、地位に基づく利得(gains from status)などと言われ、また、その内容の視点からは、経済的利益(economic benefits)であると言われる。このような表現から理解すると、フリンジ・ベネフィットは金銭以外の全ての経済的価値を有する利益あるいは利得であると言えるように思える」

なお、fringeとは「へり、周辺」を意味し、benefitは「利益、経済的利益」であるから、直訳すれば(本給とは別の)「周辺の利益」ということになる。

(3) 西久保浩二『日本型福利厚生の再構築－転換期の諸課題と将来展望－』(財)社会経済生産性本部(1998)181-185頁。

(4) Michael Cunningham, "NON-WAGE BENEFITS" ,Pluto press ,1981. p2.

(5) 企業のフリンジ・ベネフィットについて60種類近い制度をpositive-list的に列挙している。定義などを取り上げている本としては、

Huge Holleman Macaulay,Jr , "Fringe Benefits and Their Federal Tax Treatment", COLUMBIA UNIVERSITY PRESS ,1959. pp4-5 がある。

(6) 具体的には、所得税法基本通達36-15で次の5つの例が示されている。

第①に「物品その他の資産の譲渡を無償で受けた場合におけるその資産のその時の価額又はその譲渡を低い対価で受けた場合におけるその価額と実際に支払う対価の額との差額に相当する利益」としている。これは、例えば、会社の製品や商品などの値引き販売とか食事の無償支給による利益、会社から有価証券や不動産の低額譲渡を受けたことによる利益などをいう。

第②に「土地、家屋その他の資産(金銭を除く)の貸与を無償で受けた場合における通常支払うべき対価の額はその貸与を低い対価で受けた場合における通常支払うべき対価の額と実際に支払う対価の額との差額に相当する利益」としている。例えば、低額の家賃で社宅の貸与を受けたことによる利益などである。

第③に「無利息で金銭の貸付を受けた場合における通常の利率より計算した利息の額又は通常の利率よりも低い利率で借り受けた場合における通常の利率により計算した

利息の額と実際に支払う利息の額との差額に相当する利益」としている。例えば、会社から無利息または低利で厚生資金や住宅資金の貸付を受けたことによる利益などである。

第④に「②又は③以外の用役の提供を無償で受けた場合におけるその用役について通常支払うべき対価の額又はその用役の提供を低い対価で受けた場合における通常支払うべき対価の額と実際に支払う対価の額との差額に相当する利益」としている。例えば、会社の保養所とか理髪室などの福利厚生施設を無償または安い料金で利用したことによる利益などである。

第⑤に「借入金その他の債務の免除を受けた場合におけるその免除を受けた金額に相当する利益又は債務の負担をしてもらった場合におけるその負担をしてもらった金額に相当する利益」としている。これは、例えば、会社から借り入れた厚生資金などの返済を免除されたことによる利益や会社に税金を負担してもらったことによる利益などを言う。

また、法人税法基本通達9-2-10では、以下に示す12の例を列挙している。

法人の役員に対する①資産の贈与②資産の低額譲渡③資産の高価買入④債権の放棄または免除⑤債務の無償引受け⑥土地・家屋の無償または低額貸与⑦金銭の無償または低利の貸付⑧無償または低額な役務の提供⑨機密費等の使途不明金⑩個人費用の負担⑪社交クラブの入会金等負担⑫（役員を被保険者および保険受取人とする生命保険契約を締結し）その保険料の額の全部または一部の負担である。

(7)　前掲注(2)石島（1989）57頁。

(8)　金子宏『租税法（第8版）』弘文堂（2001）197頁。

(9)　この他、碓井光明教授も同様の定義付けを行っておられる。
碓井光明「フリンジベネフィットの課税問題」『所得課税の研究』有斐閣（1991）166頁。

(10)　「年金税制」『日税研論集』（財）日本税務研究センター（1997）Vol.37。

(11)　前掲注(10)水野（1997）36頁。

(12)　前掲注(10)佐藤（1997）146頁。

(13)　例えば、武田昌輔「税率構造と税負担水準」『企業課税の理論と課題』税務経理協会（1995）第3章などを見ると、フリンジ・ベネフィットに関する記述は「給与税」の項で少し触れられている程度である。

(14)　『海外労働白書（平成10年版）』労働大臣官房国際労働課（1998）15頁。

(15)　村上清『年金改革－21世紀への課題－』東洋経済新報社（1993）

(16)　加藤寛・丸尾直美『福祉ミックス社会への挑戦－少子・高齢時代を迎えて－』中央経済社（1998）

⒄　ＮＰＯとは、Non-Profit-Organizationの略語で「非営利組織」と訳す。またＮＰＯ論の一例としては、本間正明監修、ＮＰＯ研究フォーラム編『ＮＰＯが拓く新世紀』清文社（1999）などが挙げられる。

⒅　ニッセイ基礎研究所編「企業内福祉に関する税制のあり方に関する研究会報告書－労働省委託研究－」（1997）。

　同報告書には、前掲注⑴の石島弘教授や注⑵西久保浩二氏の他、税理士の伊藤宏一氏や岡田義晴氏、財政学者の跡田直澄教授や土田武史教授など、6名の論者が小論を寄せておられる。

⒆　前掲注⒅跡田（1997）133-140頁。

⒇　宮島洋「企業福祉と税制」（財）日本税務研究センター（1991）

(21)　橘木俊詔「転換期の企業福祉の今後を考える」『月刊企業福祉』（1998）No.463、猪木武徳『日本の雇用システムと労働市場』日本経済新聞社（1995）および、小池和男『社会保障講座第4巻　企業福祉の現代的課題』総合労働研究所（1981）など論稿は多い。

(22)　前掲注⑶西久保（1998）53頁。

(23)　丸尾直美『日本型企業福祉』三嶺書房（1984）3頁。

(24)　桐木逸朗『変化する企業福祉システム』第一書林（1998）198頁。

(25)　前掲注⒇宮島（1991）。宮島教授は、労働省（現 厚生労働省）の行う『賃金労働時間制度等総合調査』に基づき、マクロ経済統計を経年比較する分析手法を採られている。

(26)　前掲注⑶西久保（1998）。西久保氏は、各社のパブリシティ（新聞公表）情報の収集や労務管理の担当部署へのインタビューを実施されるなどして実証研究を行っておられる。

第2節　実証研究

〔1〕マクロ経済統計・分析
―フリンジ・ベネフィットの実態を旧 労働省調査等から探る―

本項〔1〕では、企業のフリンジ・ベネフィットの実態を多面的に、かつ定量的に把握することを狙いとしている。この際、先行研究として（前節で触れた）宮島(1991)(1)を参考にして、そのフレームワークに従い、各種データを整理した。ただし、同論文が日本経済のバブル絶頂期にまとめられたものであることには十分配慮し、今回整理したデータをどう読むかについてはバブル崩壊の「前と後の違い」を強く意識する必要がある。すなわち、本書全体を通じた作業仮説である「高度規制型」と「成熟市場型」の対比を踏まえたうえで、データの分析と考察を行うこととしたい。

【各種調査および用語の定義】

企業の福利厚生制度や費用に関する継続的な調査は、労働省（現 厚生労働省)、大蔵省（現 財務省)、日経連、さらに労働行政研究所、ニッセイ基礎研究所、生命保険文化センター、労委協会など様々な団体が多様な研究を行っている(2)。

このうち、労働省の行う『賃金労働時間制度等総合調査』は調査対象企業の多さ、多様さで群を抜いている(3)ので以下、これに従う。

労働省調査によれば、労働費用とは「使用者が労働者を雇用することによって生ずる一切の費用」のうち、「労働者の所得とみなし得るもの」をいい、具体的には、①現金給与、②退職金等の費用、③法定福利厚生費、④法定外福利厚生費の4つが主要な費用項目となる(4)。このうち、②と④については（③は当然として①についても産業別にほぼ統一した相場が形成されるのに比べて）、企業（事業主または企業内労使）が独自の判断で実施できるという、より高い自由裁量性が認められる。

【労働費用・福利厚生費等の推移と特徴】

労働省の労働費用調査は、1972（昭和47）年から85（昭和60）年までの毎年と、1988（昭和63）、91（平成３）、95（平成７）年というように最近では数年おきに（不定期で）調査が実施されている（なお、この第４章では、今後、時系列的な分析を行うにあたり、文章の読みやすさを考えて基本的には西暦表記とする）。

「労働費用総額」に占める「現金給与」のウェイトは、1975年が86.4%、80年85.1%、85年84.6%、88年83.8%、91年83.2%という具合に一貫して低下し、最近のデータ（95年）では82.9%となり、半面、「現金給与外労働費用」のウェイトが上昇している（次頁の**図表Ⅳ-１　民間企業の労働費用の費目別推移**を参照されたい）。

バブルの絶頂期（91年）と95年を比較すれば、「現金給与外労働費用」は0.3%上昇している。この上昇は、「法定福利費」の漸増（0.44%）と「法定外福利費」の微減（▲0.07%）、「退職金等費用」の漸増（0.25%）と「教育訓練費」の微減（▲0.09%）などで説明できる。ちなみに（図表Ⅳ-１中の）「その他労働費用」とは、現物給与の費用（95年データで0.5%）や募集費（同0.2%）などである。

労働費用構成の全体的な推移では、人口構成の高齢化などによる社会保険負担の引上げや退職者増大などによる「退職金等費用」の増大が目立っている。具体的には、「退職金等費用」の「労働費用総額」に占める割合は、1975年に3.11%であったのが、80年3.44%、85年3.90%、88年4.15%、91年4.01%、95年4.26%と推移している。

また、「法定外福利費」が85年頃にいったん下げ止まり、91年にかけて増加に転じたものの、バブル崩壊後の人員余剰感を反映してか、95年にまた減少している点には、十分留意する必要があろう。具体的に「法定外福利費」の「労

図表Ⅳ-１　民間企業の労働費用の費目別推移（含、福利厚生費）

①実数：常用労働者1人1ヶ月平均額　（単位：円）

調査年度	労働費用総額(a+b)	現金給与総額(a)	現金給与以外(b)	法定福利費	法定外福利費	退職金等費用	教育訓練費	その他
1975(S50)	198,042	171,073	26,969	12,096	6,225	6,163	566	1,919
1980(S55)	294,476	250,699	43,777	20,742	8,317	10,144	910	3,664
1985(S60)	361,901	306,080	55,821	27,740	10,022	14,119	1,236	2,704
1988(S63)	398,115	333,638	64,477	31,330	11,048	16,534	1,521	4,044
1991(H 3)	459,986	382,564	77,422	38,771	13,340	18,453	1,670	5,188
1995(H 7)	483,009	400,649	82,360	42,860	13,682	20,565	1,305	3,948

②構成比：上表の費目別「対労働費用総額」比率　（単位：%）

調査年度	労働費用総額(a+b)	現金給与総額(a)	現金給与以外(b)	法定福利費	法定外福利費	退職金等費用	教育訓練費	その他
1975(S50)	100.0	86.4	13.6	6.11	3.14	3.11	0.29	0.97
1980(S55)	100.0	85.1	14.9	7.04	2.82	3.44	0.31	1.24
1985(S60)	100.0	84.6	15.4	7.67	2.77	3.90	0.34	0.75
1988(S63)	100.0	83.8	16.2	7.87	2.78	4.15	0.38	1.02
1991(H 3)	100.0	83.2	16.8	8.43	2.90	4.01	0.36	1.13
1995(H 7)	100.0	82.9	17.1	8.87	2.83	4.26	0.27	0.82

出典：「賃金労働時間制度等総合調査報告」労働省

働費用総額」に占める割合を見ておくと、1975年3.14%、80年2.82%、85年2.77%、88年2.78%、91年2.90%、95年2.83%となっている。

企業規模別に見ると、全体的な推移と異なる動きをしているのが、（最も規模の大きい）従業員が5,000人以上の企業である（次頁の**図表Ⅳ-２　規模別に見た労働費用の推移**を参照されたい）。

例えば、企業全体としては「退職金等費用」の「労働費用総額」に占める割合は、1975年に3.1%であったのが95年には4.3%へと1.2%上昇しているのに対して、5,000人以上の企業では75年の3.7%から95年には5.6%へと実に1.9%も上昇している。

また、企業全体としては「法定外福利費」の「労働費用総額」に占める割合

図表Ⅳ-2　規模別に見た労働費用の推移

＜常用雇用者１人1ヶ月平均＞　　※規模間格差は 5,000人以上を100とした場合

		1975年			1985年			1995年		
		実　数（円）	構成比（%）	規模間格差	実　数（円）	構成比（%）	規模間格差	実　数（円）	構成比（%）	規模間格差
労働費用総額	計（平均）	198,042	100.0	82	361,901	100.0	78	483,009	100.0	78
	5,000人以上	242,519	100.0	100	462,122	100.0	100	615,838	100.0	100
	1,000-4,999人	221,541	100.0	91	418,886	100.0	91	529,748	100.0	86
	300- 999人	195,061	100.0	80	344,355	100.0	75	464,120	100.0	75
	100- 299人	175,258	100.0	72	303,824	100.0	66	413,607	100.0	67
	30- 99人	156,853	100.0	65	278,981	100.0	60	379,209	100.0	62
現金給与総額（a）	計（平均）	171,073	86.4	83	306,080	84.6	81	400,649	82.9	80
	5,000人以上	205,394	84.7	100	380,171	82.3	100	498,889	81.0	100
	1,000-4,999人	190,363	85.9	93	351,465	83.9	92	437,217	82.5	88
	300- 999人	169,473	86.9	83	294,737	85.6	78	387,377	83.5	78
	100- 299人	152,933	87.3	74	262,283	86.3	69	348,980	84.4	70
	30- 99人	138,231	88.1	67	241,489	86.6	64	321,499	84.8	64
現金給与以外（b）	計（平均）	26,969	13.6	73	55,821	15.4	68	82,360	17.1	70
	5,000人以上	37,125	15.3	100	81,951	17.7	100	116,949	19.0	100
	1,000-4,999人	31,178	14.1	84	67,421	16.1	82	92,531	17.5	79
	300- 999人	25,588	13.1	69	49,618	14.4	61	76,743	16.5	66
	100- 299人	22,325	12.7	60	41,541	13.7	51	64,627	15.6	55
	30- 99人	18,622	11.9	50	37,492	13.4	46	57,710	15.2	49
法定福利費	計（平均）	12,096	6.1	89	27,740	7.7	84	42,860	8.9	83
	5,000人以上	13,606	5.6	100	32,954	7.1	100	51,512	8.4	100
	1,000-4,999人	13,020	5.9	96	30,438	7.3	92	44,566	8.4	87
	300- 999人	12,115	6.2	89	26,685	7.7	81	41,706	9.0	81
	100- 299人	11,144	6.4	82	24,743	8.1	75	38,456	9.3	75
	30- 99人	10,658	6.8	78	23,746	8.5	72	37,310	9.8	72
法定外福利費	計（平均）	6,255	3.2	59	10,022	2.8	54	13,682	2.8	58
	5,000人以上	10,642	4.4	100	18,715	4.0	100	23,601	3.8	100
	1,000-4,999人	7,677	3.5	72	11,870	2.8	63	17,439	3.3	74
	300- 999人	4,996	2.6	47	7,507	2.2	40	11,317	2.4	48
	100- 299人	4,196	2.4	39	5,694	1.9	30	8,069	2.0	34
	30- 99人	3,487	2.2	33	5,613	2.0	30	6,907	1.8	29
退職金等費用	計（平均）	6,163	3.1	69	14,119	3.9	59	20,565	4.3	60
	5,000人以上	8,903	3.7	100	23,888	5.2	100	34,338	5.6	100
	1,000-4,999人	7,545	3.4	85	19,860	4.7	83	24,039	4.5	70
	300- 999人	6,134	3.1	69	11,747	3.4	49	17,902	3.9	52
	100- 299人	5,177	3.0	58	8,529	2.8	36	14,502	3.5	42
	30- 99人	3,136	2.0	35	6,343	2.3	27	10,786	2.8	31
教育訓練費	計（平均）	566	0.3	46	1,236	0.3	54	1,305	0.3	70
	5,000人以上	1,239	0.5	100	2,288	0.5	100	1,870	0.3	100
	1,000-4,999人	615	0.3	50	1,509	0.4	66	1,740	0.3	93
	300- 999人	448	0.2	36	1,062	0.3	46	1,256	0.3	67
	100- 299人	304	0.2	25	756	0.2	33	914	0.2	49
	30- 99人	189	0.1	15	518	0.2	23	682	0.2	36
その他	計（平均）	1,889	1.0	69	2,704	0.7	66	3,948	0.8	70
	5,000人以上	2,735	1.1	100	4,106	0.9	100	5,628	0.9	100
	1,000-4,999人	2,321	1.0	85	3,744	0.9	91	4,747	0.9	84
	300- 999人	1,895	1.0	69	2,617	0.8	64	4,562	1.0	81
	100- 299人	1,504	0.9	55	1,819	0.6	44	2,686	0.6	48
	30- 99人	1,152	0.7	42	1,272	0.5	31	2,025	0.5	36

出典：「賃金労働時間制度等総合調査報告」労働省

は1985年で2.8%であったのが、95年でも2.8%と同水準である。しかし、5,000人以上の企業では85年の4.0%が95年には3.8%へと下落している。このような大企業特有の傾向には十分留意する必要がある。

【法定外福利費の推移】

企業のフリンジ・ベネフィットは、「労働費用面」からいえば「法定外福利費」にその大部分が含められる。以下、「法定外福利費」に絞って、その項目別推移を追ってみたい（次頁の**図表Ⅳ-3　法定外福利費の推移**を参照されたい）。

「法定外福利費」の内容を個別に見れば、いくつかの特色が明らかとなる。

第1に、「住宅に関する費用」の構成比がほぼ一貫して40%を超えていて、他の項目に比べて飛び抜けて高いウェイトを維持していることである。具体的には「住宅に関する費用」の「法定外福利費」に占める割合は、1975年47.6%、81年41.1%、83年40.7%、85年39.5%、88年38.4%、91年41.1%、95年46.3%と推移している。

第2に、「文化・体育・娯楽費用」などが構成比を落とすなかで、生命保険の保険料など「私的保険制度への拠出金」や「財形奨励金等の費用」のウェイトが着実に上昇している。具体的に「文化・体育・娯楽費用」の「法定外福利費」に占める割合を見ておくと、1975年12.3%、81年13.0%、83年11.6%、85年12.1%、88年11.4%、91年11.4%、95年8.6%となっている。また、「私的保険制度への拠出金」の「法定外福利費」に占める割合は、1975年2.2%、81年7.0%、83年7.0%、85年6.6%、88年7.5%、91年8.7%、95年8.4%であり、「財形奨励金等の費用」の「法定外福利費」に占める割合は、1975年0.2%、81年1.2%、83年1.9%、85年2.5%、88年3.2%、91年2.8%、95年3.9%と推移している。

第3に、企業規模別で比較すれば（最も規模の大きい5,000人以上の企業、すなわち「大企業」と、その余の企業すなわち「中堅〜中小企業」で比べると）、1988年頃まで一貫して格差が広がっていったが、最近のデータ（91年から95年にかけて）では逆に、その格差は縮まりつつある。すなわち、大企業が法定外福利費を圧縮しつつあることが読みとれる。ただし、「5,000人以上」と「30-99

図表Ⅳ-3　法定外福利費の推移

①実数：常用労働者1人1ヶ月平均額　(単位：円)

調査年度	法定外福利費	住宅関連	医療保険関連	食事関連	文化体育娯楽	私的保険拠出	財形奨励金等	労災慶弔ほか
1975 (S50)	6,225	2,966	441	947	763	139	15	954
1981 (S56)	9,566	3,929	674	1,312	1,242	669	115	1,625
1983 (S58)	9,350	3,802	616	1,353	1,085	654	180	1,660
1985 (S60)	10,022	3,962	675	1,407	1,213	662	254	1,849
1988 (S63)	11,048	4,242	1,144	1,425	1,263	824	351	1,799
1991 (H3)	13,340	5,483	1,112	1,444	1,515	1,163	375	2,248
1995 (H7)	13,682	6,330	760	1,456	1,179	1,144	537	2,276

②構成比：上表の費目別「対法定外福利費総額」比率　(単位：%)

調査年度	法定外福利費	住宅関連	医療保険関連	食事関連	文化体育娯楽	私的保険拠出	財形奨励金等	労災慶弔ほか
1975 (S50)	100.0	47.6	7.1	15.2	12.3	2.2	0.2	15.3
1981 (S56)	100.0	41.1	7.0	13.7	13.0	7.0	1.2	17.0
1983 (S58)	100.0	40.7	6.6	14.5	11.6	7.0	1.9	17.8
1985 (S60)	100.0	39.5	6.7	14.0	12.1	6.6	2.5	18.4
1988 (S63)	100.0	38.4	10.4	12.9	11.4	7.5	3.2	16.3
1991 (H3)	100.0	41.1	8.3	10.8	11.4	8.7	2.8	16.9
1995 (H7)	100.0	46.3	5.6	10.6	8.6	8.4	3.9	16.6

③規模別（実数と企業規模間格差）　※規模間格差は5,000人以上を100とした場合

		1975年	1981年	1983年	1985年	1988年	1991年	1995年
実数	計（平均）	6,225	9,566	9,350	10,022	11,048	13,340	13,682
(円)	5,000人以上	10,642	17,235	18,038	18,715	22,927	24,094	23,601
	1,000-4,999人	7,677	11,691	11,013	11,870	10,539	14,470	17,439
	300- 999人	4,996	7,596	7,032	7,507	7,485	9,304	11,317
	100- 299人	4,196	6,373	5,563	5,694	6,091	7,824	8,069
	30- 99人	3,487	5,400	5,612	5,613	5,892	7,793	6,907
格差	計（平均）	58.5	55.5	51.8	53.6	48.2	55.4	58.0
(%)	5,000人以上	100.0	100.0	100.0	100.0	100.0	100.0	100.0
	1,000-4,999人	72.1	67.8	61.1	63.4	46.0	60.1	73.9
	300- 999人	46.9	44.1	39.0	40.1	32.6	38.6	48.0
	100- 299人	39.4	37.0	30.8	30.4	26.6	32.5	34.2
	30- 99人	32.8	31.3	31.1	30.0	25.7	32.3	29.3

出典：「賃金労働時間制度等総合調査報告」労働省

人」では、法定外福利費の絶対額で約3倍の格差が存在する（95年データ）。すなわち、企業独自の福利厚生面では、大企業と中小企業の格差は依然として大きいといえよう。

【〔1〕の小括――労働省のデータから読みとれる日本企業のフリンジ・ベネフィット動向――】

ここで、これらの分析結果をまとめておきたい。総労働費用の各費目を各期間別の年平均増加（減少）率で、その推移を追ってみた（**図表Ⅳ-4　民間企業の労働費用の費目別・期間推移**を参照されたい）。

図表Ⅳ-1からⅣ-4で見てきた旧 労働省の『賃金労働時間制度等総合調査』の各データを整理する際に参考とした宮島(1991)(5)は、いわゆるバブル経済という日本経済の過熱を背景としているため、結論部分を見れば、バブル崩壊後の今の時代にそぐわない点も多い。例えば、宮島教授は同研究の「社宅建設と税制」の項において「(略) 今回の土地税制改革でも社宅の原則非課税が容認されたため、社宅用地への用途変更や新規取得へのインセンティブはさらに強められる結果となった」と指摘しておられる。

しかし、成熟経済の現下においては、土地の新規取得よりもむしろ、リストラ資金の捻出のために（土地を含め）資産の売却を進める企業は多い。(例えば、コスモ石油、キリンビール、段谷産業、大沢商会、旧第一勧業銀行、旧さくら銀行、ジャパンエナジー、マツダ、ユニチカ、クボタ、ニッカウヰスキーなど(6)挙げればきりのないほど) 今や、寮・社宅を売却する企業も少なくない。日本企業の福利厚生を労働省のデータから読みとるという同論文の研究フレームは大いに評価されるところではあるが、時代の変化とそれを受けた企業の意識変化を踏まえてデータを読む必要がある、ということも我々後進の研究者に示している。

それでは、図表Ⅳ-4について、その時々の時勢を反映しているものとして、各費目の動きを理解してみたい。

まず、「労働費用総額」については、「高度成長期（1975-80年）」の5年間の年平均伸び率は8.25%と高い値を示しているが、その後、年平均伸び率は鈍化し、「1985-88年」の3年間の平均伸び率は3.23%まで下落した。その後、いわゆる「バブル経済時（1988-91年）」の3年間の平均伸び率は4.93%と高い伸びを示したが、「バブル崩壊後（1991-95年）」の4年間の平均伸び率を見れば1.23%と低迷している。

次に、「現金給与」と「現金給与以外（の労働費用）」を比較すると、企業は原則課税の対象となる「現金給与」ではなく、「現金給与以外」を一貫して伸ばしてきたことがうかがえる。

この「現金給与以外」の細目を見てみると、各期間の「現金給与以外」の年平均伸び率と「細目（法定福利費・法定外福利費・退職金等費用・教育訓練費・その他）」との平均伸び率を比較すれば、「法定福利費」はほぼ一貫して「現金給与以外」の伸び率以上の率を示している。すなわち、企業の自助努力を超えたところにより（例えば、法定での健康保険や厚生年金保険負担の上昇で）、「現金給与以外」が押し上げられている。

また、「法定外福利費」については、「1988-91年」は6.49%と「現金給与以外」の伸び（6.29%）以上を示す一方、「1991-95年」は0.63%と、「現金給与以外」の伸び（1.56%）以下を示している。バブル経済時に現金給与以外の手段で従業員を引きつけていたものが、バブル崩壊後はまったく逆になった、という点には留意する必要がある。

図表Ⅳ-4　民間企業の労働費用の費目別・期間推移

【年平均増加率】　　（単位：%）

調査年度	労働費用総額	現金給与総額	現金給与以外					
				法定福利費	法定外福利費	退職金等費用	教育訓練費	その他
1975-80	8.25	7.94	10.17	11.39	5.97	10.48	9.96	13.83
1980-85	4.21	4.07	4.98	5.99	3.80	6.84	6.32	▲ 5.90
1985-88	3.23	2.92	4.92	4.14	3.30	5.40	7.16	14.36
1988-91	4.93	4.67	6.29	7.36	6.49	3.73	3.16	8.66
1991-95	1.23	1.16	1.56	2.54	0.63	2.75	▲5.98	▲ 6.60

出典：「賃金労働時間制度等総合調査報告」労働省

「退職金等費用」も「現金給与以外」の伸び以上の率を示している。退職金等費用は、特に最近では金利低下にともなう企業年金（厚生年金基金や税制適格年金）の積立不足が顕著となってきており、年金原資の追加負担が問題となってきている。このような背景から、この費目も「現金給与以外」を押し上げているといえよう。

「教育訓練費」は、直近（1991-95年）で▲5.98%というマイナスの伸び率を示しており、企業の費用圧縮姿勢が表れている。

小括すれば、バブル崩壊以降、企業は「現金給与」を抑える傾向を鮮明にしている。また、「現金給与以外」は「現金給与」に比べて伸びているが、細目を見ることが肝要である。「法定福利費」や「退職金等費用」など抑制しにくい費目を除けば、他の費目は軒並み抑制させている。特に「法定外福利費」の抑制は顕著である。

この法定外福利費の動きを経年的に追うと、いわゆるバブル崩壊前と後で、企業経営における福利厚生制度の位置付けが180度転換してしまっているように思われる。つまり、第1に、企業計（大～中小企業）で見れば、法定外福利費は1991年にかけて増加していたものの95年にかけては減少に転じたこと、第2に、特に減少は従業員5,000人以上の大企業において顕著なこと、第3に、大企業ほどバブル崩壊後は「住宅関連費用」の伸びを鈍らせていること、第4に、「文化・体育・娯楽費」は特に圧縮傾向にあることなどがデータから読みとれる。

〔2a〕ミクロ経済調査（企業調査）－a.アンケート調査－

前項〔1〕で見たように、企業はバブル崩壊以降、特に昨今、可能な限り労働費用を抑制したいと考えるようになってきていると思われる。

あるいは、根源的な部分、例えば、終身雇用制度そのものに対する考え方も変化してきているのではないかという疑問が生じる。また、これにともない、企業内福祉に対する考え方も変化しつつあるのではないだろうか。

例えば、日経連の「平成9年春季労使交渉に関するトップ・マネジメントのアンケート調査結果報告書」によると、今後自社の雇用形態の組み合わせについて、「今後も長期雇用を中心にする」と回答した経営者が32.2%となっており、その前年（平成８年）調査よりも、▲4.5%低下している。特に、500人以上の企業にこの傾向が著しい。一方、「一応、長期雇用労働者が中心だが、パート・派遣等の比率を拡大する」「長期雇用者は中核業務のみとする」と答えた経営者が規模・業種を問わず、それぞれ50%以上、10%以上となっており、雇用形態の多様化を現実の問題として認識している企業が増えている実態がうかがえる。

日経連は、21世紀の企業経営を睨んで３つの雇用形態を提言している(7)。すなわち、①長期蓄積能力活用型グループ、②高度専門能力活用型グループ、③雇用柔軟型グループである。ここで、経済団体がこのような分け方を提案することの意味はどのあたりにあるのか考えてみたい。終身雇用や手厚い生涯総合福祉施策は①の基幹人材のみに適用する、という考え方は、従業員の囲い込み政策の転換を、企業が意識し始めた表れともいえよう。すなわち、企業に残ってほしい人材、企業として要らない人材のしゅん別を図り始めたということである。③のような流動化させたい人材は放出する、あるいは②のような欲しい人材は中途で採用も行い、処遇は業績比例にする、すなわち、福利厚生制度も十把一絡げではなく、メリハリをつけていきたい、賃金や退職金あるいは昇進制度は複数用意したい（複線型人事政策）というのが、経営者の本音ではないだろうか。

この〔２a〕においては、企業福祉に関して、経営者が今後どのようにしたいかという企業経営の意思について意識調査を行う必要があると考え、筆者独自の企業アンケートから日本企業のフリンジ・ベネフィットの実態に迫ることとしたい（201～205頁の調査票を参照されたい）。

「現金給与以外」のうち、「法定外福利費」や「退職金等費用」「教育訓練費」など（前述したように）経営者による裁量の余地の大きい費目を今後増やすのか減らすのか意向を尋ねることは、この分野における「課税と企業行動」を考えるうえで重要であると考える。

㊙

ご回答はFAXでお願いします
FAX 06-○○○-○○○○

1枚目／全5枚

これからの人事戦略の方向性に関する調査

会 社 名	
回答記入者	氏名
	所属・役職
	TEL（　　）　局　　番
	FAX（　　）　局　　番

平成10年12月（特別調査）

関西経営者協会　〒○○○
大阪市○○○○○○○○○○
TEL 06-○○○-○○○○
FAX 06-○○○-○○○○

―― ご回答企業のプロフィール ――

問1．貴社の業種は次のどれに属しますか？　売上高比率のもっとも大きい分野の番号に1つだけ○をつけて下さい。
1食品　2繊維（同製品）　3木材（同製品・家具）　4紙（同製品）　5印刷（出版・同関連）
6化学（石油・プラスチック・ゴム）　7窯業（土石製品）　8金属（鉄鋼・非鉄金属）
9機器　10その他製造　11建設　12商業　13金融（保険・証券）
14不動産　15運輸（倉庫・通信）　16サービス　17その他（農・林・漁業、鉱業、電気・ガス等を含む）

問2．貴社の直近の売上高（年商）と経常損益および資本金をお教え下さい。★単位は千円です
※今までで最も業績の良かった年度をお答え下さい
1）売上高：H8年度＿＿＿＿千円　H9年度＿＿＿＿千円　（※　　年度）＿＿＿＿千円
2）損益額：H8年度＿＿＿＿千円　H9年度＿＿＿＿千円
3）資本金：あてはまるところに○をつけて下さい
H9年度時点で　a.1億円以下　b.1億～10億円　c.10億～100億円　d.100億円以上

問3．貴社の現時点での正社員数をお教え下さい。＿＿＿＿人
★定時、嘱託、パートを除き、出向は含みます

―― 会社と従業員の関係（全般的な意識）について ――

日経連（関西経営者協会の上部団体）は、報告書『新時代の“日本的経営”（1995年）』のなかで、3つの雇用形態を提言しています。
つまり、（1）長期蓄積能力活用型グループ
（2）高度専門能力活用型グループ
（3）雇用柔軟型グループ　　の3形態です。

	雇用形態	賃金	退職金	昇進・昇格	福祉施策
(1)長期蓄積能力活用型グループ	期間の定めなし	月給制か年俸制..職能給..昇給あり	あり	役員昇進・昇格	生涯総合福祉（従来通り）
(2)高度専門能力活用型グループ	有期雇用契約	年俸制..業績給..昇給なし	なし	業績評価	生活援護施策（抜粋）
(3)雇用柔軟型グループ	有期雇用契約	時間給..職務給..昇給なし	なし	上位職務へ転換	生活援護施策（抜粋）

問4．1）日経連の上記主張は従来のように「従業員を全体として囲い込む」という発想から、「従業員を選別して基幹社員のみ囲い込む」という発想への転換を主張している訳ですが、貴社（ご回答者の個人的所見でも構いません）は、このような考え方に賛同されますか？
1．はい　　2．いいえ　　理由）
◇自由記入 ――→

2）貴社の「ありたい姿＝理想とする上記3形態の社員比率」をお示し下さい。
全社員に占める割合　★概数で結構でございます
（1）長期蓄積能力活用型グループ　＿＿＿％
（2）高度専門能力活用型グループ　＿＿＿％
（3）雇用柔軟型グループ　＿＿＿％
合計　100％

―― 人員構成（年齢別構成）について ――

問5．貴社の正社員の採用数についてお尋ねします。★概数で結構でございます
　　1）定期採用をしていますか？
　　　　1．はい　　　　　　2．いいえ　　今までで最も採用の多かった年　今までで最も採用の少なかった年
　　　　全体数---　H9年度_____人　　（　　年頃）_____人　（　　年頃）_____人
　　　　内訳　総合職--------_____人　　総合職--------_____人　総合職------_____人
　　　　　　　一般事務職---_____人　　一般事務職-_____人　一般事務職-_____人
　　　　　　　ライン.技能-_____人　　ライン.技能_____人　ライン.技能_____人

　　2a）現在の従業員の人員構成（年齢別構成）の「型」を下記よりお選び下さい。
　　　　1．ピラミッド型　　2．ちょうちん型　　3．ひょうたん型　　4．逆ピラミッド型
　　　　（台形型etc）　　　（円筒型etc）　　　　　　団塊　　　　　（こま型etc）
　　　　　　　　　　　　　　　　　　　　　　　　　　バブル

　　b）任用や人件費などの問題はありますか？
　　　　1．ある（あった）　　2．ない（なかった）
　　　　　└ c）それはどのような問題で、どのように解決されましたか？
　　　　　　　　　　　★今後、予想される事態についての記述でも結構でございます
　　　　　◇自由記入　問題点）　　　　　　　　　　具体的解決策）

―― 任用（人材登用）について ――

問6．貴社の役職者任用についてお尋ねします。
　　★役職者とは非組合員を指します。組合の無い企業等ではいわゆる"マネージャー"を指します。
　　1a）貴社の役職者数は何人ですか？　　　　_____人　★概数で結構でございます
　　　b）うち、女性の役職者数は何人ですか？　_____人　（いない場合は0を記入して下さい）
　　2）貴社の役職階層は何階層ですか？　　　　_____階層
　　3a）定期任用はしていますか？
　　　　1．はい　　　2．いいえ
　　　　└ b）年間何人くらいの任用を実施していますか？　階層別にお答え下さい。
　　　　　　c）階層別の現人員数をお教え下さい。
　　　　　　d）階層別のおよその平均年収（額面）をお教え下さい。
　　　　　　e）また、その階層に昇任した際の、だいたいの昇給額をお教え下さい。

役職階層の呼称	b年間任用数	c現人数	d平均年収	e昇任時の平均昇給額
_____	_____人	_____人	約_____万円	約_____万円
_____	_____人	_____人	約_____万円	約_____万円
_____	_____人	_____人	約_____万円	約_____万円
_____	_____人	_____人	約_____万円	約_____万円

★部長や課長などの呼称を　★概数で結構でございます　　単位は万円です
　ご記入下さい

　　4）任用は、職能資格制度に基づく任用ですか？それともポスト主義に基づく任用ですか？
　　　　（資格が上がれば任用する）　　　　　　　（ポストを用意して任用する）
　　　　　1．いわゆる職能資格制度　　　　2．いわゆるポスト主義

―― 任用（人材登用）について ――――――――――――――――――――――――――――――――――――― ３枚目／全５枚

問７．貴社の評価の仕組みについてお尋ねします。

貴社では人事考課（または評価）を制度として実施していますか？

１．実施している　　　　　　　　２．実施していない ……▶ 4枚目 問８．にお進み下さい。

「実施している」と回答された企業は以下、１）～６）の設問にお答え下さい。

１）　評価の対象時期・評価内容は次のどれに該当しますか？（複数回答可）

１．過去の実績に対して　　２．潜在的に持つ能力に対して　３．将来の目標に対して

２ａ）貴社では「多面評価（部下、同僚、上司などの評価）」を導入していますか？

１．導入している　　２．導入していない　　３．導入していたがやめた

（３の場合）└ （補問）なぜ、やめたのですか？

理由）＿＿＿＿＿＿＿＿＿＿＿＿

（２の場合）└ （補問）今後、導入する予定はありますか？

１．ある　２．ない

ｂ）評価者は被評価者（例えば課長クラス）から見て、次のどれに該当しますか？（複数回答可）

（評価する者）

１．経営者（含む役員）２．部長などの上司　３．同僚　４．部下　５．その他取引先等

３ａ）評価に際して、本社等での調整はありますか？

１．調整がある（相対評価）　　２．調整がない（絶対評価）

ｂ）何段階評価ですか？　また相対評価の分布基準をお教え下さい。

・（　　　　）段階　　　　（例：３段階の場合、A=25%　B=50%　C=25%）

・分布基準

（　　　　　　　　　　　　　　　　　　　　）

４ａ）評価を被評価者に対して、返して（フィードバックして）いますか？

（評価された者）

１．返している　　２．返していない ――▶（補問）将来的に、返す予定はありますか？

１．ある　２．ない

ｂ）いつ頃から返していますか？　（　　　　）年頃

ｃ）１次評価者がフィードバックしている場合、調整段階で評価が変わってしまった社員に対して、具体的にどのような説明を行っていますか？

自由記入欄）＿＿＿＿＿＿＿＿＿＿＿＿

５）　評価者の訓練（考課者訓練）を実施していますか？

（評価する者）

１．実施している　　２．実施していない ――▶（補問）将来的に、実施する予定はありますか？

１．ある　２．ない

６ａ）仕事によって、結果として評価の有利・不利が生じますか？

１．生じる　　２．生じない　　３．どちらともいえない

ｂ）評価の高くなりがちな職種に ✓ して下さい。（複数選択可）

□製造（技能系）□品質 生産管理 □営業 □営業支援（セールスエンジニア等）□研究開発 □人事・労務 □経理・財務 □企画 □その他（　　　　）

ｃ）評価の低くなりがちな職種に ✓ して下さい。（複数選択可）

□製造（技能系）□品質 生産管理 □営業 □営業支援（セールスエンジニア等）□研究開発 □人事・労務 □経理・財務 □企画 □その他（　　　　）

問8．貴社の費用面から見た福利厚生についてお尋ねします。

1）貴社（ご回答者の個人的所見でも構いません）では、労働費用の各細目の「変化」について、どのように考えておられますか？　あてはまるところに○をつけて下さい。

【労働費用の細目】	バブル絶頂期まで～1991年頃			バブル後現在まで91年頃～98年			今後21世紀に向け98年～			記入例		
対前年で──	増加	減少	据置	増加	減少	据置	増加	減少	据置	増加	減少	据置
労働費用総額											○	
現金給与												○
現金給与以外											○	
法定福利費										○		
法定外福利費											○	
退職金等費用												○
教育訓練費												○

2）上記項目のうち、特に「法定外福利費」について、さらに細目をお尋ね致します。あてはまるところに○をつけて下さい。

【法定外福利費の細目】	バブル絶頂期まで～1991年頃			バブル後現在まで91年頃～98年			今後21世紀に向け98年～		
対前年で──	増加	減少	据置	増加	減少	据置	増加	減少	据置
住居に関する費用									
医療保険に関する費用									
食事に関する費用									
文化.体育.娯楽に関する費用									
私的保険制度への拠出金									
財形奨励金等の費用									
労災･慶弔見舞い等の費用									

3）貴社（ご回答者の個人的所見でも構いません）は、今後21世紀に向けて、福利厚生（法定外）の適用に関して、雇用形態別（問4で示した日経連の3類型別）にどのように考えておられますか？　あてはまるところに○をつけて下さい。

【福利厚生（法定外）】	(1)長期貯蓄能力活用型グループ			(2)高度専門能力活用型グループ			(3)雇用柔軟型グループ		
21世紀に向けて──	適用	不適用	分からない	適用	不適用	分からない	適用	不適用	分からない
住居（寮･社宅等）									
医療保険									
食事									
文化.体育.娯楽									
私的保険制度									
財形奨励金等									
労災･慶弔見舞い等									

問９．貴社の制度面から見た福利厚生等の「実施状況」と「今後の方針」について　　５枚目／全５枚
お尋ねします。

１）今後の方針については、制度「有」の場合は1～4、「無」の場合は5～7のうち該当の欄に○をつけて下さい。

区分	制度の種類	制度の有無	制度「有」の場合の今後の方針　1 拡大・充実	2 現状維持	3 縮小・廃止	4 その他	制度「無」の場合の今後の方針　5 新設予定	6 新設予定無	7 その他
	記入例	(　)有 (○)無						○	
退職	1 退職一時金	(　)有 (　)無							
退職	2 企業年金	(　)有 (　)無							
財産形成等	3 財形貯蓄（一般）	(　)有 (　)無							
財産形成等	4 財形貯蓄（住宅）	(　)有 (　)無							
財産形成等	5 財形貯蓄（年金）	(　)有 (　)無							
財産形成等	6 社内預金	(　)有 (　)無							
財産形成等	7 従業員持ち株	(　)有 (　)無							
補償慶弔	8 労災の法定外給付	(　)有 (　)無							
補償慶弔	9 遺族生計援助	(　)有 (　)無							
補償慶弔	10 慶弔金	(　)有 (　)無							
共済保険	11 傷病・災害見舞金	(　)有 (　)無							
共済保険	12 共済会	(　)有 (　)無							
共済保険	13 団体生命保険	(　)有 (　)無							
健康・医療・育児・教育	14 人間ドッグ費用補助	(　)有 (　)無							
健康・医療・育児・教育	15 メンタルヘルス	(　)有 (　)無							
健康・医療・育児・教育	16 成人病対策（法定を上回るもの）	(　)有 (　)無							
健康・医療・育児・教育	17 健康管理・医務室（事務所内）	(　)有 (　)無							
健康・医療・育児・教育	18 公的保険の付加給付（差額ベッド費用補助）	(　)有 (　)無							
健康・医療・育児・教育	19 民間介護保険の保険料補助	(　)有 (　)無							
健康・医療・育児・教育	20 育児休業中の所得補償	(　)有 (　)無							
健康・医療・育児・教育	21 育児手当、ベビーシッター費補助	(　)有 (　)無							
健康・医療・育児・教育	22 保育所・託児所	(　)有 (　)無							
健康・医療・育児・教育	23 教育資金の貸付	(　)有 (　)無							
健康・医療・育児・教育	24 看護・介護休業中の所得補償	(　)有 (　)無							
健康・医療・育児・教育	25 看護・介護手当（付き添い看護費用補助）	(　)有 (　)無							
健康・医療・育児・教育	26 ホームヘルプ（同居家族の生活援助）	(　)有 (　)無							

区分	制度の種類	制度の有無	制度「有」の場合の今後の方針　1 拡大・充実	2 現状維持	3 縮小・廃止	4 その他	制度「無」の場合の今後の方針　5 新設予定	6 新設予定無	7 その他
	記入例	(○)有 (　)無			○				
余暇・生きがい対策	27 親睦旅行の経費補助	(　)有 (　)無							
余暇・生きがい対策	28 クラブ・同好会の運営費負担	(　)有 (　)無							
余暇・生きがい対策	29 体育文化祭、慰安会	(　)有 (　)無							
余暇・生きがい対策	30 保養所（直営）	(　)有 (　)無							
余暇・生きがい対策	31 保養所（契約）	(　)有 (　)無							
余暇・生きがい対策	32 体力づくり支援トレーニング・センター	(　)有 (　)無							
余暇・生きがい対策	33 リフレッシュ施設（事業所内）	(　)有 (　)無							
教育訓練	34 講演会参加資格取得費補助	(　)有 (　)無							
教育訓練	35 学位取得 国内・国外留学	(　)有 (　)無							
生活援助関連	36 給食・食費補助	(　)有 (　)無							
生活援助関連	37 赴任旅費	(　)有 (　)無							
生活援助関連	38 単身赴任者本人の帰省旅費	(　)有 (　)無							
生活援助関連	39 臨時支出に関する貸付	(　)有 (　)無							
生活援助関連	40 生活相談（法律・税務）	(　)有 (　)無							
住宅関連	41 住宅手当・家賃補助等	(　)有 (　)無							
住宅関連	42 世帯用社宅（社有）	(　)有 (　)無							
住宅関連	43 世帯用社宅（借上）	(　)有 (　)無							
住宅関連	44 独身寮	(　)有 (　)無							
住宅関連	45 住宅貸付（自社融資）	(　)有 (　)無							
住宅関連	46 住宅貸付（金融機関等 提携融資）	(　)有 (　)無							
住宅関連	47 住宅.宅地の斡旋・仲介	(　)有 (　)無							
住宅関連	48 転勤者や単身赴任者に対する住宅援助	(　)有 (　)無							
定年者・その他	49 定年退職記念慰安旅行等	(　)有 (　)無							
定年者・その他	50 OB会の結成、運営費補助	(　)有 (　)無							
定年者・その他	51 福利厚生業務の別会社化	(　)有 (　)無							
定年者・その他	52 カフェテリアプラン（選択的な福利厚生の適用）	(　)有 (　)無							

２）上記1～50の項目は大部分が、現在のところ損金性が認められています（“損金算入”可能）。
さて大蔵省は平成9年度の税制改正時に、1人50万円までしか福利厚生費の損金性を認めないとする案を出しました。仮に、1人あたりの額ではなく、項目別に損金の“不算入”が行われるとしたら、貴社では上記1～52のうち、どの項目が望ましいと考えられますか？5つ程度お答え下さい（優先順位もお付け下さい）。

【福利厚生の細目のうち、損金不算入とされてもよい項目】
項目番号　「１位」…(　　)　「２位」…(　　)　「３位」…(　　)　「４位」…(　　)　「５位」…(　　)

ご協力ありがとうございました。回答はFAX 06-○○○-○○○○宛　お願いいたします。

【回答企業のプロフィール】

大企業から中小企業までの幅広い対象において、企業のフリンジ・ベネフィットの中身に関して「経営の現場で何が起こっているか」を明らかにするためにアンケート調査を行った。

対象は、「関西経営者協会（以下、関経協と略す。）」[8]傘下の企業で、関経協の定例調査『雇用短観』に回答協力している500社、調査方法は（経営者もしくは人事労務担当責任者への）郵送アンケートである。調査時期は、1998（平成10）年12月時点であり、その表題は「これからの人事戦略の方向性に関する調査」である。

回答会社は114社、回収率は22.8%であった（なお、この回収率は関西経営者協会の他の調査より高かった。本テーマは経営者の関心が高かったのではないかと推察される）。

まず、回答企業のプロフィールについてまとめた**図表Ⅳ-5　回答企業のプロフィールについて**を参照されたい（208頁）。

回答企業114社の業種別内訳は、製造業71社（62.3%）、非製造業43社（37.7%）である。また、資本規模別内訳は、中小企業（資本金1億円以下）34社（29.8%）、中堅ないし大企業（資本金1億円超）80社（70.2%）である。ここで特筆すべき点は、実態把握の難しいとされる中小企業のデータが集まったことである。

【会社と従業員の関係】

会社と従業員の関係（全般的な意識）を調べたところ、「全従業員を長期継続雇用」という従来の発想から「基幹社員のみ長期継続雇用」という考え方へ、発想の転換を支持する企業が79%を占めた。

従業員を3種類①長期蓄積能力活用型、②高度専門能力活用型、③雇用柔軟型に分けた場合[9]、理想の比率を尋ねたところ、回答企業全体では①55%②23%③22%であり、特に「③雇用柔軟型」については大企業（資本金100億円以上）29%、中堅企業（資本金100億円未満～1億円超）22%、中小企業（資本金１億円以下）18％と規模間で格差が見られた（これらについては次頁の**図表Ⅳ-６　会社と従業員の関係**を参照されたい）。

【フリンジ・ベネフィット（従業員福祉）の方向】

さらに、フリンジ・ベネフィットについて尋ねたところ、労働費用総額を今後21世紀にかけて「減少させたい」とする企業は約半数（46％）、「据え置く」とした企業は約３割（31％）で、約半数が総額人件費の圧縮を図ろうとしており、特に、企業裁量の効く「法定外福利費の圧縮（減少）」に注力する模様である。また、法定外福利費を「増加させたい」とする企業は11％と少なく、大企業では皆無であった。

今回の調査では、特に、先述の従業員を３種類に分ける切り口からも、企業のフリンジ・ベネフィットの適用について尋ねた。結果、「①長期蓄積能力活用型」の従業員には法定外福利費の細目（住居・医療保険・食事・文化体育娯楽・私的保険・財形貯蓄・労災慶弔見舞い）を概ね「適用したい（「適用」平均66％）」とする一方、「③雇用柔軟型」の従業員には総じて法定外福利費の適用には消極的であった（「適用」平均32％）。（これらについては、従業員福祉の方向に関する**図表Ⅳ-７ａ　労働費用細目の変化、図表Ⅳ-７ｂ　法定外福利費細目の変化、図表Ⅳ-７ｃ　福利厚生（法定外）の雇用形態別適用**の通りである。（209～211頁））

図表Ⅳ-5　回答企業のプロフィールについて

業　種	(社)	構成比
合計	114	100.0%
製造業計	71	62.3%
1　食品	3	2.6%
2　繊維	1	0.9%
3　木材	0	0.0%
4　紙	2	1.8%
5　印刷	1	0.9%
6　化学	10	8.8%
7　窯業土石	1	0.9%
8　金属	9	7.9%
9　機器	15	13.2%
10　その他製造	13	11.4%
(製造業：業種回答なし)	16	14.0%
非製造業計	43	37.7%
11　建設	6	5.3%
12　商業	10	8.8%
13　金融	1	0.9%
14　不動産	4	3.5%
15　運輸	2	1.8%
16　サービス	9	7.9%
17　その他	1	0.9%
(非製造業：業種回答なし)	10	8.8%

資本規模	(社)	構成比
合計	114	100.0%
中小企業（資本金 1億円未満）	34	29.8%
中堅企業（資本金 1-100億円）	50	43.9%
大 企 業（資本金 100億円以上）	30	26.3%

図表Ⅳ-6　会社と従業員の関係

(問)「従業員を囲い込む」発想から「従業員を選別する」という発想への転換に賛同しますか？

○はい	×いいえ	(無回答)
90	16	8
79%	14%	7%

↓

(補-問) 理想とする社員比率は？

	①長期蓄積能力活用型	②高度専門能力活用型	③雇用柔軟型
全体	54.8%	22.9%	22.3%
大企業	53.1%	18.2%	28.7%
中堅企業	56.4%	21.7%	21.9%
中小企業	53.6%	28.3%	18.1%

図表Ⅳ-７a　従業員福祉の方向（労働費用細目の変化）

（問a）貴社では労働費用の各細目の変化について、どのように考えておられますか？

※無回答企業除く（実数ベース）

上段（社） 下段（構成比％）	バブル絶頂期 （91年頃まで）			バブル後現在まで （91-98）			今後21世紀にかけて （99-）		
	増加	減少	据置	増加	減少	据置	増加	減少	据置
労働費用総額	103 96%	2 2%	2 2%	61 56%	26 24%	21 19%	25 23%	49 46%	33 31%
現金給与	106 95%	2 2%	4 4%	67 59%	22 19%	24 21%	24 21%	37 33%	52 46%
現金給与以外	80 84%	2 2%	13 14%	42 45%	21 22%	31 33%	20 21%	34 36%	40 43%
法定福利費	97 88%	2 2%	11 10%	75 66%	12 11%	26 23%	53 46%	19 17%	42 37%
法定外福利費	89 80%	2 2%	20 18%	42 37%	30 27%	41 36%	13 11%	56 49%	45 39%
退職金等費用	76 69%	4 4%	30 27%	67 59%	7 6%	39 35%	46 40%	18 16%	50 44%
教育訓練費	81 74%	2 2%	27 25%	33 29%	33 29%	47 42%	35 31%	24 21%	55 48%

＜規模別＞		増加	減少	据置	増加	減少	据置	増加	減少	据置
労働費用総額	全体	103	2	2	61	26	21	25	49	33
	大企業	30	0	0	16	7	7	3	18	8
	中堅企業	45	1	1	25	11	11	10	23	14
	中小企業	28	1	1	20	8	3	12	8	11
現金給与	全体	106	2	4	67	22	24	24	37	52
	大企業	30	0	0	18	3	9	1	11	18
	中堅企業	47	1	1	28	12	10	9	18	23
	中小企業	29	1	3	21	7	5	14	8	11
現金給与以外	全体	80	2	13	42	21	31	20	34	40
	大企業	25	0	1	16	3	7	4	11	10
	中堅企業	34	2	4	16	10	12	6	16	16
	中小企業	21	0	8	10	8	12	10	7	14
法定福利費	全体	97	2	11	75	12	26	53	19	42
	大企業	29	0	1	24	1	5	17	6	7
	中堅企業	42	1	5	31	8	11	19	10	21
	中小企業	26	1	5	20	3	10	17	3	14
法定外福利費	全体	89	2	20	42	30	41	13	56	45
	大企業	27	1	2	16	8	6	0	18	12
	中堅企業	37	1	11	14	15	21	4	30	16
	中小企業	25	0	7	12	7	14	9	8	17
退職金等費用	全体	76	4	30	67	7	39	46	18	50
	大企業	24	1	5	23	3	4	15	4	11
	中堅企業	31	2	15	27	3	20	17	10	23
	中小企業	21	1	10	17	1	15	14	4	16
教育訓練費	全体	81	2	27	33	33	47	35	24	55
	大企業	26	1	3	7	9	14	3	10	17
	中堅企業	33	1	14	13	15	22	16	9	25
	中小企業	22	0	10	13	9	11	16	5	13

図表Ⅳ-7b　従業員福祉の方向（法定外福利費細目の変化）

（問b）特に「法定外福利費」の細目の変化について、どのように考えておられますか？

※無回答企業除く（実数ベース）

	上段（社） 下段（構成比％）	バブル絶頂期 （91年頃まで）			バブル後現在まで （91-98）			今後21世紀にかけて （99-）		
		増加	減少	据置	増加	減少	据置	増加	減少	据置
法定外福利費	①住居に関する費用	68	4	39	38	19	53	11	41	59
		61%	4%	35%	35%	17%	48%	10%	37%	53%
	②医療保険	58	1	46	46	10	49	27	17	61
		55%	1%	44%	44%	10%	47%	26%	16%	58%
	③食事に関する費用	50	5	50	23	25	57	6	39	60
		48%	5%	48%	22%	24%	54%	7%	37%	57%
	④文化･体育娯楽	70	3	38	25	38	48	7	54	50
		63%	3%	34%	23%	34%	43%	6%	49%	45%
	⑤私的保険への拠出金	37	3	55	16	13	65	8	23	64
		39%	3%	58%	17%	14%	69%	8%	24%	67%
	⑥財形奨励金	39	3	57	17	16	67	6	23	70
		39%	3%	58%	17%	16%	67%	6%	23%	71%
	⑦労災慶弔見舞等	48	2	59	37	9	64	12	16	83
		44%	2%	54%	34%	8%	58%	11%	14%	75%

＜規模別＞		増加	減少	据置	増加	減少	据置	増加	減少	据置
①住居	全体	68	4	39	38	19	53	11	41	59
	大企業	26	3	0	13	5	11	1	18	11
	中堅企業	26	1	21	15	9	23	4	17	27
	中小企業	16	0	18	10	5	19	6	6	21
②医療保険	全体	58	1	46	46	10	49	27	17	61
	大企業	23	0	5	19	2	7	7	5	17
	中堅企業	23	1	21	18	6	21	13	8	24
	中小企業	12	0	20	9	2	21	7	4	20
③食事	全体	50	5	50	23	25	57	6	39	60
	大企業	20	2	7	8	8	13	1	17	12
	中堅企業	19	3	25	10	12	25	2	18	27
	中小企業	11	0	18	5	5	19	3	4	21
④文化体育娯楽	全体	70	3	38	25	38	48	7	54	50
	大企業	22	0	7	6	8	15	0	17	13
	中堅企業	30	1	19	10	19	21	2	26	22
	中小企業	18	2	12	9	11	12	5	11	15
⑤私的保険拠出金	全体	37	3	55	16	13	65	8	23	64
	大企業	14	0	10	4	3	16	1	6	18
	中堅企業	14	1	27	7	4	32	4	12	27
	中小企業	9	2	18	5	6	17	3	5	19
⑥財形奨励金	全体	39	3	57	17	16	67	6	23	70
	大企業	19	0	9	8	5	16	1	9	20
	中堅企業	12	1	29	6	7	30	3	11	29
	中小企業	8	2	19	3	4	21	2	3	21
⑦労災慶弔見舞等	全体	48	2	59	37	9	64	12	16	83
	大企業	19	0	10	12	3	14	0	8	22
	中堅企業	18	2	26	12	4	31	5	5	38
	中小企業	11	0	23	13	2	19	7	3	23

図表Ⅳ-７c　従業員福祉の方向（福利厚生（法定外）の雇用形態別適用）

（問c）21世紀にかけて、福利厚生（法定外）の適用に関して雇用形態別にどのように考えておられますか？

※無回答企業除く（実数ベース）

	上段（社） 下段（構成比％）	長期蓄積能力活用型グループ			高度専門能力活用型グループ			雇用柔軟型グループ		
		適用	不適用	分からない	適用	不適用	分からない	適用	不適用	分からない
法定外福利費	①住居	75	16	12	40	36	23	15	60	24
	寮・社宅	73%	16%	12%	40%	36%	23%	15%	61%	24%
	②医療保険	79	3	19	60	11	26	48	22	27
		78%	3%	19%	62%	11%	27%	49%	23%	28%
	③食事に	54	29	18	39	32	26	35	39	23
	関する費用	53%	29%	18%	40%	33%	27%	36%	40%	24%
	④文化・体育	67	16	20	43	30	27	35	35	29
	娯楽	65%	16%	19%	43%	30%	27%	35%	35%	29%
	⑤私的保険	43	28	30	23	43	30	13	54	29
	への拠出金	43%	28%	30%	24%	45%	31%	14%	56%	30%
	⑥財形奨励金	66	16	18	26	41	29	12	57	27
		66%	16%	18%	27%	43%	30%	13%	59%	28%
	⑦労災	89	3	12	69	11	20	61	19	20
	慶弔見舞等	86%	3%	12%	69%	11%	20%	61%	19%	20%

＜規模別＞		適用	不適用	分からない	適用	不適用	分からない	適用	不適用	分からない
①住居	全体	75	16	12	40	36	23	15	60	24
寮・社宅	大企業	24	1	0	11	9	4	2	19	3
	中堅企業	36	7	3	18	18	9	6	29	10
	中小企業	15	8	9	11	9	10	7	12	11
②医療保険	全体	79	3	19	60	11	26	48	22	27
	大企業	23	0	2	16	3	5	13	7	4
	中堅企業	36	2	7	29	5	10	21	12	11
	中小企業	20	1	10	15	3	11	14	3	12
③食事	全体	54	29	18	39	32	26	35	39	23
	大企業	15	6	4	11	7	6	10	9	5
	中堅企業	27	12	6	18	17	9	16	21	7
	中小企業	12	11	8	10	8	11	9	9	11
④文化	全体	67	16	20	43	30	27	35	35	29
体育	大企業	18	4	3	11	7	6	10	8	6
娯楽	中堅企業	35	6	6	21	16	9	16	19	11
	中小企業	14	6	11	11	7	12	9	8	12
⑤私的保険	全体	43	28	30	23	43	30	13	54	29
拠出金	大企業	15	7	3	6	11	7	3	15	6
	中堅企業	19	14	13	11	23	11	5	31	9
	中小企業	9	7	14	6	9	12	5	8	14
⑥財形	全体	66	16	18	26	41	29	12	57	27
奨励金	大企業	21	3	1	6	14	4	1	20	3
	中堅企業	28	7	9	11	17	15	4	27	12
	中小企業	17	6	8	9	10	10	7	10	12
⑦労災	全体	89	3	12	69	11	20	61	19	20
慶弔見舞	大企業	24	1	0	15	5	4	15	7	2
等	中堅企業	43	2	2	36	4	6	30	8	8
	中小企業	22	0	10	18	2	10	16	4	10

【フリンジ・ベネフィットの制度的中身ー現状と今後ー】

フリンジ・ベネフィットの制度的中身を個別に尋ねてみた（今回の調査については、**図表Ⅳ-8 福利厚生等の実施状況と今後の方針**を参照されたい（213、214頁））。親睦旅行の経費補助や体力づくり支援などここに列挙している約50の細目については、関経協がバブル最中の1991年に実施した「福利厚生制度調査」との経年比較分析が可能である（詳しくは、**図表Ⅳ-9 関経協のフリンジ・ベネフィット調査に関する91年調査と98年調査の比較**を参照されたい（215、216頁））。

総じて言えば、フリンジ・ベネフィット諸制度の中身を個別に見て、スクラップ・アンド・ビルドを進めたい、という企業サイドの意向が顕著に示されている。

例えば、「住宅」に関しては、前回の調査（関経協91年調査）では、「世帯用社宅（社有）」の「拡大充実」を回答してきた企業は約３割（32%）であったが、今回（98年調査）で同項目を「拡大充実」とした企業はわずか１社（0.9%）であった。

今回の調査によると、「親睦旅行」「クラブ・同好会」「体育文化祭」などが軒並み「規模縮小」で検討されている。（各々順に29社、34社、31社）

他方、「メンタルヘルス」や「成人病対策」は「拡大充実」（順に７社、19社）、あるいは「新設予定あり」（順に12社、８社）ということで、企業はフリンジ・ベネフィット諸制度にメリハリをつけようとしていることが分かる。

図表Ⅳ-8　福利厚生の実施状況と今後の方針

（問）福利厚生等の「実施状況」と「今後の方針」について

【全体】n=114 ただし、無回答除く	現在、制度「有」								現在、制度「無」					
	①拡大充実	うち、大企業	②現状維持	うち、大企業	③縮小廃止	うち、大企業	④その他	うち、大企業	⑤新設予定あり	うち、大企業	⑥新設予定なし	うち、大企業	⑦その他	うち、大企業
1 退職一時金	12	3	86	23	9	2	4	2	1	0	2	0	0	0
2 企業年金	17	2	64	18	14	5	6	4	0	0	9	0	2	0
3 財形貯蓄（一般）	2	0	86	21	9	5	2	2	0	0	15	2	1	0
4 財形貯蓄（住宅）	3	0	87	25	6	3	2	2	0	0	15	0	1	0
5 財形貯蓄（年金）	5	1	72	24	4	2	2	2	0	0	28	1	2	0
6 社内預金	0	0	7	3	5	9	0	0	0	0	85	15	4	3
7 従業員持株	22	5	57	22	3	2	1	1	3	0	28	0	0	0
8 労災の法定外給付	13	3	77	24	2	1	1	1	0	0	17	1	3	0
9 遺族生計援助	2	2	33	23	1	1	1	1	0	0	69	2	3	0
10 慶弔金	8	0	99	25	5	3	2	2	0	0	0	0	0	0
11 傷病・災害見舞い金	10	3	95	23	4	3	1	1	0	0	2	0	1	0
12 共済会	6	4	45	15	7	6	0	0	4	0	46	3	3	1
13 団体生命保険	8	3	80	21	11	3	1	1	0	0	14	2	0	0
14 人間ドック費用補助	10	4	57	11	6	4	2	2	5	0	25	5	5	2
15 メンタルヘルス	7	5	15	8	0	0	1	1	12	5	62	10	14	1
16 成人病対策	19	7	31	10	1	1	1	1	8	1	45	7	5	1
17 健康管理・医務室	6	2	39	22	4	1	1	1	0	0	56	4	5	0
18 公的保険の付加給付	1	1	19	11	4	3	1	1	0	0	75	11	9	2
19 民間介護保険料補助	2	2	4	3	0	0	1	1	6	1	86	20	12	3
20 育児休業中所得補償	3	1	21	12	0	0	1	1	2	0	74	14	10	1
21 育児手当	1	1	8	4	0	0	1	0	0	0	94	21	7	3
22 保健所・託児所	1	1	0	0	0	0	1	1	0	0	105	25	4	3
23 教育資金の貸付	2	1	52	19	4	4	2	2	1	0	46	3	7	1
24 看護休業中所得補償	2	1	13	8	0	0	1	1	7	2	78	16	11	2
25 看護・介護手当	1	1	5	5	0	0	1	1	4	2	86	16	13	4

図表Ⅳ-8（つづき）

【全体】n=114 ただし、無回答除く	現在、制度「有」								現在、制度「無」					
	①拡大充実	うち、大企業	②現状維持	うち、大企業	③縮小廃止	うち、大企業	④その他	うち、大企業	⑤新設予定あり	うち、大企業	⑥新設予定なし	うち、大企業	⑦その他	うち、大企業
26 ホームヘルプ	2	2	12	12	1	1	2	2	1	0	85	10	8	3
27 親睦旅行の経費補助	0	0	36	5	29	9	4	3	1	0	43	13	0	0
28 クラブ・同好会	1	1	49	10	34	16	3	2	0	0	25	1	1	0
29 体育文化祭・慰安会	1	1	47	9	31	17	3	1	0	0	29	2	1	0
30 保養所（直営）	1	0	22	7	22	17	1	1	0	0	63	5	2	0
31 保養所（契約）	7	3	55	15	17	10	0	0	2	0	28	1	4	1
32 体力づくり支援	2	1	21	11	9	6	0	0	2	0	70	10	8	2
33 リフレッシュ施設	0	0	21	13	5	4	0	0	3	0	74	12	7	1
34 講演会参加	26	4	59	17	3	1	2	1	2	0	18	5	3	2
35 学位取得	4	2	21	12	1	1	2	1	1	0	74	11	8	3
36 給食・食費補助	1	0	59	16	18	10	2	1	0	0	32	2	1	1
37 赴任旅費	4	1	96	25	8	3	1	1	0	0	5	0	0	0
38 単身赴任者帰省旅費	5	3	83	22	8	3	1	1	1	0	16	1	0	0
39 臨時支出貸付	4	1	74	18	6	2	2	2	0	0	27	7	0	0
40 生活相談（法律等）	4	2	16	11	1	1	1	1	4	1	74	12	11	2
41 住宅手当・家賃補助	6	3	70	13	16	6	4	3	2	0	16	5	0	0
42 世帯用社宅（社有）	1	0	32	10	27	16	2	2	0	0	48	2	1	0
43 世帯用社宅（借上）	3	2	64	18	15	6	2	2	0	0	27	2	1	0
44 独身寮	0	0	64	21	17	8	2	1	0	0	28	0	0	0
45 住宅貸付（自社融資）	3	1	50	14	10	5	1	0	0	0	46	9	4	1
46 住宅貸付（提携融資）	6	3	56	22	3	3	1	1	3	0	41	0	2	0
47 住宅斡旋・仲介	1	1	18	12	1	1	3	1	1	1	83	12	5	2
48 転勤者等の住宅援助	6	2	78	21	6	3	1	1	0	0	21	3	2	0
49 定年退職記念	1	0	37	17	8	6	2	2	2	0	56	4	6	1
50 OB会の運営費補助	2	2	48	20	6	3	2	1	6	0	41	3	6	1

図表Ⅳ-9　関経協のフリンジ・ベネフィット調査に関する91年調査と98年調査の比較

（福利厚生等の「実施状況」と「今後の方針」について回答総数に占める割合）

	【全体】n=114 ただし、無回答除く 単位（%）	現在、制度「有」									現在、制度「無」					
		①拡大充実			②現状維持			③縮小廃止			⑤新設予定あり			⑥新設予定なし		
		91年	98年	91→98	91年	98年	91→98	91年	98年	91→98	91年	98年	91→98	91年	98年	91→98
退職	1 退職一時金	-	10.5	-	-	75.4	-	-	7.9	-	-	0.9	-	-	1.8	-
	2 企業年金	-	10.5	-	-	57.1	-	-	12.5	-	-	0.0	-	-	8.0	-
財産形成	3 財形貯蓄（一般）	7.1	1.7	▲5.4	81.0	74.8	▲6.2	1.0	7.8	6.8	1.0	0.0	▲1.0	8.8	13.0	4.2
	4 財形貯蓄（住宅）	10.2	2.6	▲7.6	73.2	76.3	3.1	0.3	5.3	5.0	1.0	0.0	▲1.0	12.2	13.2	1.0
	5 財形貯蓄（年金）	10.2	4.4	▲5.8	67.3	63.7	▲3.6	0.0	3.5	3.5	2.4	0.0	▲2.4	16.0	24.8	8.8
	6 社内預金	1.7	0.0	▲1.7	25.4	6.3	▲19.1	3.1	13.5	10.4	2.4	0.0	▲2.4	60.1	76.6	16.5
	7 従業員持株	14.5	19.3	4.8	42.4	50.0	7.6	0.0	2.6	2.6	4.8	2.6	▲2.2	31.0	24.6	▲6.4
補償慶弔 共済保険	8 労災の法定外給付	16.2	11.5	▲4.7	55.0	68.1	13.1	0.0	1.8	1.8	2.1	0.0	▲2.1	21.0	15.0	▲6.0
	9 遺族生計援助	1.4	1.8	0.4	12.8	30.3	17.5	0.0	0.9	0.9	2.1	0.0	▲2.1	75.7	63.3	▲12.4
	10 慶弔金	21.6	7.0	▲14.6	77.0	86.8	9.8	0.0	4.4	4.4	0.0	0.0	0.0	0.3	0.0	▲0.3
	11 傷病・災害見舞い金	19.3	8.8	▲10.5	78.0	84.1	6.1	0.0	3.5	3.5	0.3	0.0	▲0.3	0.7	1.8	1.1
	12 共済会	10.6	5.4	▲5.2	43.7	40.5	▲3.2	0.0	6.3	6.3	2.7	3.6	0.9	36.2	41.4	5.2
	13 団体生命保険	11.6	7.0	▲4.6	78.5	70.2	▲8.3	0.3	9.6	9.3	1.0	0.0	▲1.0	7.8	12.3	4.5
健康医療 育児教育	14 人間ドック費用補助	13.6	9.1	▲4.5	48.6	51.8	3.2	0.0	5.5	5.5	4.4	4.5	0.1	27.2	22.7	▲4.5
	15 メンタルヘルス	8.0	6.3	▲1.7	8.0	13.5	5.5	0.0	0.0	0.0	7.6	10.8	3.2	65.1	55.9	▲9.2
	16 成人病対策	17.9	17.3	▲0.6	37.2	28.2	▲9.0	0.0	0.9	0.9	6.9	7.3	0.4	31.7	40.9	9.2
	17 健康管理・医務室	5.9	5.4	▲0.5	24.1	35.1	11.0	0.3	3.6	3.3	2.4	0.0	▲2.4	62.1	50.5	▲11.6
	18 公的保険の付加給付	1.0	0.9	▲0.1	11.4	17.4	6.0	0.0	3.7	3.7	2.8	0.0	▲2.8	75.9	68.8	▲7.1
	19 民間介護保険料補助	-	1.8	-	-	3.6	-	-	0.0	-	-	5.4	-	-	77.5	-
	20 育児休業中所得補償	4.5	2.7	▲1.8	19.9	18.9	▲1.0	0.0	0.0	0.0	30.5	1.8	▲28.7	36.0	66.7	30.7
	21 育児手当	-	0.9	-	-	7.2	-	-	0.0	-	-	0.0	-	-	84.7	-
	22 保健所・託児所	0.0	0.9	0.9	1.0	0.0	▲1.0	0.0	0.0	0.0	0.3	0.0	▲0.3	92.1	94.6	2.5
	23 教育資金の貸付	3.1	1.8	▲1.3	20.9	45.6	24.7	0.3	3.5	3.2	2.7	0.9	▲1.8	65.8	40.4	▲25.4
	24 看護休業中所得補償	1.0	1.8	0.8	6.2	11.6	5.4	0.0	0.0	0.0	9.6	6.3	▲3.3	68.4	69.6	1.2
	25 看護・介護手当	2.4	0.9	▲1.5	13.4	4.5	▲8.9	0.0	0.0	0.0	2.7	3.6	0.9	72.2	78.2	6.0

図表Ⅳ-9（つづき）

	【全体】n=114 ただし、無回答除く 単位（%）	現在、制度「有」									現在、制度「無」					
		①拡大充実			②現状維持			③縮小廃止			⑤新設予定あり			⑥新設予定なし		
		91年	98年	91→98	91年	98年	91→98	91年	98年	91→98	91年	98年	91→98	91年	98年	91→98
健康医療育児教育	26 ホームヘルプ	2.4	1.8	▲0.6	9.7	10.8	1.1	0.0	0.9	0.9	2.1	0.9	▲1.2	76.5	76.6	0.1
余暇	27 親睦旅行の経費補助	15.6	0.0	▲15.6	64.1	31.9	▲32.2	1.4	25.7	24.3	0.7	0.9	0.2	14.9	38.1	23.2
生きがい	28 クラブ・同好会	31.3	0.9	▲30.4	51.0	43.4	▲7.6	0.7	30.1	29.4	0.7	0.0	▲0.7	12.2	22.1	9.9
	29 体育文化祭・慰安会	3.4	0.9	▲2.5	28.2	42.0	13.8	1.7	27.7	26.0	2.7	0.0	▲2.7	50.5	25.9	▲24.6
	30 保養所（直営）	8.2	0.9	▲7.3	35.1	19.8	▲15.3	0.3	19.8	19.5	0.7	0.0	▲0.7	50.2	56.8	6.6
	31 保養所（契約）	25.3	6.2	▲19.1	43.0	48.7	5.7	0.0	15.0	15.0	4.4	1.8	▲2.6	23.2	24.8	1.6
	32 体力づくり支援	7.2	1.8	▲5.4	12.2	18.8	6.6	0.2	8.0	7.8	3.4	1.8	▲1.6	69.0	62.5	▲6.5
	33 リフレッシュ施設	4.8	0.0	▲4.8	10.3	19.1	8.8	0.0	4.5	4.5	5.2	2.7	▲2.5	71.4	67.3	▲4.1
教育訓練	34 講演会参加	-	23.0	-	-	52.2	-	-	2.7	-	-	1.8	-	-	15.9	-
	35 学位取得	-	3.6	-	-	18.9	-	-	0.9	-	-	0.9	-	-	66.7	-
生活援助	36 給食・食費補助	12.0	0.9	▲11.1	48.5	52.2	3.7	0.3	15.9	15.6	0.3	0.0	▲0.3	36.4	28.3	▲8.1
	37 赴任旅費	-	3.5	-	-	84.2	-	-	7.0	-	-	0.0	-	-	4.4	-
	38 単身赴任者帰省旅費	-	4.4	-	-	72.8	-	-	7.0	-	-	0.9	-	-	14.0	-
	39 臨時支出貸付	10.2	3.5	▲6.7	56.9	65.5	8.6	0.3	5.3	5.0	1.0	0.0	▲1.0	26.8	23.9	▲2.9
	40 生活相談（法律等）	-	3.6	-	-	14.4	-	-	0.9	-	-	3.6	-	-	66.7	-
住宅関連	41 住宅手当・家賃補助	-	5.3	-	-	61.4	-	-	14.0	-	-	1.8	-	-	14.0	-
	42 世帯用社宅（社有）	16.0	0.9	▲15.1	32.1	28.8	▲3.3	2.0	24.3	22.3	1.4	0.0	▲1.4	42.0	43.2	1.2
	43 世帯用社宅（借上）	14.4	2.7	▲11.7	46.9	57.1	10.2	1.4	13.4	12.0	3.8	0.0	▲3.8	28.4	24.1	▲4.3
	44 独身寮	32.5	0.0	▲32.5	29.8	57.7	27.9	1.4	15.3	13.9	3.4	0.0	▲3.4	28.4	25.2	▲3.2
	45 住宅貸付（自社融資）	12.7	2.6	▲10.1	27.5	43.9	16.4	3.1	8.8	5.7	1.4	0.0	▲1.4	49.8	40.4	▲9.4
	46 住宅貸付（提携融資）	12.1	5.4	▲6.7	23.2	50.0	26.8	1.0	2.7	1.7	2.4	2.7	0.3	55.0	36.6	▲18.4
	47 住宅斡旋・仲介	2.4	0.9	▲1.5	7.2	16.1	8.9	0.0	0.9	0.9	3.1	0.9	▲2.2	79.0	74.1	▲4.9
	48 転勤者等の住宅援助	13.3	5.3	▲8.0	53.8	68.4	14.6	0.0	5.3	5.3	2.8	0.0	▲2.8	25.8	18.4	▲7.4
定年者	49 定年退職記念	3.4	0.9	▲2.5	17.9	33.0	15.1	1.0	7.1	6.1	4.8	1.8	▲3.0	61.0	50.0	▲11.0
	50 OB会の運営費補助	11.0	1.8	▲9.2	29.2	43.2	14.0	0.3	5.4	5.1	7.2	5.4	▲1.8	45.4	36.9	▲8.5
その他	51 福利厚生別会社化	2.1	3.7	▲1.6	3.8	4.6	0.8	0.0	0.9	0.9	3.1	6.4	3.3	80.7	76.1	▲4.6
	52 カフェテリアプラン	-	1.9	-	-	1.9	-	-	0.0	-	-	17.6	-	-	62.0	-

※91年および98年に各々調査していない項目は空欄にしている。

【〔２a〕の小括ーアンケート調査結果の整理ー】

〔１〕のマクロ経済統計・分析で見られた傾向が、今次のミクロ経済調査（企業調査 a.アンケート調査）で、一層顕著に示された。

すなわち、企業計（大〜中小）で見れば、労働費用総額を21世紀にかけて「減少させたい」とする企業が大半で、特に企業裁量の効く法定外福利費の圧縮に注力する模様である。特に、資本金100億円以上の「大企業」においては、回答総数30社のうち、法定外福利費を21世紀に向けて「増加させたい」とする企業は皆無（０社）であった。

今回の調査では特に、「①コア人材」「②専門プロ」「③流動化させたい人材」という別の切り口からも諸制度の適用について聞いた。

結果を見れば、「①コア人材」へは法定外福利費の細目を概ね適用したいとする一方で、「③流動化させたい人材」には総じて法定外福利費の適用には消極的であった。

さらに、制度の中身を個々に見て、スクラップ・アンド・ビルドを進めたい、という意向は顕著である。自由記入欄を見て興味深かったのは、前回調査（関経協91年調査）では「親睦旅行の経費補助の非課税範囲の拡大を望む」とか「給食・食費補助の非課税範囲の拡大を望む」といった意見もあったが、今回の調査では「親睦旅行」や「給食」を「損金不算入を可としてよい」として、個々の企業の意思決定レベルにおいてその制度を存続させる意思がない、と読む解釈もあり得る。この辺りの意識の変化には隔世の感がある。

〔２b〕ミクロ経済調査（企業調査）ーb.インタビュー調査ー

〔２a〕では、企業のフリンジ・ベネフィットに関して、大企業から中小企業まで「経営の現場でかなりの意識変化が起こっている」ことがアンケート調査によって明らかにされた。

この〔２b〕では、従業員を「囲い込む」カルチャーから「選別し流動化させる」という方向へ、大きく舵を切りつつある企業の人事制度設計者に対して、直接インタビューを試みることで「経営の現場での意識変化」および「国と企業の福祉に関するコスト分担の考え方」などを明らかにする。

インタビュー先は、従業員の選別意識や法定外福利費の圧縮意向が相対的に強い大企業を中心に3社行った。

【a社のケース】

a社は従業員数が約23,500名であり、インタビューに応じていただいたのは人事部の担当部長、担当課長、担当者の3名である。インタビューは1999年6月18日、a社本社にて行った。

まず尋ねたのは「福利厚生制度の概要」についてである。担当部長から次のような回答を得た。

> 労使双方に、『福祉にお金をかけられない』というコンセンサスがある。今度、労使でプロジェクトを立ち上げた。現時点で中間報告の基本線の合意を得た。あとは個別項目ごとに検討していく。
>
> 98年1月から「雇用処遇プロジェクト」と称して、労使共同で勉強会を始めた。分科会は3つある。①勤務委員会、②人事処遇・賃金委員会、③福祉ビジョン再構築委員会である。

次に「福祉ビジョン再構築委員会」で話し合われた内容などを尋ねたところ、担当課長および担当者から次のような回答を得た。

> 雇用形態に応じて企業福祉の内容を変える労使合意ができた。細目は5つ。①住宅福祉、②不測の事態対応、③医療関係、④財形、⑤文化体育行事への補助金である。
>
> ＜①住宅福祉について＞
>
> 社宅住まいからの徴収金額は平均して、月額1.8万円である。これを将来的には月額5万円まで引き上げたい。ただ、組合が難色を示しているので漸進的にならざるを得ない。現状の合意事項は、年に3,000円程度の引上げである。した

がって、10年かけて徐々に目標額まで持っていく。

社宅入居は原則10年間である。延長５年は認めているが、徴収金額は若干アップする。

最近は借上げ社宅を選ぶ者も多い。この場合、家賃の50％本人負担（会社都合で転勤した場合）と家賃60％本人負担（本人希望で社宅を選ばず、賃貸マンションに入る場合）の２種類がある。

このような、いわゆる『認定社宅』を制度上認めているのは『住宅手当』として支払うと本人が課税されるためである。今後も、認定社宅方式については、あくまでも本人非課税の現物給付という形式は維持する。

最近、男女雇用機会均等法（雇均法）ができたので若干規定を修正した。すなわち、世帯主規定をおいていたのだが、女性社員の場合はそれを証明するものを提出させていた。これは雇均法に抵触するので改訂した。

＜②不測事の対応について＞

基本的には『祝い金を絞り、不慮の弔慰金は増やし』たい。金額的には『世間相場』並み。

組合員と非組合員で制度的に差があった部分を解消した。すなわち、組合員には共済会があり、例えば親が亡くなると会社規定と組合共済会から２つの弔慰金を手にしていた。逆に非組合員は会社からしか出なかった。これは阪神大震災を契機に考え出された部分である。

＜③医療関係について＞

健保問題が深刻である。会社の業績と密接にリンクしてくる。現状、1,000分の92という上限ぎりぎりの健保料として徴収。介護保険が導入されたら1,000分の13はアップする。健保料のアップは手取り給与の減少を意味するから、早急に医療費抑制に手を付けたい。

実はa社では、40歳以上の正社員に毎年簡易人間ドックを実施している。これは法定以上のことを行っているという意味で早急に見直す。費用補助をするから『自分で人間ドックへ行きなさい』と言う。

他方、歯の検診は新規に採り入れた。理由は歯医者関連が支出医療費の中心にあり、悪くなってから歯医者に行くので金がかかって健保支出が増える。悪くなる前に虫歯等の早期発見によって医療費抑制を目論んでいる。

<④財形について>

住宅積立貯金はやめた。社内預金金利は1.5%としていたが、これも『一般財形』に置き換えた。

<⑤文化体育行事への補助金について>

レクリエーション補助費は去年からやめた。だいたい1人8,000円程度の補助を行っていた。事業場によっては夏祭りができなくなった、等の苦情が寄せられたが、レク費補助を今後復活させる考えはない。

事業場（特に）工場単位での運動会、あるいは大会運営費補助（年間約1,000万円）もやめた。

最後に「カフェテリア・プランなど、フリンジ・ベネフィットに関するa社独自の見直し」を尋ねたところ、担当部長より次のような回答を得た。

カフェテリア方式を導入した企業は、必ずしも総額人件費の圧縮がなされていない。『福祉手当としてお金を従業員に渡しきり、ケアも何も会社は致しません』というのが理想である。『合理的公平性』という大義名分を多用している。

また、勤功表彰の見直しを始めた。長く勤務することが良い、というご時世ではない。早期退職制度などを利用して、むしろ早くやめる人にたくさんあげた方がよい。

30年勤続者に有給10日と旅行券30万円を与えていたが、12万円まで引き下げた。（5年勤続者に対しては有給5日、10年で10日、15年で5日、20年で10日、25年で5日、30年で10日の有給休暇別途付与は継続）

早期退職制度は制度設計が難しい。①退職金勘定処理か引当金処理か。全員対象でないから引当しないのかどうか。②本人にとって退職所得か一時所得か。税務当局の説得のためには退職金規定をいじる必要もある。さらにそうした退職者の退職金を年金化するのは管理が面倒なので本音ではやりたくない。

a社のインタビューを概括し、以下4点を強調しておきたい。

第1に、すでに「企業は労務管理上、雇用流動化に舵を切った」ということを改めて確認したことである。30年勤続者への旅行券配布を30万円から12万円に引き下げたのは好例である。「長く勤務することが良いというご時世ではない」という担当部長の言葉が端的に示している。

第2に、「国と企業の福祉コスト負担に関する押し付け合いが激しい」ということである。例えば、健康保険料の介護保険導入におけるアップ分をかなり問題視しておられた。

第3に、「税制は企業行動に一定の影響を与えている」ということである。「認定社宅」の例や社内預金から一般財形へという流れ、あるいは早期退職制度の設計に際して、税務当局との折衝を想定して制度設計を行っている、などの発言から推察される。

第4に、社宅徴収費用が1.8万円という驚くほど低い価格である事実、あるいはそれを引き上げていき、やがては「福祉手当としてお金を従業員に渡しきり、ケアも何も会社は致しません、というのが理想」という発言に見られるように、フリンジ・ベネフィットをやめて「フルペイ・ナウ」という方向性にもっていきたい、という人事制度設計者たちの意思については、十分留意する必要がある。

【b社のケース】

b社は従業員数が約23,900名であり、インタビューに応じていただいたのは人事本部労務部の部長、企画担当参事、企画担当主任の3名である。インタビューは、1999年7月9日、b社本社にて行った。

まず尋ねたのは「福利厚生制度の概要」についてである。企画担当参事から以下の回答を得た。

福利厚生制度で人材を囲い込む時代ではない。世の中したたかになっている。

カネと仕事と肩書きの『今』を求めていると思う。

ペイナウの意識が非常に強くなってきた。

タイ工場の管理者で出向していたが、タイ人は福利厚生の制度内容を聞いても入社してくれない。企業内福祉に無頓着だ。給料いくらですか？これしか聞かない。この傾向が日本においても顕在化してきた。

法定外福利費の伸びが著しい。企業にとってみたら『現金』で払おうが、『現物』で払おうが、実質人件費として費用が出ていることに変わりない。現物給付は圧縮の方向で検討している。

老人介護保険の保険料徴収問題と年金問題の動向には注視している。特に年金の将来債務分については今確定させて、企業体力のあるうちに早く清算したいと考えている。

いずれにしても手垢の付いていない、b社流のカフェテリア・プランを検討中である。他社のようにかえってコスト増を招くような下手は打ちたくない。

次に、「企業福祉に関して独自の見直しをする予定の部分」などを尋ねたところ、企画担当主任から次のような回答を得た。

永年勤続表彰という制度を『永年勤続記念』とした。また、課税の問題もあってb社商品券ではなく旅行券一本とした。付与する内容もディスカウントする。

10年勤続記念は、１万円のb社商品購入券であったのを有給休暇の別途付与のみとし、20年勤続記念は、７万円のb社商品購入券であったのを６万円の旅行券とし、さらに30年勤続記念は、25万円のb社商品購入券であったのを20万円の旅行券とした。

業績表彰については、①b社大賞、②功労賞、③功績賞、④優秀発明賞、⑤グループ表彰などを従前は設けていたが、これも集団（例えば500人規模）を対象者とすることもあったバラマキ型であったので、十把一絡げではなく、ありがたみのあるものにしようと対象者数を減らし、１人あたりの取り分を増やす工夫をしている。

b社のインタビューを概括し、以下3点を強調しておきたい。

第1に、「特に経営学の分野で、従来“日本的経営の長所”とされてきた長期雇用（終身雇用）制度を白紙状態まで戻して見直そう」とする人事担当者の意識変化である。

これはa社の事例でも見られたことであるが、b社でも従業員の長期勤務に対してあまり意義を見い出さず、具体的には永年勤続「表彰」ではなく「記念」と表現し、なおかつ旅行券等の付加給付部分も大幅にカットするなどしている。

第2に、「福利厚生制度ではなく、カネで従業員を引きつける」、しかも「貢献に応じてカネを支払う」という意思の徹底である。b社の表彰制度改革は好例である。対象者数を、例えば3人以上50人以内といったガイドラインを設けて運用しているのは（従来の日本的経営の良さとされてきた）チーム経営に欧米的な利潤達成動機を刺激するやり方を加味した制度として注目したい。

第3に、「契約の概念を強く意識した労使関係の構築」を模索している点である。タイの事例を挙げながら、現金も現物給付も「実質人件費として、費用が出ていることに変わりない」という発言に見られるように、従来の「あいまいな労使関係」で生み出されてきた諸々のフリンジ・ベネフィットは、カフェテリア・プランの名の下に、そのあいまいさをなくそう、という人事制度設計者の意思からも、その点が見てとれる。

【c社のケース】

c社は従業員数が約19,100名であり、インタビューに応じていただいたのは人事部のフリンジ・ベネフィット担当課長である。インタビューは、1999年10月4日、c社本社にて行った。

まず尋ねたのは「福利厚生制度の概要」についてである。担当課長から次のような回答を得た。

c社の社風は『人を大切にする』ことに立脚した『人間尊重の経営』にある。

企業内福祉制度は、あくまでも公的福祉を補完・代替する機能を持つものと考える。他者に比べても手厚すぎるほどの制度を用意している。

具体的には、

①財産形成：社内預金、住宅積立、自社株投資会、財形貯蓄、住宅融資、独身寮・社宅

②生活援護：休職制度、ユニフォーム、安全靴、早期退職支援制度等

③不慮の事故：遺族年金、障害・災害見舞、通勤災害見舞、傷病見舞、生命・損害保険

④慶弔：結婚祝（本人）、出産祝、香典弔慰金、成人祝、勤続表彰（10年毎）、定年記念

⑤余暇/生甲斐：文化体育施設、クラブ同好会、レクリエーション、文化体育祭、英会話補助等

⑥健康：健康管理室、定期検診、要管理者検診、配偶者検診、体力測定等

⑦老後の生活：退職金、福祉年金、厚生年金基金、財形貯蓄（年金）、退職者医療等

などがある。

以上のように、法定外福利費に年間約140億円超もかけているにもかかわらず、「社内福祉に関する社員意識調査」を行った結果（1997年10月調査、N=430名）、福祉のメリットを「享受している」と感じている人は非常に少なく（７％）、「不公平である」と考えている人が20％存在していた。

次に尋ねたのは、手厚い制度の用意にもかかわらず「どうして従業員は不公平である」と感じているのか、その背景についてである。

不公平感の分析は、例えば『男性25歳 独身寮生』とか『女性30歳 自宅通勤者』などのセクター別に法定外福利費の平均受給額モデルを試算して行った。

結果、従業員１人当たりの法定外福利費は平均で年間約78万円であるのに対して、『男性30歳で一般社宅入居者』は年間約130万円である。このように住宅関連の企業福祉を享受しているセクターは突出している。対照的に『女性25歳

で自宅通勤者』は年間約50万円程度と推計され、機会均等でない制度への不満が高いと結論付けた。

最後に、「企業内福祉制度に関するスクラップ・アンド・ビルドの内容」について尋ねた。

廃止（スクラップ）する制度としては、例えば『一般社宅の廃止』である。年々、社宅費は上げてきたが、その上昇ピッチを上げる。現行入居者に対しては、家賃を向こう５年間で、１年毎に10％ずつ逓増させることにした。なお、その際でも各社宅所在地の『実勢価格』を上限としている。

この引上げ幅はかなりキツイと思う。例えば、現在4.7万円で社宅に入居している人で試算すれば、場所にもよるが、最終的には約9.7万円を頂くような制度設計を行った。経過措置期間で見れば、年々、9,870円ずつ徴収金額を上げていくことになる。

新設（ビルド）する制度としては、①育児介護、②健康増進、③自己啓発、④相互扶助、⑤社会貢献支援の各分野でメニューを用意した。例えば、①育児介護においては、「保育施設利用補助」、②健康増進においては「人間ドック費用補助」などである。

c社のインタビューを概括し、次の点を指摘しておきたい。

第１に、「フリンジ・ベネフィットの細目のうち、金額的にかなりのウェイトを占める寮・社宅制度は社内的にも、その恩恵に浴する者とそうでない者との間での不公平感の主たる原因となっている」という事実である。

第２に、c社の場合、社有・借上のいかんを問わず、寮・社宅入居者から（従前低すぎた）家賃を上げていくことを財源として、健康増進など新分野でのフリンジ・ベネフィットの構築を図っている点である。企業は、十把一絡げに法定外福利費を圧縮しようとしている、というよりはむしろ、個々の制度を

(従業員アンケートをとるなど) 社風に合わせて新設するべきものは新設したい、という人事制度設計者の想いには留意する必要がある。

第3に、「社宅所在地の実勢価格について、ある程度の目安を企業は持っている」点について指摘しておきたい。

フリンジ・ベネフィットの受け手(従業員)の経済的利益を試算するのが面倒なので(所得税の「課税すべき所得」を算出することが困難なので)、フリンジ・ベネフィットの多くは非課税扱いとされてきた。しかし、寮や社宅費については、この「経済的利益」部分をある程度推し量る術を企業は持っているということである。

例えば、企業の人事部(あるいは勤労部、労務部)は源泉徴収表作成の他に、社会保険料の算出も(時期はずれるが)行っている。この社会保険料の算出に際しては、「現物給与の標準価額」というガイドラインが厚生省(現 厚生労働省)より出されている。この中には「住居」についての実勢価格を計算する式があり、都道府県別に1畳当たりの価額が示されている。

ちなみに、c社では総務庁統計局が毎年8月に出している『小売物価統計調査年報』の全国主要70都市における「家賃(民間)」が最も住居についての実勢価格に近いとして「労使交渉の際には同表を大いに参考にしている」(担当課長の言)とのことである。

【〔2b〕の小括――インタビュー調査結果の整理――】

以上のように、フリンジ・ベネフィットの再設計に関しては、a、b、cの3社3様であった。しかし、人事担当者がどのような想いで制度の再構築に取り組んでいるかについては共通点がある。

第1に、a社の「認定社宅形態の存続」などは好例で、やはり「税制は企業行動に一定の影響を与えている」という点である。

第2に、b社の「現金も現物給付も費用には変わりない」との発言に見られるように、フリンジ・ベネフィットを総じて「圧縮させたいコスト」として見ている点である。

第3に、「労働移動についてはそれを是認」している点である。例えば、中途採用者に不利にならないような制度の模索が行われている。それはフリンジ・ベネフィット（現物給付）の現金給付化の動きであったり、契約意識の徹底化の動きとして表面化してきている。

第4に、c社の「一般社宅の廃止」に見られるように、フリンジ・ベネフィットの見直しは、特に費用面で大きなウェイトを占める「寮や社宅の見直し」に直結している点である。

バブル華やかなりし頃、寮・社宅の豪華絢爛さを競い、人材の囲い込みに必死になっていたのとは逆に、最近では、寮・社宅は廃止ないし縮小して法定外福利費を圧縮する動きは顕著である。

この他、人事制度設計者は、年金や健保制度にまで目配りして人事制度を総合的に再構築している。これは従業員のモラール・アップという本来の役割に加えて、人件費抑制というミッションも同時に背負わされているからであろう。したがって、公的福祉でカバーすべきはカバーしてもらう、という福祉コストに関する国と企業との押し付け合いは、今後、ますます激しくなっていくものと思われる。

〔3〕フリンジ・ベネフィットに対する現行税制の状況

この〔3〕では、「フリンジ・ベネフィットに対する現行税制の扱い」について概観する。すなわち、便益を受ける側（従業員）の課税上の扱いをまとめてみた（**図表Ⅳ-10フリンジ・ベネフィットに関する現行税制上の取扱い**を参照されたい（229、230頁））。

この図表Ⅳ-11からは、退職金・財産形成、補償慶弔や共済保険、健康医療、育児教育、余暇・生きがい、教育訓練、生活援助、住宅関連や定年者向け福祉などフリンジ・ベネフィットを総合的に見れば、大半が非課税扱いであることが分かる。例えば、健康管理・医務室は、社内診療所等であれば家族も含めて非課税であるし、赴任旅費は通常要するものであれば家族分も含めて非課税である。

また、その内容も、かなり便益を受ける側に有利である。例えば、住宅関連に関して、税理士の岡田義晴氏は次のように指摘している[10]。

> 「寮や社宅の賃貸料に関しては、『通常の賃貸料』の半額以上を使用者が徴収している場合、非課税とされるが、この『通常の賃貸料』の計算の基になる『所得税基本通達36-41 小規模住宅等に係る通常の賃貸料の額の計算』は1951年以来改訂されず、計算式自体が非常に古く、その計算結果である『通常の賃貸料』は実際の時価に比べて大きく安価なものになっている。」

余暇・生きがいに関しても、「所得税基本通達36-29」などで「福利厚生のための施設の運営、利用費補助は、当該経済的利益の額が著しく多額でなく、役員だけを対象として供与していない場合は非課税」とされるが、1988年の改正でゴルフクラブ等への加入も追加され、法人会員の場合、資産計上をしたうえでその便益については非課税と認められた。

図表Ⅳ-10　フリンジ・ベネフィットに関する現行税制上の取扱い

		課税上の扱い	内	容		（特記事項）
退職	1 退職一時金	所得税法30条31条	△	課税軽減	退職所得控除、残額の２分の１分離課税	
	2 企業年金	所得税法35条	△	課税軽減	年齢に応じた控除額、雑所得総合課税	
財産形成	3 財形貯蓄（一般）	租税特別措置法 4-2，4-3	×	課税	利子所得＝源泉分離課税（15+地方5%＝20%）	（財形制度は1971年、事業主の協力と国の助成によって、勤労者の自主的な財産形成を促進することにより生活安定を図る目的で策定）
	4 財形貯蓄（住宅）		○	非課税	「勤労者財産形成促進法」下の財形年金と財形住宅貯蓄の元本合計が550万円までの利子所得は非課税	
	5 財形貯蓄（年金）					
	6 社内預金		×	課税	利子所得＝源泉分離課税（15+地方5%＝20%）	
	7 従業員持株	所基通23-35	×	課税	給与所得または退職所得として課税	
補償慶弔	8 労災の法定外給付	所得税法 9条1-17	○	非課税	相当の見舞い金（施行令30-3）	
共済保険	9 遺族生計援助	所得税法 9条1-3ロ	○	非課税	遺族年金、本人の勤務に基づき支給されるもの	（みなし相続の問題あり）
	10 慶弔金	所基通9-23	○	非課税	社会通念上、相当と認められる場合（受贈者の社会的地位贈与者との関係等に照応させる）	
	11 傷病・災害見舞い金					
	12 共済会	-	-	-	-	
	13 団体生命保険	所基通36-32	○	非課税	役員又は特定の使用人だけを対象としていない場合	
健康医療	14 人間ドック費用補助	所基通36-29	○	非課税	著しく多額でない（本人のみ、家族は課税）	
育児教育	15 メンタルヘルス		○	非課税	社内診療所等であれば家族も含めて非課税	
	16 成人病対策		-	-	-	
	17 健康管理・医務室		○	非課税	社内診療所等であれば家族も含めて非課税	
	18 公的保険の付加給付	所得税法9条1-17	○	非課税	相当の見舞い金（施行令30-3）	
	19 民間介護保険料補助		△	原則課税	相当の見舞い金でない限り給与として課税	
	20 育児休業中所得補償	-	×	課税	給与所得として課税	
	21 育児手当	-	×	課税	給与所得として課税	
	22 保健所・託児所	所基通36-29	○	非課税	著しく多額でなく役員だけを対象としない場合	
	23 教育資金の貸付	所基通36-28	×	課税	災害や疾病等でないので課税	
	24 看護休業中所得補償	-	×	課税	給与所得として課税	
	25 看護・介護手当	所得税法9条1-17	△	原則課税	相当の見舞い金でない限り給与として課税	
	26 ホームヘルプ	所基通36-29	○	非課税	著しく多額でなく役員だけを対象としない場合	

		課税上の扱い			内　容	（特記事項）
余暇	27 親睦旅行の経費補助	所得税個別通達	○	非課税	4泊5日以内、従業員の半分以上が参加	（1988年改正、従前は2泊3日）
生きがい	28 クラブ・同好会 29 体育文化祭・慰安会	所基通36-30	○	非課税	社会通念上一般的に認められ*、不参加者に対して参加にかえて金銭を支給しない等	＊実務上の目安は、会社負担額が10万円程度（国税不服審判1998.6.20）
	30 保養所（直営） 31 保養所（契約） 32 体力づくり支援 33 リフレッシュ施設	所基通36-29 関連して、 同　36-34,35	○	非課税	福利厚生のための施設の運営、利用費補助は、当該「経済的利益」の額が著しく多額でなく、役員だけを対象として供与していない場合は非課税 →ゴルフクラブ等への加入も法人会員の場合（要資産計上）	
教育訓練	34 講演会参加	所基通9-15	○	非課税	業務上の必要に基づくもの	
	35 学位取得	所基通9-14,16	△	原則課税	但し、業務上の必要性、高校以下で社員全員が対象なら非課税	
生活援助	36 給食・食費補助	所基通36-24,38	○	非課税	半分以上を徴収、補助額が月額3,500円以下は非課税	
	37 赴任旅費	所得税法9条4 （所基通9-3）	○	非課税	通常要する分であれば家族分も含めて非課税	
	38 単身赴任者帰省旅費		○	非課税	本人分は出張に掛けて非課税（家族分は課税）	
	39 臨時支出貸付	所基通36-28	○	非課税	災害や疾病等に充当、「経済的利益」が年額5,000円以内	
	40 生活相談（法律等）	所基通36-29	○	非課税	社内に相談所を設けて行う場合、非課税	
住宅関連	41 住宅手当・家賃補助	-	×	課税	住宅手当・家賃補助は給与所得として課税	
	42 世帯用社宅（社有） 43 世帯用社宅（借上） 44 独身寮	所基通36-41,44,47	○	非課税	使用人の場合、使用者が「通常の賃貸料**」の半額以上を徴収している場合、非課税（**ただし、計算式が拙く安価） 役員の場合、通常の賃貸料以上を徴収の場合、非課税	＊＊所基通36-41 小規模住宅に係る通常賃貸料計算は、1951年以来改訂されていない。
	45 住宅貸付（自社融資） 46 住宅貸付（提携融資）	租税特別措置法29条 〃　施行令19-2	○	非課税	使用人の負担分が「大蔵省令（現 財務省令）」で定める率***以上を負担する場合、その超える利子補給分は課税	＊＊＊1999年度より、3.0%から1.0%へ引き下げられた。
	47 住宅斡旋・仲介	-	-	-	-	-
	48 転勤者等の住宅援助	-	-	-	-	-
定年者	49 定年退職記念	所基通36-21	○	非課税	10年以上2回以上の表彰は5年の間隔を置いて非課税	
	50 OB会の運営費補助	-	-	-	-	-

注）○　「非課税」すなわち、受け手（従業員等）にとって所得税法上、恩典のある措置
　　△　「課税軽減」措置、もしくは「原則課税」とされるものの、ある一定の要件を満たせば、受け手（従業員等）にとって所得税法上、恩典のある措置
　　×　「課税」すなわち、受け手（従業員等）は当該フリンジ・ベネフィットを受けた場合、所得税法上、課税される（恩典のない）措置

※　所基通：所得税基本通達の略
　　内容欄および特記事項欄の網かけ部分は、その内容等を本書に引用している。

この他、親睦旅行の経費補助についても従前の「２泊３日以内」という条件が1988年の個別通達改正で「４泊５日以内」という具合に条件緩和されるなど、概ね企業のフリンジ・ベネフィットに対して課税当局は、給与所得課税上の非課税範囲を徐々に広げるなど、これを後押ししてきた。

すなわち、かつての高度成長時代には、企業は、本来人件費として払うべきところを様々なフリンジ・ベネフィットという形で従業員に与え、人材囲い込みの１つの手段として利用してきた。これに対して国は、企業の福利厚生の充実を歓迎し、企業による福祉向上をもって国民福祉の増大の補完とするような行動をとってきた。先述した所得課税上の非課税範囲拡大のように、企業の福利厚生という概念の広がりを追認し、この意味において企業の進む方向と国の政策とはあまりズレが少なかったといえる。

しかし、すでに〔２a〕および〔２b〕で見てきたように、企業は今や、フリンジ・ベネフィット諸費用を総額人件費の観点から圧縮しようとし、従業員は「全員を囲い込む存在」ではなくなった。

換言すれば、「企業の福利厚生は縮小しない」「企業は従業員を囲い込み続ける」「企業は従業員を選別しない」という考えは、もはや企業にはない。この企業の意識の変化に対して、国の政策、なかんずく税制は乖離したままである。

時代の変化を踏まえて、企業と従業員の関係を率直に見つめ、そのうえで新たな「国と企業の関係」すなわち、フリンジ・ベネフィットと政策がどのように付き合っていくのかを考える時期にきている、といえよう。

---

(1)　宮島洋「企業福祉と税制」（財）日本税務研究センター（1991）

(2)　労働省（現 厚生労働省）の調査は『賃金労働時間制度等総合調査』にまとめられ、労働費用の総合的把握を狙いとして毎年発表される。調査対象は約5,300社と公表されているが、回収率については非公開のため不明である。

大蔵省（現 財務省）の調査は『財政統計金融月報』にまとめられ、営利法人の財務状況の把握を狙いとして毎年発表される。調査対象数は筆者が調べた限り、不定である（都度増減あるものと思われる）。

日経連（日本経営者団体連盟、2002年５月に経団連と統合予定）は『福利厚生費調査結

果』を1998年に公表した。これは会員企業の人事・労務管理の参考を狙いとして行われたものである。

労務行政研究所は『退職金・年金事情』を毎年公表している。これは労務管理や交渉の参考として用いられることを念頭に、調査が実施される。97年版の場合、2,787社にアンケートを行い、232社から回答を受けている。

ニッセイ基礎研究所は労働省の委託を受け、「企業内福祉に関する税制のあり方に関する研究会報告書」を1997年に公表した。この調査では約2,000社に郵送アンケートを行い、653社から回答を得ている。

(財)生命保険文化センターは『企業の福利厚生制度調査』を1996年に公表している。これは福利厚生の実態把握を狙いとする調査であり、約3,300社にアンケート調査を行い、約1,400社から回答を得たとされている。

(財)労委協会は『退職金・年金等事情調査』を1997年に公表している。これは労働争議調整の参考に供されることを狙いとして行われた調査であり、556社を対象に調査を行い、402社から回答を得ている。

(3) この調査は従来、別個に実施してきた『給与構成調査』『賃金制度調査』『労働時間制度調査』を1966（昭和41）年に統合し、『賃金労働時間制度総合調査』として1983（昭和58）年まで実施したものに、さらに84（昭和59）年に『労働者・福祉施設・制度等調査』と統合し、名称を『賃金労働時間制度等総合調査』と改めて現在に至っている。

調査項目によっては、毎年行われるものから、隔年あるいは１回限りのものまで種々雑多である。

(4) ①現金給与……所定内給与、賞与・期末手当、超過勤務手当などの合計額。経済・税制分析での「賃金」や「労働所得」あるいは「給与所得」という、プラクティカルな概念に該当。

②退職金等の費用……退職一時金、退職年金費用（適格年金への掛金、調整年金への企業上積み分など）の合計額。

③法定福利厚生費……社会保険（健康保険・厚生年金保険・雇用保険など）の保険料のうち、事業主負担額の合計額。各社会保険法に、企業の拠出義務と拠出率が明示。

④法定外福利厚生費……事業主独自（あるいは労使協定）の福利厚生施策に基づく事業主負担額。従業員の住居、食事、医療保険、文化・体育・娯楽、慶弔・見舞いなど。

ただし、住居など物的施設については減価償却費・維持管理費・人件費（施設専従者の賃金等）などは含むものの、施設建設にともなう借入金の利子費用は含まれない。

用語の点では、労働省調査は大蔵省調査の『法人企業統計年報』と同一である。すなわち、退職金等費用も広義の福利厚生費に含まれるものとする。給与以外の「人件費」とみなされるものを一括して「福利厚生費」としている。

(5)　前掲注(1)宮島（1991）

(6)　すべて新聞報道による。コスモ石油（日経金融新聞1997年2月18日)、キリンビール（日経産業新聞1998年11月20日)、段谷産業（日本経済新聞朝刊1998年12月1日)、大沢商会（日経流通新聞1998年12月17日)、旧第一勧業銀行、旧さくら銀行（日経金融新聞1999年3月9日)、ジャパンエナジー、マツダ（日経産業新聞1999年3月26日)、ユニチカ、クボタ（日本経済新聞朝刊1999年4月20日)、ニッカウヰスキー（日経産業新聞1999年5月31日）など多くの企業が寮や社宅を売却し、退職金の原資などに充てる方針を打ち出している。

(7)　日本経営者団体連盟「新時代の“日本的経営”」(1995)。

①長期蓄積能力活用型グループ、②高度専門能力活用型グループ、③雇用柔軟型グループそれぞれの雇用形態や企業福祉の考え方は下記の通りである。

雇用形態	対象	賃金	退職金	昇進・昇格	福祉政策
①期間定めなし	基幹職	昇給あり	ポイント制	役職昇進・昇給	生涯総合施策
②有期雇用契約	専門職	昇給なし	なし	業績評価	生活保護施策
③有期雇用契約	一般職	昇給なし	なし	上位職務へ転換	生活援護施策

(8)　関西経営者協会（関経協）は、日本経営者団体連盟（日経連）の関西ブロック組織（下部組織）にあたり、会員企業総数は1,771社である。今回の調査は、第2章で実施した「租税優遇措置」に関する調査と同様に、対象500社の経営者宛に質問表を送った。この時の質問表は201～205頁に添付しているので、それを参照されたい。

なお、本文中に出てくる『雇用短観』とは、日経連参加の各ブロック団体の中で関経協のみ単独で実施している調査である。内容は四半期ごとの雇用過剰感や採用予定数を記載するものであり、これにより失業率の増減や採用動向を（公的統計に）先行して実態把握するものとして関経協として特に注力している調査である。今回、回収率が23%と比較的良かったのも（通常調査では13-15%)、本調査を「特別調査」と位置付け『雇用短観』と抱き合わせて実施した要素も強かったものと思われる。

(9)　前掲注(7)日経連の3分類を踏まえて質問している。

(10)　岡田義晴「企業内福祉に関する税制のあり方に関する研究会報告書」ニッセイ基礎研究所（1997）116-132頁。

第3節　考　察

〔1〕第4章の考察（分析のまとめ）

本章では、「日本企業の福利厚生制度の実態調査とその分析」を通じて、企業の労務管理の意識変化および、それが国の労働政策との関連でどのような意味を持つのかを明らかにした。

すなわち、歴史的に見れば、本書を通じた作業仮説でいうところの「高度規制型」時代においては（バブル経済の崩壊前までは）、企業は「福利厚生」制度を人材囲い込みの重要な手段として重用し、国も企業内福祉は（国家の行う）国民福祉を補うものとして、その充実を後押ししてきた。

例えば、給食・食費補助に関する補助額は、1975年時点では月額1,000円以下であったが、現在では「所得税基本通達36-24，38」で3,500円以下と大幅に引き上げられている。これは、贈与税の年間贈与額が60万円以下のまま2000年度まで25年間据え置かれていた(1)のと好対照である。

第２節〔３〕項で見たように、日本企業のフリンジ・ベネフィットに対して、税制は、受け手である従業員サイドの「所得税の非課税範囲の拡大」という形で、同制度を後押ししてきた。

企業のフリンジ・ベネフィットに対して、政策としてそれを制限するのではなく、むしろ容認してきた結果、どのような事態を招いたかについて、３点指摘しておきたい。

第１に、全体として見た場合の大企業と中小企業の格差である。従業員数の多い大企業は規模の利益を得やすく、フリンジ・ベネフィットを行ううえで中小企業に比べて有利である。結果として、大企業と中小企業との間でフリンジ・ベネフィットの内容について極端な格差を生じさせてしまった。これは先に参照した**図表Ⅳ-３　法定外福利費の推移**の③規模別部分（196頁）を見れば明らかであり、1995年時点での法定外福利費は、「5,000人以上」の企業規模の平均で23,601円であり、「30-99人」の規模の平均額は6,907円である。

第２に、現行、現金給付よりも現物給付の方が便益の受け手にとって有利（非課税）である税制を作り出し、さらには結果的に従業員の囲い込みを助長する税制を作り出してしまったことである。

すなわち、先にみたような規模間格差は、労働力の規模間移動を阻害し、また同じ企業規模間でもフリンジ・ベネフィットの内容を喧伝することで人材を囲い込み、雇用の流動化を妨げてきた。寮や社宅制度の充実を歌い文句に、バブル経済の絶頂期に、企業が新卒者をかき集めたことは記憶に新しい。

第３に、フリンジ・ベネフィットの非課税範囲拡大による「税のとり損ね」の問題である。

税制が、企業のフリンジ・ベネフィットを所得税の非課税範囲の拡大という形で後押しした結果、本来、国庫に入るべき税収をとり損ねてきた、という構図を指摘しておきたい。つまり、従業員に本来、現金で支払うべきところを従業員の負担を軽くするため、フリンジ・ベネフィットをいわば「錦の御旗」として、その本来課税されるべき部分を企業と従業員で分け合うという本末転倒の事象も散見されるようになった。

この構図は、日米の企業比較を考察すれば分かりやすい。アメリカの企業では、最初の就業契約（contract）に保養所利用や車両使用などが明記されるのが一般的である。就業契約に明記されない従業員については、保養所の利用や食費補助などの制度は一切なく、すべては賃金として支払われ、従業員個人が保養したいと思えば、企業保有に関係なく各自が希望する施設を利用する。すなわち、お金ですべてが支払われるフルペイ（Full-Pay）が一般的である。

日本企業では、就業契約の中にフリンジ・ベネフィットに関する様々な事柄が明記されるのはむしろ稀であり、従業員の身分（正社員・パート等の区別）や雇用年数に応じて様々なフリンジ・ベネフィットが用意される。これは従業員側から見れば、本来、お金でもらうべきところを施設利用や親睦旅行の経費補助のような形式で受け取っていることになる。企業側から見れば、「労務・人件費」として、1年（1期）ごとに費用処理すべきところを内部留保し、保養所建設や社宅建設など裁量（経営の意思）をもって支出してきた。

また、課税当局は「社会通念」を理由に、企業の裁量部分については大目に見てきた部分もある。「旅費手当」を例にとれば、本来、ホテル宿泊代金など職務遂行上の実費部分を旅費とするのは合理的であるが、旅費手当には実費プラス「経費」部分がある。この経費部分は不透明な経費支出であるが、これまで問題視されることはまずなかった。

〔2〕労働力移動の円滑化に資する税制のあり方
――「成熟市場型」政策としての税制――

日本企業が比較的良いパフォーマンスを示し、国全体として継続的に高い成長をなし遂げ、結果的に税収が拡大する基調のなかでは、〔1〕で見たような企業のフリンジ・ベネフィットに関する様々な問題点は総じて不問に付されてきた。

しかし、バブル経済の崩壊とその後の長期低迷で、企業の労務管理に対する姿勢も大きく変化し、政策も時代の潮流を見据えた変化を求められている。

この〔2〕では、企業の姿勢変化を踏まえつつ、本書全体を通じた作業仮説である「高度規制型」と「成熟市場型」を対比させて、この後者において必要とされる税制のあり方、政策変化の方向性について概観してみたい。

【企業の労務管理に対する姿勢の変化】

「成熟市場型」時代（バブル崩壊以後の経済の低迷）において、企業の意識が大きく変化したことはすでに見てきた通りである。フリンジ・ベネフィットを「人材囲い込みの重要な手段」と見ていたのが、最近では「企業福祉のコスト増に耐えられない」として、従業員の選別化および雇用の流動化を意図した労務管理へと大きく舵が切られた。

第2節〔1〕のマクロ経済統計で見れば、法定外福利費が1991年にかけて増加していたものの、95年にかけては減少に転じており、第２節〔２a〕〔２b〕のように、企業を個別に見ても「①企業の福利厚生諸制度をスクラップ・アンド・ビルドし、総じては費用面で縮小させたい」「②企業は従業員を流動化させたい」「③企業は従業員を、企業にいてほしい人材（基幹人材）とそうでない人材（流動化人材）などに選別したい」という意識変化は顕著である。

【政策目的の変化】

一方、日本経済の長期低迷を受けて、労働行政も徐々にその政策スタンスを変えつつある。すでに本書の第１章で考察したように、日本の中長期的な経済成長においては（資本・労働・技術の３要素のうち）、「労働」面での制約が大きいので、これをどうやって克服するかが政策課題となる。すなわち、現下の閉塞状況を打破するためには「雇用の流動化」「労働力移動の円滑化」は不可欠である、という合意形成である。

従前、特に労働省（現 厚生労働省）は、雇用の流動化に否定的であった。労働省の委託研究である「企業内福祉における税制のあり方に関する研究会報告書（1997）」を見れば、労働省のスタンスは「①企業内福祉は国の社会保障を補完するものであり、今後もますますその必要性は高まるはずである」「②今後とも企業内福祉の充実・向上を図っていくべきである」という内容でまとめられている(2)。

この考え方の基底にあったのは、失業者をできるだけ出さないようにする、それを現在雇用されている企業に抱え込ませることで達成する、ということである。

しかし、昨今、この労働省の姿勢にも変化が見られる。雇用を維持する企業にその行為を奨励すべく支払われていた雇用調整助成金制度を一部改め、新規に雇用した企業に対してその行為を奨励すべく「雇用創出人材確保助成金制度」を新設した。「雇用創出人材確保助成金制度」とは、創業や新事業展開のために新たに雇った社員（上限６人）の賃金を１年にわたって半額助成する制度であり、政府の緊急対策として1999年の１月に始められたものである。

つまり、古い（産業として淘汰が必要な）産業から、新しい（例えば情報・介護といった）産業へ労働力をいかに円滑に移動させるか、あるいは大企業の人材のスピンオフを支援して、ベンチャー（新興）企業などをいかに活性化させるかに政策ウェイトが置かれるようになってきた。

以上のように、労働行政に関して、政策目的の部分が雇用の「固着」ではなく、雇用の「流動化」にシフトしつつある点を指摘しておきたい。

【フリンジ・ベネフィット課税の可能性】

フリンジ・ベネフィットへの課税は、所得税の理論上、原則としてなされるべきである。

第１節〔２〕ですでに見たように、所得税法においては第36条１項で「収入とすべき金額は、（中略）金銭以外の物または権利、その他経済的な利益の価額を含む」とされ、日本企業が従業員に提供している多くのフリンジ・ベネフィットは、この「経済的利益」にあたる。

日本企業のフリンジ・ベネフィットは、本来、課税されるべきものであるにもかかわらず課税されてこなかったことについては、石島弘教授などすでに多くの方々の指摘するところである(3)。また、碓井光明教授は、なぜフリンジ・ベネフィットが非課税扱いとされてきているかについて、①業務遂行上の付随的利益にとどまる、②換金性に乏しいものも多い、あるいはその価額の捕捉が困難であるなどの③経済的利益の評価方法など課税執行上の問題、さらに、④「税金よ、お前は、そこまで追いかけるのか」という社会通念上の問題などがある、と整理されている。

第２節〔３〕で詳しく見たように、少なくとも、現行のフリンジ・ベネフィットに対する税制は、所得税側の非課税範囲の拡大、裏返して言えば、法人の不透明な経費支出に対して、「社会通念」という言葉を隠れ蓑に、それを助長するものであった。すなわち、結果的に企業による人材の囲い込みを側面支援する、労働移動に中立でない税制であったといえよう。

ここで提案したいのは次の通りである。

まず、基本姿勢として、「フリンジ・ベネフィットに対しては、所得税の理論通り原則課税」とする。

これまで非課税の理由として挙げられてきた「社会通念」は、その時々の経済・社会情勢に応じて変化するものである。すでに前節までに論証したように、（従業員サイドの意識変化を踏まえたうえでの）企業サイドの意識変化や人材の囲い込みではなく、労働の流動化に政策の重点がシフトされつつあることなどを総合的に勘案すれば、フリンジ・ベネフィットに対する従来の政策スタンスである「所得税側の非課税範囲の拡大」は変更されるべきである。

内容的には、第1に、企業規模間格差が大きく、また企業内でもその恩恵に浴する者とそうでない者との差が大きく、金銭面で特に問題の大きい「寮・社宅」については所得税に取り込む。

第2に、その他フリンジ・ベネフィットに対しては、法人レベルで代替課税する。法人への代替課税は新規の課税措置であり、また寮・社宅というフリンジ・ベネフィットの所得税での捕捉は定着している非課税扱いの変更であるので、「フリンジ・ベネフィット税（日本版ＦＢＴ）」として新たに立法する。

以上のように、フリンジ・ベネフィットに対して包括的に課税の「網」をかけたうえで、第3に、企業や従業員サイドで要望の強い項目（例えばメンタルヘルスなど）については、「穴を開けて」非課税とするなど（新たな例外部分を作ることへの批判も承知のうえで）政策誘因措置（特別措置）を講じることを提案する。

【海外事例 フリンジ・ベネフィット課税の仕組み―ニュージーランドの例―】

ここで、日本版ＦＢＴ（Fringe Benefit Tax）の具体論に入る前に、「フリンジ・ベネフィット課税」という形で企業側に包括的に課税しているニュージーランドの制度を見ておきたい。

ニュージーランドのフリンジ・ベネフィット税（以下、ＦＢＴと記す。）については、その導入背景などについて、古田精治教授が詳しい(4)。また、最近の実情については、インターネット上のニュージーランド政府の広報ページなど[5]を踏まえて、以下にまとめてみた。

ニュージーランドでは、1984年の総選挙で労働党が（それまで与党であった）国民党を破り、改革を断行した。改革の骨子は、国際競争力を付け、経済を成長させるために「競争原理を導入」し、「従来の規制・保護を撤廃する」というう極めてシンプルなものである。

1985年８月に税制改革の方針が固まり、国民に改革案が示された。改革案は次の３点から構成される。

(1) 大型消費税の導入……すべての物品サービスに対して、一律10%（導入時、現在は12.5%）で課税する大型消費税（ＧＳＴ：物品サービス税）を導入する。ＧＳＴ最大の特徴は、原則的に非課税品目を認めなかった点にあり、食品・医療・新聞なども、非課税扱いにしていない。技術的な困難性を理由に、金融サービス（預金の引き落としなど)、住居用の家賃、非営利団体による寄付用の商品購入という３つだけが非課税品目となった。

(2) 所得税減税……62%から20%まで６段階の所得税率をやめ、48%、30%、15%の３段階に簡素化して減税する（現在は33%、19.5%の２段階という具合に一層シンプルになっている)。また、ＧＳＴ導入により、予想される低所得者の生活水準の低下を防ぐため、最低所得保証制度を設け、税制と社会福祉制度のドッキングにより、簡素化を推進する。

(3) 法人税合理化……所得税と法人税の二重課税を廃止し（配当等の二重課税をやめて)、法人税加算調整方式（インピュテーション方式）に移行し、税率も所得税の最高税率と同じ48%（現在は33%）として調整しやすくする。また課税ベースを広げるために社用車の私用、会社の低利子ホームローン、交通費などについて現物給与税48%（現在は49%）を課税する。

この他、歳出面でも、農業を含むほとんどすべての分野で助成金を廃止する、とされた。

現行のニュージーランドＦＢＴについて、もう少し詳細に見てみよう。インターネットでニュージーランドのＦＢＴについて紹介している内容(6)を以下に和訳する。

①フリンジ・ベネフィット税は、従業員もしくは個人株主に現物給付を提供している雇用主に対して課される。課税対象の現物給付とは、典型的には、社用車の私用、ローン補助、交通費補助、製品やサービスの割引などである。税額は、現物給付の額の49％である。同税額は四半期ごとに払うべきものとされ、雇用主は税務上、（同税額の）全額を（経費として）差し引ける。

②フリンジ・ベネフィット税は、雇用主によって従業員もしくは株主従業員に対して提供される現物給付の価額の49％の率で支払うべきものとされる。この49％というのは、次の理由により設定された。すなわち、雇用主が現物給付を提供する際に支払う税金が、従業員が（所得税として）課される最高33％の限界税率の税額と同額となるように設定されたのである。一般的に、現物給付を提供する際の支出は、雇用主の課税対象所得の決定の際に、控除し得る。また、フリンジ・ベネフィット税自体も控除し得る。

現物給付の主な類型は、「費用補助された、もしくは無料の車（社用車）」、「低い、もしくはゼロの金利貸付」「雇用主による、疾病、怪我、死亡に対する給付金、退職金、特定の保険制度への拠出金」「その他の現物給付、例えば費用補助された、もしくは無料の商品やサービスの提供など」である。

以上、①②の説明にあるように、ＦＢＴは所得税を補完する税であり、金銭以外の従業員側の利得に対して、雇用主に課税される。この際、税率は個人所得税の最高税率とされ、ニュージーランドの場合、法人税換算によって現物給付の49％が課税される。現物給付は法人税によって捕捉されるために、受け手の従業員には、この分の所得税が課税されない。（なお、この他のニュージーランド以外の諸国の「現物給付の課税状況」については、小泉進教授と本間正明教授の共同研究が詳しいので、それを参照されたい(7)）

【日本版ＦＢＴの具体論】

さて、ここで、この第３節〔２〕項での提案のうち、寮・社宅というフリンジ・ベネフィットの所得税での価額の捕捉方法といった課税執行上の技術論など、具体的中身について補足しておきたい。

▼「寮・社宅」費の所得税への取り込み

第２節〔１〕項で見たように、労働省のマクロ経済統計での「法定外福利費」の常用労働者１人１ヶ月当たりの平均額は１万3,682円（1995年）であり、その約半分（6,330円）が住宅関連費用である。

ここでの提案は、寮や社宅入居者はその経済的利益分（賃貸実勢価格－本人費用負担分）を給与として認定し、所得税でとらえるという構図である。

それでは、賃貸実勢価格をいくらとみなすのかということが、課税執行上の技術論となる。

参考とすべきは、健康保険や厚生年金保険などの保険料を算出する際に用いる「標準報酬月額」算定の際の実務である。保険料算出のために、大企業であれば勤労課や給与課、中小企業であれば社会保険労務士などが、従業員一人ひとりの標準報酬月額を算定する。

この標準報酬月額の算定式は「給与（残業代含む）＋現物給与」である。給与の方は、毎年５月・６月・７月の３ヶ月間の給与総額（残業代含む）の平均値である。一方、現物給与については「食事＋住居費＋その他給与」という算定式で、食費と住居については、都道府県別に算定のためのガイドラインが出される（**図表Ⅳ-11　都道府県別 現物給与の標準価額**を参照されたい（244頁））。

畳や平米など単位面積あたりの価額を都道府県別にガイドラインとして示すのは、寮や社宅費などの「経済的利益」を時価換算するうえで、１つの有効な方法と考えられる。また、現物給与に対する考え方が財務省（＝国税庁）と厚生労働省（＝社会保険庁）では異なっている点も興味深い事実である。

ところで、東京で14畳（２DK相当）の社宅に住んでいても、図表Ⅳ-11の標準報酬月額算定上では２万860円にしかならない。寮・社宅という「経済的利益」を時価換算するには、あと一工夫必要である。そこで注目したいのが、毎年８月に総務庁統計局より出される「小売物価統計調査年報」である。これは、総務庁が「調査品目」として選んだ品目につき、全国70都市における実勢価格を月別および年平均値について公表するものである。

品目（番号）3001番に「家賃（民営)」があり、借家1ヶ月の家賃を1坪（3.3㎡）当たりで公表している（次頁の**図表Ⅳ-12　家賃（民営）—借家—の年平均価格**を参照されたい)。なお、この図表Ⅳ-12は、第2節〔2b〕でインタビューを試みたc社では、寮・社宅費の従業員本人負担額を決める際に、労使交渉時の参考値とされていたものである。

図表Ⅳ-12によれば、先の東京の事例は（14畳相当の場合)、6万8,367円と試算される。標準報酬月額の算定ガイドラインでは同じ広さで2万860円と算出されたことをかんがみれば、社宅費などの「経済的利益」の時価換算に際して、総務庁の「小売物価統計調査年報」を利用するのは、かなり実勢価格に近づく有力な方法である。

小括すれば、「寮・社宅」費の所得税への取り込みは、第1に、毎年の社会保険料算出の時期に合わせて、寮・社宅利用者はその「経済的利益」を算出し、第2に、社会保険料算出の時には、寮や社宅の規模を畳何枚分かでみなしているが、その「みなし畳枚数」をもって、図表Ⅳ-12により時価換算する。すなわち、第3に毎年8月に出される総務庁「小売物価統計調査年報」の「家賃（民営）－借家－の年平均価格」を利用する。寮や社宅の所在地が、この表に記載される全国70都市そのものに所在すればその都市の価格を用い、70都市以外に所在すれば、最も近隣（市役所所在地からの距離）の都市の価格を用いる。第4に、時価換算した額から本人の使用負担料（寮費や社宅費の名目で従業員が負担している価額）を引き、第5にその差額をもって「みなし給与」として毎月の月給に加算して、所得税で捕捉する。

▼「寮・社宅以外」のフリンジ・ベネフィット
——法人税での代替課税について——

住宅関連費用は、額が大きいために所得税に取り込むことを提案したが、その余のフリンジ・ベネフィットについて、価額の把握という執行上の困難性は

図表Ⅳ-11　都道府県別現物給与の標準価額

（単位：円）

	食事（1日当たり）			住居＊		その他の給与	施行年月日		
	朝	昼	夕	（条件）			平成	月	日
北海道	150	200	230	1畳1ヶ月	1,040	時価	6	5	1
青森	130	170	200	1畳1ヶ月	1,090	時価	7	5	1
岩手	130	170	200	1畳1ヶ月	1,100	時価	11	5	1
宮城	170	210	250	1畳1ヶ月	1,200	時価	5	5	1
秋田	140	190	210	1畳1ヶ月	810	時価	11	5	1
山形	150	170	210	単身者：4,700	世帯者：18,900	時価	7	5	1
福島	160	230	270	専有1㎡当たり	600	時価	7	5	1
茨城	170	220	240	1畳1ヶ月	1,200	時価	6	5	1
栃木	170	240	250	1畳1ヶ月	1,200	時価	8	5	1
群馬	170	220	250	寄宿等：6,200	世帯者：21,000	時価	6	5	1
埼玉	190	210	240	1畳1ヶ月	1,000	時価	11	5	1
千葉	180	230	250	1畳1ヶ月	1,300	時価	3	5	1
東京	180	240	290	1畳1ヶ月	1,490	時価	6	5	1
（以下略）									

＊数字のみは1畳1ヶ月当たりの額
出典：社会保険事務所等が毎年公示

図表Ⅳ-12　家賃（民営）―借家―の年平均価格

（単位：円）

都市名	平均額	都市名	平均額	都市名	平均額	都市名	平均額
1 札幌	4,155	19 立川	7,153	37 春日井	3,954	55 山口	3,414
2 函館	2,968	20 府中	7,884	38 津	3,711	56 宇部	2,637
3 旭川	2,739	21 横浜	7,110	39 大津	4,637	57 徳島	3,675
4 青森	3,408	22 川崎	7,616	40 京都	4,780	58 高松	3,952
5 盛岡	3,253	23 横須賀	5,778	41 大阪	5,662	59 松山	3,067
6 仙台	4,418	24 厚木	5,588	42 枚方	4,825	60 高知	3,519
7 秋田	3,645	25 新潟	4,276	43 東大阪	4,073	61 福岡	4,564
8 山形	3,778	26 長岡	3,797	44 神戸	6,328	62 北九州	4,149
9 福島	3,610	27 富山	3,498	45 姫路	3,991	63 佐賀	3,458
10 郡山	4,014	28 金沢	3,388	46 西宮	6,610	64 長崎	4,934
11 水戸	4,438	29 福井	3,232	47 伊丹	5,744	65 佐世保	3,129
12 宇都宮	4,232	30 甲府	3,611	48 奈良	4,500	66 熊本	3,891
13 前橋	3,485	31 長野	3,782	49 和歌山	3,202	67 大分	3,605
14 浦和	6,308	32 松本	3,685	50 鳥取	3,938	68 宮崎	3,758
15 川口	6,435	33 岐阜	3,613	51 松江	3,823	69 鹿児島	3,810
16 所沢	5,191	34 静岡	5,710	52 岡山	3,582	70 那覇	4,136
17 千葉	5,194	35 浜松	3,770	53 広島	4,061		
18 東京都区部	8,743	36 名古屋	5,011	54 福山	2,989		

※1ヶ月3.3㎡当たり
出典：総務庁「平成10年版 小売物価統計調査年報」

ぬぐい得ない。先述のニュージーランドの事例で見た「フリンジ・ベネフィット税」を参考にして、「寮・社宅以外」のフリンジ・ベネフィットは法人税サイドで捕捉するというアイディアを以下、提案する。

すなわち、企業が寮・社宅以外で福利厚生費目として計上している（親睦旅行の経費補助や給食・食事補助など）すべての経費の合計額に対して、59%掛けたものを「日本版ＦＢＴ（国税）」として事業主から徴収する。この59%というのは、ニュージーランドの事例と同様に、事業主が現物給付を提供する際に支払う税金が、従業員が所得税として課される最高37%の限界税率の税額と同額となるよう、設定している(8)。

少し考慮しておきたい点は、ニュージーランドの場合、先に見たようにＦＢＴ導入は、所得税のフラット化（６段階を２段階へ）、最高税率の引下げ、各種控除制度の廃止などシンプル化することや法人税率の引下げなどと一体化して行われた点である。

すなわち、日本版ＦＢＴ導入に際しても、こうした一連の税制改革がセットとされることが望ましい。法人サイドへのＦＢＴ（代替課税）は、外形標準課税の一種という側面もあり、赤字法人への課税もしくは黒字法人にとってのネット増税となるため、その実現可能性を考慮すれば、新たに生じる租税負担分について何らかの軽減措置が必要となるだろう。

▼個別のフリンジ・ベネフィットに対する政策誘因措置（特別措置）

図表Ⅳ-９などを見れば、フリンジ・ベネフィットも個々には「制度の新設」を模索する動きも読みとれる。特に、健保財政の悪化に悩まされる企業にとって、従業員の健康（病気の未然防止・予防）はフリンジ・ベネフィットのスクラップ・アンド・ビルドの流れの中で「ビルドしたい」項目である。

すなわち、先述した日本版ＦＢＴの課税対象「福利厚生費」に「従業員の健康項目」、例えば従業員のメンタルヘルス費用や人間ドック費用の補助等は含まない、とする特別措置を講じるのである。

これらは先に見た日本版ＦＢＴ（寮・社宅以外のＦＢの法人への代替課税）

の新たに生じる租税負担分の軽減措置として有用であろう。

〔3〕本書全体への示唆

本書全体を通して筆者が持っている3つの問題意識から、本章を整理しておきたい。

まず、①高度成長期に発想され実施された昔の政策を、成熟経済下の現在においても引きずって使い続けてよいのかという点について、筆者は次のように考える。

本章における研究では、フリンジ・ベネフィットを切り口に、現行の所得税の「運用」実態を考察すれば、現金給付よりも現物給付の方が便益の受け手にとって有利（非課税）である税制と化している点を明らかにし、これは結果的に、従業員の囲い込みを助長する税制である、と指摘した。これは、日本の中期的な経済成長をかんがみた場合の労働力人口の減少にともなう「労働」面でのエンジンの逆噴射を克服するための「日本の枢要な政策テーマ」の1つである「労働力移動の円滑化」に反するものである。また、非効率な産業分野からの撤退と新事業創出のために「雇用の固着から流動化へ」と舵を切った企業の意識の変化にも即応していない。すなわち、税制は、その運用実態上、「成熟市場型」政策として望ましき方向性とは乖離したままである。

次に、②高度成長期と成熟経済下では、必要とされる政策の中身は何が違うかという点について、筆者は以下のように考える。

すなわち、国の望ましき方向と企業の方向性を一致させる作業が肝要であり、特に、本章で研究を行った「労働」面においても、「市場重視」の姿勢が重要となってくる。非効率な産業、あるいは企業に人を抱え込ませるのではなく、むしろ（第3章でも指摘したように）強き企業を伸ばし、そこでの雇用創出力を増進させることで、結果的に経済全体として労働資源の再配分と生産性向上に努めることが必要となる。

さらに、③高度成長期の政策を成熟経済下ではどう適応させればよいかという点について、本章では、主として「通達」により運用されているフリンジ・ベネフィット「非課税」を、「法律」によって「原則課税」とすることを基本的な提言フレームとし、額の大きい「寮・社宅」は所得税で取り込み、その余は法人税で代替課税すること、さらに「病気予防」といった政策誘導すべき分野については（特別措置を講じて）、政策誘導を行うことを提言している。

最後に、「フリンジ・ベネフィット課税と企業行動」について、筆者なりにこの章での研究を通じて感じたことを述べ、さらに本書全体への示唆するところを指摘して、この章を閉じたい。

フリンジ・ベネフィット（企業の福利厚生）を切り口に、本章では「企業のマネジメントの変化」、それを踏まえて「政策の変化の方向性とのベクトル合わせ」について多様な角度から論を展開してきた。

特に、日本のフリンジ・ベネフィット「非課税」が、過去の高度成長のパラダイムを引きずって、いわばなし崩し的に拡大してきている現状に対し、あえてフリンジ・ベネフィット「課税」を持ち出すことで、この議論に新たな視座を与えることができたように思う。

課税執行上よく持ち出される「社会通念」に関して、フリンジ・ベネフィットを切り口に企業アンケート調査や企業の人事担当者へのインタビューなど実証的アプローチを行うことで、①「社会通念」が一定ではなく変化するものであること、②その変化の方向性などをある程度明らかにすることができたのではないだろうか。

筆者がこの章における研究を通じて感じたことは、企業サイドの意識の変化、なかんずく「労働移動の円滑化による経済再活性」という政策目的の重心シフトに対応した『日本版ＦＢＴ』の必要性である。ここで提案したような措置を講じれば、おそらく日本企業のフリンジ・ベネフィットは現金化していくものと思われる。個々の企業レベルでは、企業と従業員の関係において「契約」の意識が高まり、個々人の自立意識の高まりは企業、そして日本経済に良い影響を与えるものと考える。

理論上、「課税すべき」ところを（企業の福祉向上をもって国民福祉の増大の補完とするという「高度規制型」パラダイムの下で）、「課税してこなかった」日本企業のフリンジ・ベネフィットに対しては、日本版ＦＢＴの新設という新たな立法措置によって、今一度税制改革論議の俎上に乗せ、21世紀の日本経済に必要な、まさしく「成熟市場型」政策として、実際に具現化することを期待したい。

⑴　2001（平成13）年度より、贈与税の基礎控除額が110万円（改正前60万円）に引き上げられた。これは25年ぶりの基礎控除額アップであり、この間の物価上昇等を考慮すれば、かなり長期間にわたって、その基礎控除額の見直しが放置されていたといえよう。

⑵　「企業内福祉における税制のあり方に関する研究会報告書」（1997）の座長を務められた藤田至孝教授は、同報告書の「報告書のとりまとめにあたって」という巻頭言にて、次のように述べておられる。

　「企業内福祉が勤労者の福祉を支える大きな柱であり、少子・高齢化の進行につれて社会保障を補完する役割はますます大きくなることは疑いなく、また、社会全体の活力の維持と両立する民間福祉の柱として、今後とも企業内福祉の充実・向上をいかに図っていくべきか、という問題意識は常に研究会で共有されていたと考える。」

⑶　石島弘「フリンジ・ベネフィット－現物給与の検討を中心として－」『租税法研究』（1989）第17号、53頁など。

⑷　古田精治「オセアニアの税制改革」『やさしい経済学』日本経済新聞朝刊（1989年11月９日～11月16日　全６回連載）

⑸　http://www.ovta.or.jp/new/new-j001.htm
http://necsv01.keidanren.or.jp/japanese/journal/CLIP/clip0047/cli015.html
などを参照した。

⑹　前掲注⑸①はhttp://ird.govt.nv/resource/discuss/lesstax/ch07.htmlおよび、②はwysiwyg://23/http://www.deloitte.com/tax/news/guides/text/asi/nz0698-8.htmlから引用した。ただし、上記アドレスは本書発行の時点では閲覧期間を終えている。
①の原文は次の通りである。

A fringe benefit tax is imposed on employers that provide noncash benefits to employees or individual shareholders. Benefits subject to the tax typically take the form of motor vehicles used privately, subsidized loans, subsidized transportation expenses, and discounted goods and services. The tax is 49% of the value of the fringe benefit. It is payable quarterly and is generally deductible by the employer for tax purposes.

②の原文は次の通りである。

Simplification of Fringe Benefit Tax（概括、フリンジベネフィット税）

Background（背景）

FBT is payable at rate of 49 percent on the value of fringe benefits provided to employees and shareholder-employees by an employer. This rate was set so employers face the same tax cost in providing fringe benefits that they would in making an equivalent taxable payment to employees on the top 33 percent marginal tax rate. Expenditure incurred in providing fringe benefits is generally deductible in determining the employer's taxable income, as is the fringe benefit tax itself. The main categories of fringe benefits are:

・subsidized or free motor vehicles;

・low or nil interest loans;

・employer contributions to sick, accident or death benefit funds, some superannuation funds, and specified insurance policies; and

・other unclassified benefits, such as subsidized or free goods or services.

(7)　小泉進・本間正明『日本型市場システムの解明－日本経済の新しい見方－』有斐閣（1993）155-169頁。

(8)　算式は、（１＋X）×0.37＝X　である。0.37は所得税の最高税率。このXを解くと約0.59となる。

第5章 『成熟市場型』政策としての税制

本書の第１章では、時代認識、問題意識、作業仮説を提示した。すなわち、日本の現況はかつての高度成長時代とは「明らかに断絶がある」という筆者の時代認識と、それを踏まえたうえで、「①成熟経済下でも昔（高度成長期）の政策を引きずって使い続けてよいのか」「②高度成長期と成熟経済下では必要とされる政策の中身は何が違うか」「③高度成長期の政策を成熟経済下でどう適応させればよいか」といった３つの問題意識を示し、さらに、高度成長社会における規制的手法での政策運営を意味する『高度規制型』と、成熟社会における市場（マーケットメカニズム）重視の政策運営を指す『成熟市場型』の２つを対比させて見ることを作業仮説として設けた。特にここでは、今後の政策の方向性として（労働・資本・技術進歩という経済成長の３つの要因のうち）、「労働」面での労働力移動の円滑化と「技術」面での民間企業の活性化が肝要である、と指摘した。

第２章では、経済成長の３要因のうち「技術」力向上に資する「成熟市場型」政策とはどのような内容となるかを税制と関連付けて考察し、特に「法人税に関する租税特別措置」について、その活用実態などを実証的に分析し、「成熟市場型」政策として必要とされる税制の具体的な要件を提示した。

第３章では、経済を活性化（再生）させる「成熟市場型」政策とは、どのような内容が求められるのか、税制と関連付けて研究した。具体的には、「通商産業省の産業再生政策における税制」を取り上げ、過去から現在に至る産業再生政策のなかでの税制について、その歴史的考察を行うことで「成熟市場型」政策として必要とされる法の目的や実現手段としての税制要件の基本的な考え方を示した。

第4章では、経済成長の3要因のうち「労働」力移動の円滑化に資する「成熟市場型」政策とはどのような内容となるかを税制と関連付けて考察し、特に「フリンジ・ベネフィット課税と企業行動」を取り上げ、従業員の選別化・流動化を意図した労務管理の姿勢の変化など「企業サイドの意識変化」を実証的に分析し、これと税制の運用実態を対比させて「成熟市場型」政策として必要とされる税制のあり方（法およびその運用）を提案した。

そこで、この第5章では、第1章での問題意識および作業仮説を踏まえて研究した第2章・第3章・第4章の考察結果をまとめ、本書全体のテーマである「成熟経済下における政策税制のあり方」の結論を導く。

【第5章の構成】

第1節　3つの問題意識からの概括では、第2〜4章までの研究結果について、第1章で示した3つの問題意識から概括する。

第2節　結論の呈示では、第1節を踏まえて3つの問題意識に対する筆者の回答を示す。すなわち、〔**結論1**〕で「成熟市場型」政策税制として機能し得ていない典型的な事例を1つ取り上げて、その修正策を提示しつつ、「①成熟経済下でも昔（高度成長期）の政策を引きずって使い続けてよいのか」という問いに答え、〔**結論2**〕で現在が「市場重視」の時代であることを踏まえながら、「ソフトな誘導手段としての税制」の有用性について考察し、「②高度成長期と成熟経済下では必要とされる政策の中身は何が違うか」という問いに答え、〔**結論3**〕で「成熟市場型」政策のメンテナンス（維持）の仕掛けを提案して「③高度成長期の政策を成熟経済下でどう適応させればよいか」という問いに答える。

第3節　むすびでは、本書全体を通じた筆者の考えを総括しつつ、この分野における研究の発展の方向性について述べる。

第１節　３つの問題意識からの概括

【問題意識】

筆者は、政策立案者の大部分が、成熟経済状況の現下においてもなお、高度成長期の考え方を引きずり、「昨日かくてありけり 明日もまたかくてありなん」という過去の延長で将来を見る発想、換言すれば、ものごとを経験則で処理し、それに基づいて政策を立案し、運営していると考えている（第１章 第１節〔１〕）。

彼ら（および彼らの属する組織、すなわち、日本の官僚組織）の経験は、我が国の経済が、高度成長を謳歌し、失業率は低位で安定し続け、結果として世界有数の経済大国化するに及んで、強固な「成功体験」として彼の組織文化の基底をなし、いわば彼らの「ＤＮＡ（遺伝子）」に深く刻み込まれているように思う。

逆に言えば現在、日本の経済や社会が大きな転機を迎えて、過去の延長ではない「構造変化」が求められるに際し、政策立案者は（その成功体験を捨て去ることから始めなければならないという意味においても）、よほど「時代が変わった」ということを意識しないと、現行の政策に修正を加えることができないであろう。

「経済社会のあるべき姿と経済新生の政策方針（1999年）」で、政府は、「日本は今、かつて経験したことのない歴史的な大変化の真っ只中におり、基本的な流れが決まっている中で進歩・高度化を図るというこれまでの対応ではこの変化に対応できないので、日本の経済社会システムの根底をなす考え方から変革する必要があり、官主導で経済運営を行うのではなく、各個人・企業等が主体となって日本の経済社会のあるべき姿を実現して行くべきである」という考え方を示した（第１章 第１節〔３〕）。

これを単なる「宣言」に終わらせないためにも、今、政策立案者にとって何が必要か、彼らは何をなすべきかを本書では追い求めてきた。

筆者は、第①に、成熟経済状況にある現下において、国家として、日本はどの方向へ進むべきか、「国の進む方向性」について考察した。経済学における経済成長の理論によりつつ、日本経済を中期的に見通した場合、「労働」「資本」「技術進歩」という3つの要因からいえば、「労働」については労働力人口の減少を労働力の流動化（労働資源の最適配分）で克服し、「資本」はその蓄積から投資に向かうパイプを整備し、「技術進歩」に関しては個々の企業の研究開発投資を大規模に促進することが肝要であると指摘した。特に、「労働力の円滑な移動」と「技術面における民間企業の大奮起」は、日本の中期的な政策を考えるうえで規範性を持ち得る、２つの大きな「政策目的」である。

第②に、政策（法律上の制度）と経済との関係は、しばしばマクロ的な数値や因果関係で語られることが多いが、実際は、法律上の制度が個々の企業の意思決定に影響を与えた「結果の集積」が経済現象として顕在化していることにかんがみ、本書では、企業の意思決定に間接的に影響を与えるソフトな政策誘導手法としての「税制」に着目し、これを取り上げた。

第③に、（①と②を併せて）「労働」と「技術」の２分野において、成熟経済状況にある今、どのような（政策としての）「税制」が望まれているか、を本書の研究対象とした。

ここにおいて設定したのが、「高度規制型」と「成熟市場型」という検証フレームである。すなわち、本書ではこの２つの概念を対比させて、「技術」面（第２章・第３章）と「労働」面（第４章）での「成熟経済下における政策税制のあり方」を考察した。

ここで再度、「高度規制型」と「成熟市場型」という作業仮説について、簡単にその内容を述べておきたい。

高度成長時代において、政府は、「指導」「助言」「勧告」等の「行政指導」によって民間企業の意思決定および経営行動を規制し、裁量的な経済運営を志向していた。そこでの政策実現手段は「融資の斡旋」や「補助金」であった。この他、企業の代表者を官庁に呼びつけて個々に「通告」する方法まであり、その政策の執行スタンスはかなり「ハード」であったといえる。以上のような“高度”成長社会における“規制”的手法での経済運営を本書では「高度規制型」と呼んでいる。他方、成熟経済社会における政府の役割は、民間部門（企業）の自由な創業者的「活動を促進」し、民間部門に起業的活動を行わせるうえで好ましい「環境を整備」して、経済活動を活性化させることが期待されるようになってきた。すなわち、政府の直接的な経済への介入よりも「市場メカニズムの活用」が求められてきている。以上のように、“成熟”社会においては“市場”は間違うかもしれないが、それでも“市場”に委ねた方が（政府の裁量で経済運営を行うよりも）良い結果が得られるはずという考え方を、本書では「成熟市場型」と呼んでいる（第１章 第２節〔２〕）。

この２つの作業仮説の対比を踏まえたうえでの、本書全体を通じた筆者の問題意識は３つある。

すなわち、「①成熟経済下でも昔（高度成長期）の政策を引きずって使い続けてよいのか」「②高度成長期と成熟経済下では必要とされる政策の中身は何が違うか」「③高度成長期の政策を成熟経済下でどう適応させればよいか」という３点である。

以下、この“３つの問題意識”から、「技術」面（第２章・第３章）と「労働」面（第４章）での「成熟経済下における政策税制のあり方」を整理して、各章における研究を概括しておきたい。

【産業政策における租税優遇措置（第２章）】

第２章は、経済成長の３要因のうち、「技術力向上」に資する「成熟市場型」政策とは、どのような内容となるのか、税制と関連付けて研究を行った。

具体的には、法人に対する租税優遇措置に関する実証的研究を行い、それをまとめたものである。この章での研究対象とした租税優遇措置は、租税法学・財政学・経営学の３分野にまたがる学際的なテーマである。このこととの関連で、「個々の企業行動の総和が経済である」という基本的な視点を採用している。なぜならば、租税優遇措置という法律上の「制度」が、「経済」に期待される影響を与える場合には、常に、個々の企業における「意思決定」を経由すると考えるからである。

このような視点に立ち、租税優遇措置に関する経営の現場での意識レベルを検証するため、企業の経理担当者の意識調査（関西経営者協会の協力を得て、その傘下1,687社への大量アンケート調査）を行い、回答していただいた223社を母集団とするミクロ経済統計分析を実施した。さらに、租税優遇措置の法要件を検証するため、研究開発投資促進税制（租税特別措置法42条の４、平成11年法律９号による改正前のもの）について、マクロ経済統計分析を行った。

ミクロ（個々の企業）のデータとその分析では、中小企業（資本金１億円以下）と大〜中堅企業（資本金１億円超）との比較において『人材力』とでも呼ぶべき人的能力格差の存在を確認した。また、マクロのデータとその分析からは、研究開発投資促進税制のように租税優遇措置も個別に見れば、「政策目的」が合理的な分野が存在することが明示された。ただし、42条の４が「過去のピークを超える場合」とする法要件の不備には、十分留意する必要がある。つまり、たとえ政策目的が合理的で、かつ政策誘導の「手段」として「税制（租税優遇措置）」が効く分野であっても、その「手段の内容（法要件）」が今の時代（成熟経済下）に合っていなければ効力を発揮し得ないことが確認された。加えて、42条の４を「過去５年の平均を超える場合」と変更してはどうか、との例を示し、「成熟市場型」で手段合理性を有する法要件のあり方を考察した。

以上のこの章における研究結果にかんがみると、現在、条文数で92、項目数で80近く存在する法人に対する租税優遇措置の一つひとつについて、できるだけ定量的にその「目的合理性」と「手段合理性」という２つの合理性を検討する必要がある。現行の租税優遇措置の大半が「高度規制型」で想起されたものであること、またそれらをリニューアルすることで、現在まで存続しているものも多いこと（高度規制型を引きずっているであろうことが十分予測されること）などを考えれば、その大部分について、思い切った改廃が必要となるものと推測される。仮に、「成熟市場型」政策として「政策目的」合理性があって、手段として租税優遇措置が有効な分野が存在すれば、さらに企業の意思決定に

（低成長経済・成熟社会を前提にしたうえで）真に影響を与える法要件の構築が必要である。このような見直しのうえに適切なＰＲ（特に中小企業向け、またその伝達パイプとしては公認会計士や税理士など会計・税務のプロをうまく活用すること）がなされてはじめて、産業政策としての租税優遇措置は貫徹するものと考えられる。

この第２章の研究結果で強調しておきたいのは、第１に、研究開発投資促進税制（租税特別措置法42条の４）のように、（経済成長の３要素のうち「技術」の進展を図るという）国のありたい姿と、（企業の永続発展に不可避の「研究開発」投資促進という）企業の進みたい方向性が一致している分野が存在するということである。第２に、この研究開発投資促進という「政策目的」は、「高度規制型」政策の立案時にも、そして現在の「成熟市場型」政策としても、その合理性は失われていないという点である。しかしながら第３に、「技術進歩が肝要である」という時代のあるべき姿を見ながらも、租税特別措置法42条の４の法要件（平成11年法律９号による改正前のもの）に見られたように「法要件のミスマッチ」によって「成熟市場型」としては使えない「税制」となってしまっていたことである。

すなわち、目的合理性を有しながらも、手段（法の要件）面で、「高度規制型」を引きずったままであったために「成熟市場型」としては機能し得なかった「税制」の１つの事例を、ここでは確認できたのである。租税優遇措置の一つひとつについて、それを起案した所轄の省庁およびその執行を管轄している財務省が、「成熟市場型」の政策税制として機能しているかどうかを検証する作業が必要である。

したがって、“３つの問題意識”から整理すると「①成熟経済下でも昔（高度成長期）の政策を引きずって使い続けてよいのか」という問いに対する答えは「昔の政策を引きずって使い続けていてはよくない」ということになる。また、「②高度成長期と成熟経済下では必要とされる政策の中身は何が違うか」という問いに対する答えは「制度の法要件の合理性の検証では、本当に政策が効いているのか、個々の企業行動にまで踏み込んで実証的に分析することが肝要」であり、「企業の意思決定に適切に影響を与える法要件の構築が必要である」ということになる。さらに、「③高度成長期の政策を成熟経済下でどう適応させればよいか」という問いに対する答えは「経済の右肩上がりを前提としない要件構築が肝要」であり、また「税理士等を通じた中小企業向けの適切なＰＲが必要である」ということになる。

【産業再生政策における税制（第３章）】

第３章は、経済を活性化（再生）させる「成熟市場型」政策とはどのような内容が求められるのか、税制と関連付けて研究を行った。

具体的には、産業再生政策における歴史的考察を行った。この章で研究対象とした産業再生政策は、その萌芽を早くも1950年代後半から60年代にかけての時期に見出すことができる。この時期、民間部門においては業界内で調整困難な案件が出現するたびに通産省（現 経済産業省）の調整を期待する官民協調体制や業界秩序を重視する護送船団方式が確立している。その後、産業再生政策の法律として最初に成立したのが1978年の「特安法」であり、以降、83年「産構法」、87年「円滑化法」、95年「事業革新法」、99年「産業再生法」と連綿と続いてきている。

これら一連の時限立法群における「手段としての税制」と各法の「政策目的」との関係、さらに「政策目的」と「当時の社会状況」の関係を時系列的に追って分析した。具体的には『通商産業政策史』や各時限立法の『解説本』、あるいは国立国会図書館のホームページ上の「国会会議録」で（研究対象としている法律の）法案審議をすべて読むことで、筆者なりの一連の時限立法群に対する評価を試みた。

歴史的考察の結果を簡単にまとめれば、以下のようになる。

「特安法（1978）」から「産業再生法（1999）」に至る５つの法律は、表向きは「時限措置」とされながら、その内容は「継続性」の強いものとなっている。すなわち、各々、１つ前の法律の政策目的と手段に微妙な修正・変更を加えながら、全体として見れば連なっている。このうち「税制」が政策メニューとして準備されたのは、「産構法（1983)」からであった。同時に、この「産構法」から政府による統制志向に修正が加えられ、政策目的面で市場を重視する考え方が盛り込まれた。

「特安法」から「産構法」にかけて、政策目的のなかに「弱者保護」の概念が引きずられたために、手段面での諸措置の効果が減殺されることになった（そして、この後の一連の時限立法群でも弱者保護の政策目的が引きずられることになる)。

一例を挙げると、「事業革新法（1995)」において、（第2章でも考察した）租税特別措置法42条の4の法要件がバブルのピークを避けて「93年以降を基準年とする」と変更されたが、この法要件変更の適用を受けることができるのは「過去5年前に比べて5％以上、生産や雇用を減少させるような業種に属する企業」、すなわち、政府の認定する「弱者」であるとされた。すなわち、そもそも新事業への投資余力や研究開発投資増額意欲が存在するのか甚だ疑問のある企業に、「税制」で投資誘導を行うものとなっている。

以上のように、「弱者保護」の目的を実現するための政策措置は、局所的に見れば合理性を有するものであるが、他方、起業活動の刺激や研究開発投資の増進・新事業創出も含めた産業再生という政策目的全体を見れば、逆に、「弱者保護」の考え方は「足かせ」となるなど、「合成の誤謬」が生じている。

この章における研究結果にかんがみると、「高度規制型」の政策発想、例えば「弱者を政府が認定してこれを救済する」という考え方では、もはや政策が貫徹しない、ということが指摘できる。すなわち、「高度規制型」では、弱者は政府（通産省等）が認定するものであったが、「成熟市場型」政策においては、弱者（強者）は市場が決めるものである、というようにその発想を根本的に変える必要がある。この上で、政策目的面での「弱者保護」と「市場性重視」を明確に二分し、各々において合理的な手段を採用すべきである。換言すれば、産業再生政策は「セーフティネット構築政策」と「潜在的競争力伸長支援策」に二分し、前者では（対象企業に赤字企業が多数存在することが予想されることから）「税制」を手段として用いず、逆に後者では強き企業をより伸ばす、という思想で（政府による企業の認定等をともなわない一般的な）「税制」をその政策誘導手段として用いることが有効となろう。

この第３章の研究結果で強調しておきたいのは、第１に、事業革新法において研究開発投資促進税制（租税特別措置法42条の４）の法要件の「成熟市場型」への適応（adjust）が、政府（通産省）の手によって試行されたということである。第２に、事業革新法は、その政策目的において「高度規制型」と「成熟市場型」を混在させてしまっている（「弱者保護」を引きずっている）という点である。これにより、第３に、「技術進歩が肝要である」という時代のあるべき姿を見て、研究開発投資促進税制の改良を試みたにもかかわらず、適用対象を政府が認定するなどの「高度規制型」の発想が維持されて、結局、政策目的通りの効果が期待し得なくなっていた。すなわち、「政策目的と手段としての税制との間のミスマッチ」によって「成熟市場型」として機能していない法律・制度の例を、ここでは確認できたのである。

すなわち、政策立案者（この42条の４の場合、通産省の官僚）は、「技術進歩が肝要である」という時代のあるべき姿を見ていたにもかかわらず、事業革新法において不況業種を「特定」するという「高度規制型」の発想を引きずったために、結果的に、税制を手段として用いる効果を減殺させてしまっている。

したがって、“３つの問題意識”から整理すると「①成熟経済下でも昔（高度成長期）の政策を引きずって使い続けてよいのか」という問いに対する答えは（第２章と同様に、この第３章における研究結果も）、「昔の考え方を引きずって使い続けていてはよくない」ということになる。また、「②高度成長期と成熟経済下では必要とされる政策の中身は何が違うか」という問いに対する答えは「より強き企業を伸ばすことを優先」し、「企業の伸長・淘汰は、“市場”に委ねて、政府は、民間部門の潜在的競争力を伸長させること」が重要となる。したがって、「③高度成長期の政策を成熟経済下でどう適応させればよいか」という問いに対しては「政策税制は研究開発投資促進など分野を限ってではあるものの、あらゆる企業が基本的に活用できるように（政府による「特定」をなくして）一般化させていく必要がある」ということになる。

【フリンジ・ベネフィット課税と企業行動（第4章）】

第4章は、経済成長の3要因のうち、「労働力移動の円滑化」に資する「成熟市場型」政策とはどのような内容となるのか、税制と関連付けて研究を行った。

具体的には、フリンジ・ベネフィット課税と企業行動に関する実証的研究を行い、それをまとめたものである。すなわち、「成熟市場型」を意識したうえで、21世紀における日本の国民福祉・企業福祉をどう考えればよいかという問題を考察した。この章においても、その研究対象は「課税と企業行動」の関係ということで、租税法学・財政学・経営学の3分野にまたがる学際的なテーマ設定となっている。

このこととの関連で、「個々の企業行動の総和が経済である」という基本的な視点を採用している。なぜならば、法律上の制度は、個々の企業の意思決定を通じて、経済にその効果を及ぼすことになるからである。そこで、この章における研究では個々の企業へのインタビューを試みたり、ある程度数のまとまったアンケート調査を実施している。

日本企業は、これまでフリンジ・ベネフィットをどうとらえてきたか、そして現在どうとらえ、また21世紀にかけてどうしようとしているのかを明らかにするために、まず、労働省（現 厚生労働省）の持つマクロ経済統計を経年比較し、分析した。次に、経営の現場における意識の変化を検証するため、企業の人事担当者に対するアンケート調査を行ってミクロ経済統計・分析を実施するとともに、人事制度の企画担当責任者に直接インタビューを試み、大企業3社のケース・スタディを行った。

マクロ（労働経済統計）のデータとその分析からは、企業は昨今、可能な限り労働費用を抑制したいと考えるようになってきている点が明らかになり、特に「法定外福利費」の動きを経年的に追うと、バブル崩壊前後で企業経営におけるフリンジ・ベネフィットの位置付けが180度転換してしまっていることが示された。

ミクロ（個々の企業）のデータ分析では、この企業の意識変化が一段と顕著に示され、フリンジ・ベネフィットを、「高度規制型」時代には「人材囲い込みの手段」と見ていたのが、最近の「成熟市場型」時代では「コスト増に耐えられない」として、従業員の選別化・流動化を意図した労務管理への姿勢の変化が確認された。

しかしながら、ここで明らかになったような企業の意識変化に対して、国の政策、なかんずく税制は適切に対応し得ていない。すなわち、「高度規制型」政策として、課税当局は、給与所得課税上の非課税範囲を徐々に拡げるなど、概ね企業のフリンジ・ベネフィットの充実を歓迎し、企業による福祉向上をもって国民福祉の増大の補完とするような行動をとってきた。

このような高度成長期に支持された考え方（高度規制型）を背景として、いわばなし崩し的に日本のフリンジ・ベネフィットの「非課税」範囲が拡大してきた結果、全体として見た場合の大企業と中小企業の格差を生じ、さらに現金給付よりも現物給付の方が、便益の受け手にとって有利である事態をもたらし、従業員の囲い込みを助長する（労働力の流動化を阻害する）税制となっていると意味付けられる（評価できる）が、このような税制は、現在の企業と労働を取り巻く社会環境とは整合的でない。

以上の分析結果にかんがみると、フリンジ・ベネフィットに対しては「成熟市場型」政策として「原則として課税される」という「所得税の理論上あるべき姿」に今一度立ち返り、フリンジ・ベネフィット課税（日本版ＦＢＴ）の可能性を探る必要がある。具体的には、フリンジ・ベネフィットのうち、企業規模間格差が大きい「寮・社宅」については所得税に取り込み、その余のフリンジ・ベネフィットに対しては、法人レベルで代替課税することが適当である。

企業サイドの意識変化や、「成熟市場型」政策としての「労働移動の円滑化による経済再活性」という政策目的の重心シフトに対応した「日本版ＦＢＴ」が実現すれば、一方で、おそらく日本企業のフリンジ・ベネフィットは現金化していくとともに、他方で、企業と従業員の関係において「契約」の意識が高まるものと考えられ、このような個々人の自立意識の高まりは、企業そして、日本経済全体に良い影響を与えるものと期待される。

この第4章の研究結果で強調しておきたいのは、第1に、フリンジ・ベネフィットに関する「非課税」運用拡大は、「高度規制型」時代にいわばなし崩し的に行われたことである。すなわち、高度成長期には日本型経営と呼ばれた終身雇用制度などを特徴とする企業経営が行われ、そうした安定雇用により失業率を抑制する政策が採られた。企業への定着率を高めるうえでのフリンジ・ベネフィット拡充に対して、「税制」が（理論上「経済的利益には課税すべき」とする「タテマエ」を退けて）、通達など執行・運用面で「非課税扱い」としてこれをサポートしてきたのである。第2に、「高度規制型」から「成熟市場型」への移行により、労働行政にも質的変化が見られ始めた点である。労働省は「雇用調整助成金制度」に見られるように、「高度規制型」政策としてある企業に雇用されている者は、できるだけその企業に抱え込ませることで失業率の上昇を抑制しようとしてきた。これが昨今では「雇用創出人材確保助成金制度」を新設するなど、新規に雇用した企業に助成金を出す、すなわち、雇用創出余力のある企業に恩典を与える政策へと舵を切り始めた。第3に、税制はこの労働行政の「成熟市場型」政策対応に対して、乖離したままである。「労働移動の円滑化が肝要である」という時代のあるべき姿が見えていない。いわば、フリンジ・ベネフィットに対する「税制」の執行・運用は、「労働」面での「成熟市場型」政策と関連付けて、その望ましい方向性を見失っているために齟齬を生じ、つたない運用実態となっていることを確認した。

すなわち、税の運用を管轄している財務省（課税当局）が、「成熟市場型」における税制執行のあるべき姿を考えたうえで、（現行税制の）諸制度を今一度、検証する作業が必要である。

したがって、“３つの問題意識”から整理すると、「①成熟経済下でも昔（高度成長期）の政策を引きずって使い続けてよいのか」という問いに対する答えは（第２章・第３章と同様に、この第４章における研究結果も）、「昔の発想を引きずったまま、制度の運用を維持していてはよくない」ということになる。また、「②高度成長期と成熟経済下では必要とされる政策の中身は何が違うか」という問いに対する答えは「労働政策面においても市場重視の姿勢が重要」となり、「非効率な産業あるいは企業に人を抱え込ませるのではなく、むしろ（第３章でも指摘したように）強き企業を伸ばして、そこでの雇用創出力を増進させることで、結果的に経済全体としての労働資源の再配分と生産性の向上に努めること」が肝要となる。さらに、「③高度成長期の政策を成熟経済下でどう適応させればよいか」という問いには「通達などにより非課税として運用されているフリンジ・ベネフィットを、法律によって原則課税とし、企業・個人のニーズの高い病気予防といった政策誘導すべき分野については、特別措置を講じて誘導を行うこと」をその答えとして提言した。すなわち、税制に対する民間部門（個々の企業・個人）の意思のありかをつかむことの必要性を指摘した。

【第２章・第３章・第４章の概括】

第２章・第３章・第４章の各研究について「高度規制型」と「成熟市場型」の対比で、（成熟経済下における）実態としての政策税制を見ると「ありたい税制の姿」と「現実」との間には“乖離”がある。

例えば、「成熟市場型」における「労働力移動の円滑化」という今の時代のあるべき姿が見えていないゆえに「税制」の運用面で齟齬が生じている事例や（第４章）、「技術進歩が肝要である」という時代のあるべき姿を見ながらも、その政策目的面で「高度規制型」と「成熟市場型」を混在させているがゆえに手段としての「税制」が効果を発揮し得ない事例（第３章）、さらには「高度規制型」時代の発想（右肩上がりの経済成長）を前提とした法要件ゆえに、結果的に「税制」が「成熟市場型」の現在において用いられない事例（第２章）などを明らかにしてきた。

このような“乖離”がなぜ生じるのかといえば、やはり第１に、「高度規制型」と「成熟市場型」には明らかな断絶があるのに、成熟経済社会の現在においても、前者の発想を引きずってしまうためである。「筆者の問題意識① 成熟経済下でも昔（高度成長期）の政策を引きずって使い続けてよいのか」という問いに対しては、第２章・第３章・第４章のいずれの研究においても、その答えは「昔の政策を引きずって使い続けていてはよくない」ということであった。

そこで第2に、「筆者の問題意識②『高度規制型』と『成熟市場型』では何が違うか」を考察すれば、特に後者の政策の基本的スタンスとして、市場に委ねる、民間部門（個人・企業）の潜在的競争力を伸長させる（強くなるポテンシャルのある個人や企業の力を顕在化させる支援を行う）ことにより、経済全体としての活力の維持・向上を図る点に、その特徴を見出すことができよう。すなわち、「成熟市場型」では、企業の自主性が尊重され、かつ、そうした企業の意思決定に真に影響を及ぼすような「税制」が求められているといえる。

したがって、第3に、「筆者の問題意識③『成熟市場型』にどう適応（adjust）すればよいか」を考えると、法の目的面での検証（高度規制型を引きずっている要素はないか：第3章での検証）、法の手段面における要件の検証（成熟経済状況を踏まえたうえで、市場の参加者である企業に真に影響を与えるかという視点からの検証：第2章での検証）、同じく手段面のうち、その運用・執行実態の検証（税制以外の政策、例えば、労働行政にも目配りしたうえでの経済・社会の望ましき姿を踏まえての検証：第4章での検証）が重要となってくる。さらに、これらの検証には、当該税制の過去からの経緯を歴史的に考察することは当然として、「民間部門（個人・企業）の意思のありか」をできるだけ定量的に実態把握を行うことが肝要となる。

次の第2節では、（この第1節で）以上のように概括した“3つの問題意識”に基づく各章の研究の整理結果を踏まえ、本書全体を通じて得られた「成熟経済下における政策税制のあり方」に関する筆者の結論を呈示したい。

第２節　結論の呈示

この第２節では、〔結論１〕で「成熟市場型」政策税制として機能し得ていない典型的な事例を１つ取り上げてその修正策を提示しつつ、「①成熟経済下でも昔（高度成長期）の政策を引きずって使い続けてよいのか」という問いに答え、〔結論２〕で現在が「市場重視」の時代であることを踏まえながら「ソフトな誘導手段としての税制」の有用性について考察し、「②高度成長期と成熟経済下では必要とされる政策の中身は何が違うか」という問いに答え、〔結論３〕で「成熟市場型」政策のメンテナンス（維持）の仕掛けを提案するなど「③高度成長期の政策を成熟経済下でどう適応させればよいか」という問いに答え、本書全体を通じて得られた「成熟経済下における政策税制のあり方」に関する筆者の結論を呈示する。

〔結論１〕
「高度規制型」と「成熟市場型」の差（Gap）を認識し、現行制度を補正せよ。

【補助金と税制】

「高度規制型」における政府と民間の関係は「上意下達」の構図であり、お上（かみ）すなわち、官僚から（彼らを頂点とする）ピラミッドの下部にあたる企業（業界）に対して、政策が一方的に下されることも多かった。また、民間（企業）サイドも、半ば「官僚の言う通り」に経営を行えば、その見返りとして「経営の安定が図られる」といった経済（政策）運営が常態化していた。ここでは、官民双方の「阿吽の呼吸」および、官僚が民間にその「絶大な権限を行使」することが当然視され、その手段として「行政指導」や「融資の斡旋」、あるいは「補助金」がその政策実現手段として用いられた（第３章 第２節〔１〕）。

山下淳教授は「行政指導」について、次のように指摘しておられる(1)。

「行政指導に従うかどうかは、相手方の任意の協力に委ねられているといっても、例えば業界と監督官庁の関係など、現実には他の法的な手続きで事実上の差別をされるなど担当機関がそれをちらつかせて心理的なプレッシャーをかけてくることもあるかもしれない。そうでなくても、長いおつきあいになることが多いから、とりあえずは指導に従っておくほうが（長い目でみれば）得だといわざるをえないということがあるかもしれない。」

さらに、運輸官僚（現 国土交通省の官僚）であった高林康一氏は、その論考のなかで次のように述べておられる(2)。

「この融資の斡旋ということ自体は、勧告や助言とは性質が違い、行政指導とは言えないであろうが、融資斡旋基準を定めて、これを事業者に伝え、結局は、その基準の方向に事業者をリードしていくことになるので、指導的要素は極めて強く、また、これらの斡旋手続きの段階において、典型的な意味での行政指導が働く余地が極めて大きいことは、言うまでもないと思う。」

また、新藤宗幸教授は、かつての（高度成長期の）通産省（現 経済産業省）の強権的な政策浸透手法について、次のように指摘しておられる(3)。

「かつて、日本が１ドル＝360円の固定相場制のもとで外国為替をきびしく管理していた時代に、通産省が操業短縮などの行政指導に実効性をもたせる補完的手段としたのは、外貨の割り当てであった。外貨の割り当てがなければ、原材料の輸入や技術の導入は、企業にとって不可能なのであり、きわめて有効な手段であった。これが行政指導にしたがわない企業にたいして発動されれば、『江戸の仇を長崎で討つ』ともいうべき制裁となろう。」

同時に、新藤教授は、「補助金」についてもこれを「民間部門への強制介入政策を裏打ちするもの」として、以下のように述べておられる。

「融資の斡旋とならんで行政指導の実効性を担保しているのは、補助金である。（中略）建設省は、1968年に制定された都市計画法ならびに70年代に同法に追加された都市開発制度の運用に関する通達を、つぎつぎと打ち出した。（中略）通達された規制基準の緩和自体が、民間開発資本の行動を操作する有力な担保手段だったのはいうまでもない。

加えてこれらの通達は、『ごていねい』に補助率のかさ上げもはかり、一段と実効性の確保をねらったのである。補助金もまた、法令上に根拠規定をもつものから単年度の予算で措置されるものまで、その件数おおよそ1,500件といわれるように、各種の行政分野にわたって縦横に整えられている。行政指導が日本の省庁に横断的にみられる行政態様であるとするなら、補助金もまた省庁横断的に所管され、有力な政策実現手段となっている。法令の直接発動ではない行政指導は、以上の例にみるように、その実効性を補助金によって裏打ちされているといえるのである。」

新藤教授の「江戸の仇を長崎で討つ」というのは、やや誇大かもしれないが、例えて言うなら、官僚が民間企業の「口の中に無理やりモノ（官の立案による政策）を押し込む」ような時代があったことは確かである。そして、この政策運営手法は高度成長時代のある時期において､それなりに有効に機能してきた。

本書第３章 第２節〔１〕ですでに見たように、【特安法】（1978年）では、８業種に対して設備処理カルテルが指示された。例えば、造船業では現有設備980万トンのうち、360万トンを処理して（同業界においては）基本的に過剰設備は解消したとされるなど、通産省の設備処理に関する当初目標値はほぼ達成された。

「高度規制型」における政策手法は、融資や補助金の申請時における「政府と民間の間のやりとり」に見られるように、ある種の定式化されたパターン（型）がある。すなわち、まず民間（企業・個人）は、計画を作成し、申請し、そして認定を受けて（その措置の恩恵に浴し）、最後に報告する。このような一連の「パターン」が「高度規制型」政策では当然視される点には、留意する必要がある。

他方、「税制」は、前述の「高度規制型」政策の手法（補助金など）に比べて、相対的に「ソフトな誘導手段」といわれている（第１章 第２節〔３〕）。

中里実教授は､「課税」は企業を誘導する１つの手法として「マーケット・フレンドリー」であるとして、次のように指摘しておられる[(4)]。

「誘導的手法はマーケット・フレンドリーである。これは、誘導的手法が、基本的に、市場メカニズムを利用して間接的に政策目的を実現しようとするものだからである。したがって、直接的にも間接的にも、強制は存在しない。また、当然のことであるが、誘導されたくないものは、誘導されなくともよい。」

すなわち､「①規制的手法を用いた行政庁による直接的な介入と比べ、誘導的手法は直接的にも間接的にも強制は存在せず、市場メカニズムを利用して間接的に政策目的を実現しようとするもの」であり､「②誘導的手法（特に課税）は、広く薄く効果を及ぼす場合が多い（この点、補助金は必ずしもそうではない）」という点で税制と補助金を対比させ､「③誘導的手法には政策目的実現のために直接に活動する行政庁が存在しなくともよく、課税庁はあくまでも課税上の調査・処分等を法に従って行うのみである（この点を、租税法の仮面をかぶった経済法であるとして、課税原則をゆがめるものとして批判する見解もあるが、租税法という枠から一歩踏み出してみれば、それは悪いことでもなんでもない)」と述べておられる。

本書第2章 第2節〔1〕ですでに見たように、租税優遇措置のうち、「技術振興(租税特別措置法第42条の4)」や「設備近代化(同法43条)」などに対しては、根強い支持が民間企業より寄せられている。また、第4章 第2節〔2a〕ですでに見たように、バブルの絶頂期(1991年)に、企業は、フリンジ・ベネフィットの「非課税」適用の範囲拡大を望む(親睦旅行の経費補助や食費補助の非課税範囲の拡大を希望する)など、税制は企業活動に一定の影響を与えてきたといえる。

さらに第4章 第2節〔2b〕ですでに見たように、「認定社宅」や「早期退職」の制度設計に際して、企業の人事制度の企画担当者たちは、「税制」を意識している。すなわち、税制は、企業の意思決定に少なからず影響を与えているのである。

ところが、昨今、この誘導手法としての「税制」が機能し得ていない事例が散見されるようになった。第3章 第2節〔2〕ですでに見たように、【産業再生法】(1999年)は、中小企業や個人の創業に目配りしたわりには中小企業の利用が少なく(2001年3月末で「認定」87社のうち、中小企業は7社であり)、同法の中小企業による活用は進んでいない。この理由の1つとして考えられるのは、「申請」手続の煩雑さに見合うだけの効果が見えにくいことである。すなわち、中小企業が、同法で手当てされている「新規設備投資の税額控除」に魅力を感じて申請しようとすれば、先述した補助金の申請パターンと同様に、計画書作成・申請(認定)という作業を各エリアの経済産業局(全国に9ヶ所)に対して行う必要がある。しかし、実務上、税の減免が認められるかどうかは課税当局の判断に委ねられ、計画書作成時点、あるいは申請時点で税制の恩典が得られる保証はない。事後的に税の減免が否認される可能性も否定できない制度のために、財務諸表を整備し、経済産業局の規定の書類を準備し、届け出る労力を中小企業の経営者(経理担当者など)が厭い、結果的に制度を活用していないことが十分に考えられる。

あるいは、第２章 第２節〔２〕ですでに見たように、技術振興に資する「研究開発投資促進税制（租税特別措置法第42条の４、ただし平成11年法律９号による改正前のもの）」は、高度成長期の法要件を維持（試験研究費が過去のピークを超える場合に同措置を適用）していたがゆえに、バブル経済という景気の過熱を経験した企業にとっては、同法を活用できない（当該年度の試験研究費が91年前後のバブルのピーク時を超えられない）事態となっていた。誘導手段として準備されている「税制」が機能していなかったのである。

すなわち、成熟経済社会における「税制」は、高度成長時代の発想とはまったく違う考え方で制度設計され、あるいは運用される必要があることを、ここでは強調しておきたい。

【エンジェル税制（租税特別措置法37条の13）】

ここで、「高度規制型」の発想を「成熟市場型」に持ち込んでしまった悪い税制の例（典型的な処方箋を書くことができる税制の例）を１つ取り上げてみたい。

すなわち、すでに見た第２章・第３章は（経済成長の３要素のうち）「技術進歩」に関するものであったし、第４章は「労働」にまつわるものを研究したので、ここでは（本書では触れてこなかった）「資本」関連で、その蓄積から投資に向かうパイプ（導管）の整備の観点から「税制」を取り上げて、これについて簡単に考察する。

具体的には「エンジェル税制（1997年創設）」を取り上げる。「成熟市場型」の政策税制として喧伝される「エンジェル税制」は、（ここまで縷々見てきた）筆者の研究結果を当てはめれば、その問題点を指摘することができる。

まず、「エンジェル税制」の概要を紹介し、次にどういった点が問題であるかを指摘しておきたい。

俗に、「エンジェル税制」と呼ばれる政策は、租税特別措置法によって規定されている。すなわち、租税特別措置法37条の13「特定中小会社の株式譲渡損失の繰越控除等及び譲渡所得等の課税の特例」により、個人投資家が創業期の中小企業に対して投資を行い、利益・損失のいずれかが発生した場合でも課税の特例が受けられる制度が設けられている。

つまり、エンジェル税制は、一定の要件を満たす企業※1の株式を取得した個人投資家※2が、当該株式の譲渡等をすることによって、①利益が生じた場合には当該利益を4分の1に圧縮でき、②損失が生じた場合には、当該損失を3年間にわたって繰越しできる課税の特例制度のことである。

※1.「特定中小会社」とは、「創業期（設立10年以内）の中小企業者であること」「研究開発費や市場開拓のための宣伝費・マーケティング調査費など、新たな事業を実施するために特に必要な費用の売上高に占める割合が3％以上（設立5年超10年以内の企業にあっては5％以上）」「外部からの投資を3分の1以上取り入れている会社であること」「大規模会社の子会社でないこと」「未登録・未上場の株式会社であること」

※2.「個人投資家」とは、「投資契約を締結していること」「金銭の払込により対象となる企業の株式を取得していること」「特定中小会社が同族経営である場合には、同族会社の判定の基準となる株主グループ（その会社の上位3位までの株主グループ（個人及び親族等））に属していないこと」

なお、当該制度の適用を受けるには、投資先企業（取得した株式の発行会社）が一定の要件を満たすことについて、「経済産業局（全国9ヶ所）の確認を受ける必要がある」という点には留意する必要がある。

すなわち、（個人投資家側から見た）手続の流れとしては、まず、特定中小会社との投資契約の締結後に、特定中小会社から経済産業局に必要書類を提出して確認を受け、個人投資家が当該企業の株式について譲渡等をすることによって、利益または損失が生じた場合、確定申告時に必要書類に経済産業省からの確認書を添付したうえで最寄りの税務署に申告することになる（申告分離課税：税率26％）。

エンジェル税制の政策目的は、「現在の日本の経済においては、新規産業の創出・発展が不可欠」であるので「将来の日本経済を支えて行くベンチャー企業育成を図るため、個人投資家（エンジェル）から創業期のベンチャー企業への投資を促進させる」ことにある(5)。簡単に言えば、この立法趣旨は、広く一般の人々にベンチャー企業への投資をしてほしいという点にある。

確かに、「成熟市場型」政策として、日本の中長期を展望した場合、起業を促進して経済全体を再活性化させるという「目的合理性」に異論をはさむ余地はない。しかし、ここでは、「エンジェル税制」という手段面（手続面など）でいくつかの疑問を提示しておきたい。

第１に、(投資を受けるベンチャー企業にとって）自らが一般投資家の投資対象となるためのハードルが（手続的にも実態的にも）高いのではないか、という点である。すなわち、創業期の中小企業であることを証明するための「商業登記簿謄本」は当然必要な書類ではあるが、この他、研究開発や市場開拓などのために、相当程度の費用を支出している企業であることを証明するために「財務諸表」および「社内組織図」の準備が必要とされる(6)。これら以外に必要な書類は、外部からの投資を３分の１以上取り入れている会社であることや大規模会社の子会社でないことを示すための「株主名簿」などである。

以上の必要書類のうち、「財務諸表」では、「研究開発費や市場開拓のための、宣伝費・マーケティング調査費など新たな事業を実施するために特に必要な費用」の売上高に占める割合が３％以上（設立５年超10年以内の企業にあっては５％以上）を示す必要があるが、「どのような費用が対象になるかは最寄りの経済産業局に問い合わせて下さい」と制度の案内に明記されている(7)。

自らの企業がエンジェル税制の適用を受けられる企業であるか否かは、手続的には表向き「財務諸表」の提出で済むように制度設計されているが、実態は最寄りの経済産業局に問い合わせなければ、自らの企業が要件を満たしているかどうか分からないようになっている。実際、「研究開発費等の売上高に占める割合が３％超」という要件について近畿経済産業局に出向いて問い合わせたところ、「税法の試験研究費に準拠する」とのアドバイスを受けた(8)。中小企業、とりわけ創業間もないベンチャー企業にとって、開発部長（技術者）兼、営業部長のような肩書きで開発営業を行っている例は十分想起されるが、彼らの人件費が「税法で試験研究費」として認められるか否かは（さらに第一義的に届出を受けた経済産業省ではなく財務省管轄の）課税当局の判断に委ねられる。すなわち、仮に経済産業省の（エンジェル税制適格の）「確認」を受けた企業であっても、最後に課税当局によって「否認」された場合、どうなるのか分からない状況にある。

第２に、（投資を行いたい一般投資家にとって）どこにその対象となる企業が存在するのか判然とせず、せっかく制度を作ったものの利用しづらいのではないか、という疑問がある。もともと同制度は、一般投資家が（たまたま何らかのきっかけで知り合った）ベンチャー企業を探し出し、そこに出資し、その後に当該企業が通産省の「確認」を受けるという制度設計がなされているので、表面上「投資対象は無限にある」かのように見える。しかしながら、先に指摘したように、税制適格であるか否かは、例えば、研究開発費等の売上高に占める割合が３％超といった要件について「経済産業省で（実質的な）認可を受ける」必要がある。実態として、一般投資家は、将来性のある企業の株式を持ち、この税制の適用を受けようと思っても、適用の受けられる企業かどうかは経済産業省（各地の経済産業局）に問い合わせなければならない。すなわち、経済産業省の「確認」がなされる（認められる）企業かどうかを知る手段は、当該企業に聞くか、経済産業省に一般投資家が問い合わせるしか術はないのが実情である。実際、筆者が中国エリアの経済産業局に電話で問い合わせたところ、「制度開始以降、現在に至るまで経済産業省が『確認』したベンチャー企業名は、経済産業省のホームページにもどこにも記載されておらず」、「紙ベースで当局（経済産業省）がファイルに綴じて持っている（積極的には公開されていない）」状態である。ただし、我々国民が一般投資家として「お願い」すれば、ファックス等でその紙（「確認」企業リスト）を入手することは可能である(9)とのことであった。

以上のような問題点や実態をかんがみるに、「エンジェル税制」は「成熟市場型」政策として期待されるところ大ではあるが、経済産業省の「確認」を受けなければならない点やその実務面での手続の煩雑さ・不透明さなど、多分に「高度規制型」の性格を色濃く残している。実際、同制度が発足してからすでに４年が経過しようとしているのに、「確認」を受けた企業は全国ベースでたった14社しかない(10)。エンジェルも日本全国で180名弱であり、制度の利用が活発であるとは言い難い。なお、2001年度税制改正案では、エンジェル税制について「投資時の契約手続の簡素化」が盛り込まれているようだが、現時点では詳細については不明である(11)。

エンジェル税制の修正方向については、政策目的であるところの「起業率を向上させ、リスクマネーをそうした事業に向かわせる」ということからすれば、第①に、「確認」を受けることのできる対象企業要件の緩和（対象企業の拡大）、第②に、「確認」手続の簡素化、第③に、一般投資家に対する税の恩典拡充、第④に、投資家への積極ＰＲなどが考えられよう。

①　例えば、対象となる特定中小会社の要件には「大規模会社の子会社でないこと」とされているが、今後、大企業の人材が当該企業を離れて独立するケース、あるいは当該企業からかなりの出資援助を受けて独立するケースなど、個人の起業パターンは多様化するものと考えられる。「市井の人々が裸一貫、親類縁者から金を集めて起業」といったステレオ・タイプの起業形式のみではないはずで、こうした多様性を考慮するのであれば、ある程度、大規模会社に関係の深い企業もその対象に加える必要がある。

②　また、経済産業省では、実際は「研究開発費」の判断がつきかねるのに「研究開発費等の売上高に占める割合が３％超」を要件として「確認」する手続となっている。この際、ベンチャー企業と個人投資家を結ぶ何らかの第三者により税制適格が確認できれば、経済産業省への届出は不要になるものと考えられる。実際、社団法人で全国各ブロックに存在する「ニュービジネス協議会」は、その活動の中で「ベンチャー企業と投資家のマッチングの場を設けること」を行っている(12)。こうした諸団体のマッチングの場に（税理士会などから派遣を受けて）、その場で会計・税務のプロである公認会計士や税理士などにより財務諸表等が審査されて、「（３％を超えていると判じる）付帯書」のようなものを企業・投資家双方が受け取れば、それを「確認」と

みなすことで税制適格としてはどうだろうか。わざわざ、経済産業省（各エリアの経済産業局）に問い合わせなければ投資対象企業なのかどうか分からない、という状況を解消することが肝要である。

個人投資家は、投資先企業の起業からの年数や実態として株式会社であるのかどうかを判じるための「商業登記簿謄本」と研究開発投資等を積極的に行っていることを示す（先述の）「税制適格を示す付帯書」を自身が確認すれば、あとは投資するかどうかを自分で判断するという具合に、もっとシンプルな制度設計を行えば、本来の政策目的である「起業率上昇とリスクマネーを新興企業につなぐ」ことに資するものと思われる。

③　なお、申告分離課税で仮に損失が出た場合、現行制度は他の株式譲渡益から控除することができるが、これは一般投資家の誘因措置とはなり得ず、さらに「損失を給与所得から控除すべき」という意見もある(13)。

④　本来であれば、経済産業省への問い合わせなしに、当該企業への照会のみで税制適格な投資が認められるのが望ましいが、経済産業省への届出が制度として存続するのであれば、どの企業が税制適格なのかを（「確認」を要件とすることとの裏腹で）経済産業省はもっと積極的にＰＲする必要があろう(14)。新聞媒体でも、インターネットでも、あるいはＦＡＸでも「ＰＲツール」はできるだけ多く取りそろえて一般投資家にアピールしなければ、今後も同制度の利用は進まないものと考えられる。

【〔結論１〕の内容】

エンジェル税制に典型的に示されるように、政策誘導手段として「税制」を用いる場合、「高度規制型」の発想を「成熟市場型」に引きずって持ち込んではならない。

「①成熟経済下でも昔（高度成長期）の政策を引きずって使い続けてよいのか」という問いに対して、本書が明らかにしたその結論は「昔（高度成長期）の発想を引きずってはならない」ということである。

政策立案者は、過去に「税制」が手段として用いられた、その要件や運用方法になぞらえて、今の「税制」の制度設計を行うきらいがある。

第3章 第2節〔2〕ですでに詳しく見たように、通産省の産業再生政策に関する一連の時限立法群は、その目的（各法第1条）で、よく似た文言・内容が各法において繰り返されている。政策立案者は（前任者否定せず、過去の踏襲を繰り返して、新規性を追わず）、「易き」に流されがちである。また、税制の恩典を、企業や個人に与える場合でも「届出」や「確認」といった「（補助金申請に用いられる）パターン」を制度に組み込むなど、安易に制度を設計する傾向がある。

やはりこの際、政策立案者は、「成熟市場型」と「高度規制型」は明らかに違う、という両者のGapを認識し、現行制度を一つひとつ検証して、「成熟市場型」でも機能し得る内容に（政策目的と整合のとれた法の要件や運用を目指して）、その補正を行うべきである。

〔結論２〕

現在はまさしく「市場重視」の時代であることを認識し、民間（企業・個人）の「潜在的競争力の伸長を支援」せよ。

【市場重視の時代】

筆者は、〔結論１〕において「成熟市場型」の発想が肝要であると指摘した。この「成熟市場型」という作業仮説の概要については、（この第５章 第１節において）すでに見た通りである。すなわち、「成熟市場型」の基底には、“成熟”社会においては“市場”は間違うかもしれないが、それでも“市場”に委ねた方が（政府の裁量で経済運営を行うよりも）、良い結果が得られるはずという考え方が存在する。

ここで言う“市場”とは、民間（企業・個人）の創意工夫に基づいた競争が促進され、優勝劣敗が（その自由な競争の場において）決する世界のことである。ここでは、自助努力による自己責任が“市場”参加者に求められる。

加藤寛教授は、（以下に引用するように）この自助努力や自己責任の大切さについて指摘され、「民間（企業・個人）はお上（かみ）頼みの姿勢を排斥し、古い考え方から抜け出すべし」と説いておられる(15)。

> 「福沢諭吉は、『官に頼る者は官を恐れる、官を恐れる者は官にへつらう、独立の肝心毫もなし』といって、官に頼る民が悪い、民の心を直さなくては、官は改革できないといっている（中略）。この考え方を21世紀までに変えられるかどうか。いまいわれている行政改革は、詰まるところ、日本人一人ひとりの意識改革にかかっているといえる。」

加藤教授が「日本人一人ひとりの意識改革が肝要である」と指摘されていることを裏返して考慮すれば、これまで、日本の企業および個人は、政策立案者（官僚等）への依存心が高かったということに他ならない。この依存心は、例えば、景気が悪くなった場合の「大型公共投資（財政出動）を望む声」として

（経済現象面で）顕在化してきた。しかし、もはや政府に財政余力は乏しく、「ない袖は振れない」状況にあることは、すでに本書で見てきたところである（第１章 第１節〔２〕）。

日本以外の主要先進国においても、1970年代まで公的部門の役割の拡大が見られ、いくつかの主要産業において企業の国有化が進められた（「大きな政府」を志向していた）。しかし、80年代に入ると、イギリスのサッチャー政権やアメリカのレーガン政権では、国営企業の民営化や規制緩和が積極的に進められ、公的部門（政府）の役割は、180度転換した（「小さな政府」を志向するようになった）。この背景には、行き過ぎた国有化による産業活力の低下といった「政府の失敗」を是正するために、積極的な「市場メカニズム」の活用が、各国で模索されたのである。さらに90年代に入ると経済の国際化や情報化といった外部環境が変化するなかで、企業活動の基本となる法制・税制・会計制度なども国際慣行に合った形へと修正が加えられるに至った。すなわち、昨今では、政府に対して民間が期待する役割は、「企業活動を行ううえで快適な環境を提供すること」という内容へ、変化してきている（第１章 第２節〔２〕）。

かつての「高度規制型」において、政府が経済（政策）運営上、枢要な地位を占めていた頃とは対照的に、現在においては、民間部門の自主性・主体的行動が経済や社会に影響を及ぼす度合いが増えている。

換言すれば、マーケット（市場）のアクター（活動主体である企業や個人）が、自ら意思決定し、自ら行動することが（かつての高度成長期に比べて）飛躍的に増大している。したがって、政策も、アクターに対して「方向性を示す」間接的な誘導手法が主流となる(16)。

すなわち、市場における民間の自主性を通じてしか、（グローバルな規模でマーケット（市場）メカニズムが深化している現在では）政策目的やその意図する行為がなされず、政策目的が貫徹しないようになってきていると考えられる。

このような状況ゆえに「高度規制型」で多用された補助金等の強制的な政策実現手法ではなく、現下の「成熟市場型」ではマーケット・フレンドリーな「税制」に焦点が当てられてきているものと考える（アクターという言葉になぞらえるならば、劇場におけるアクター（俳優）の自由闊達な演技によってその劇（シナリオ）の評判が決まるように、市場における各企業や個人の制度の活用度合いを通じて、その政策の評価が決まる時代がきていると考えられよう)。

【潜在的競争力伸長支援策】

マーケット（市場）メカニズムの重視は、一面で、"市場"への参加主体にとって、厳しい結果をもたらす。"市場"においては優勝劣敗が否応なく決まり、勝つ者もあれば負ける者も存在するからである。自助努力のかいなく、"市場"によって選別され、結果的に倒産・失業した者に対して、政府がセーフティネットを構築しておくことはもちろん重要である。しかし、過度の弱者保護は、市場における淘汰を阻害し、かえって（市場における公正な競争での勝者の不満をもたらし）"市場"の信頼性を損なう場合がある(17)。

第3章 第3節〔1〕ですでに詳しく見たように、特安法（1978）から事業革新法（1995）までは、基本的に、政府が（民間の）「弱者」を認定し、そうした弱者を保護するという目的設定がなされていた。しかも、業界全体に目配りし、一番経営力の弱いところ（本来であれば、市場における選別により淘汰されるべき企業）にレベルを合わせて救済を図る、いわゆる護送船団方式が意図された。「高度規制型」政策では、こうした限界企業（本来淘汰される企業）に対して、手厚い策が講じられた（例えば、造船業界では、弱小企業に対して造船需要を政府が創り、これを分け与えて延命を図るべし、とする政治の圧力は大変大きかった。詳しくは第3章 第2節〔1〕【特安法】の項などを参照されたい)。

いわゆる「高度規制型」の政策では、業界の秩序が優先され、そこでは「等しく貧しく」という考え方が重視される。不況の際には、限られた需要を（業界内の企業規模等に応じて）秩序立てて、既成の各企業に政府が配分する政策がさかんに行われた。

経済評論家の中前忠氏は、特に昨今の、日本の経済低迷への対策として、政府が講じた諸政策は、「かえって事態を悪化させている」と指摘して、次のように非難している[18]。

「デフレの原因は過当競争にある。限界企業が淘汰され、生き残った企業が価格決定力を回復するまで、デフレが解消することはない。この意味で、財政による刺激も、金融緩和も、限界企業の退出を遅らせ、デフレを持続させる効果しかない。(中略) 結局のところ、求められるのは限界企業の退出を促す政策であり (中略)、必要なのは、生き残る企業の利潤率を引き上げる政策である。」

過度の保護政策は、“市場”重視の観点から批判にさらされているのが実情である。そして、政府も、微妙にそのスタンスを修正し始めている。

第4章 第3節〔2〕ですでに詳しく見たように、例えば、労働行政面において、「雇用創出人材確保助成金制度」が新設された (1999年) のは好例である。この制度は、雇用を維持する企業に対して、その行為を奨励するために支払われていた「雇用調整助成金制度」を改めて、新規に雇用した企業に対して、その行為を奨励すべく助成金が交付されるものである。

つまり、従前、特に労働省 (現 厚生労働省) は、雇用の流動化に否定的であり、失業者をできるだけ出さないようにするために、(失業者になりそうな人々を) 現在雇用されている企業に抱え込ませることを第一義とする政策を採用していたが、昨今では、古い産業から新しい産業へ、労働力をいかに円滑に移動させるかといった政策に (その重心が) シフトし始めている。

換言すれば、労働行政においても「市場重視」の姿勢が鮮明となってきており、非効率な産業、あるいは企業に人を抱え込ませるのではなく、むしろ、「強い企業 (潜在的な競争力を有する企業)」を伸ばして、そこでの雇用創出力を増進させることで、結果的に、経済全体として労働資源の再配分と生産性向上の実現を図るような政策がとられるようになってきている。

「成熟市場型」政策として、伸びる力のある民間 (個人や企業) を伸ばすような「潜在的競争力伸長支援策」の重要性が増してきている。新事業への進出支援や起業促進などの分野で、個人の自助努力を基本にしたうえで、それを活性化する措置、すなわち、「強きを伸ばす」という政策スタンスが、「市場メカニズム」重視の今の時代には、政策立案者に求められるようになっているのである。

【〔結論2〕の内容】

現在は、「市場メカニズム重視」の時代である。ここでは何より、民間部門の自主性が重要視される。したがって、政策も、市場参加者に対して、その望ましき方向性を示すような、間接的な誘導手法が主流となる。「ソフトな誘導手法」とされる税制は、まさしく市場主義の時代における1つの有力な政策実現ツールとなってきている。

すなわち、「②高度成長期と成熟経済下では必要とされる政策の中身は何が違うか」という問いに対して、本書が明らかにしたその結論は、「市場における民間の自主性を通じてしか、(グローバルな規模でマーケット・メカニズムが深化している現在では)政策目的やその意図する行為がなされず、政策目的が貫徹しないようになってきている」ということである。

また、成熟経済下では、「伸びる力のある民間(個人や企業)を伸ばすような、潜在的競争力伸長支援策の重要性が増してきている」ということである。

以上より得られる結論としては、政策立案者は、現在がまさしく「市場重視」の時代であることを認識し、民間(企業・個人)の「潜在的競争力の伸長を支援」する観点から、政策措置を講じるべきである、ということである。

〔結論3〕

「高度規制型」と「成熟市場型」の「Gapの認識」および、今後（成熟経済下において）、「効く」制度作りには市場の“Voice”を聞き続けることが必要である。

【個々の企業の総和が経済】

筆者は、第2～4章の各研究において、常に「個々の企業の総和が経済である」という基本的なものの見方に立って、税制を考察してきた。

「法律上の制度」と「経済」との関係は、しばしばマクロ的な数値や因果関係によって語られる。しかし現実には、法律上の制度が「個々の企業」の意思決定に影響を与えた「結果の集積」が、経済現象として顕在化しているのである。

すなわち、「法律」上の制度が「経済」に期待される影響を与える場合には、常に個々の「企業（経営）」における意思決定を経由することが考えられる。

したがって、先述したように、現在は企業の自主性が重要視される時代であり、個々の企業の動向に対して、政策立案者は常に感度を高くしておく必要がある。

青木昌彦教授は、「人々の意思のありかを見ることが肝要である」として、次のように指摘されている(19)。

「（前略）これまではうまく働いてきたと思われた諸制度の存在意義がいま問われている。しかし、制度というものは、どう変わりうるだろうか。学界のフロンティアでは、最近、制度を制度たらしめている本質は、法とか、政治機構の形式というよりは、そうしたものが作り出す、人々が共通に抱いている期待や信念にある、と考えるようになってきた。たとえば、終身雇用という制度は、私はこの企業に定年まで勤めるだろうという予想が多くの人によって当たり前のこととみなされている状態である。それが当たり前のものでなくなってきたという意味で、今は終身雇用制度の危機である。」

本書第４章に掲載した**図表Ⅳ-10　現行税制上の取扱い**（229、230頁）ですでに詳しく見たように、多くのフリンジ・ベネフィットは、現下においてなお「非課税」扱いとされる。すなわち、課税執行上、よく持ち出される「社会通念」に照らして、（その範囲で）非課税とされる税制の運用実態について、筆者は検討を加えてきた。この際、フリンジ・ベネフィットを切り口に、企業アンケート調査や企業の人事担当者へのインタビューを行うなど、「個々の企業」の現在における「意思のありか」を探求した。結果は、かつて（高度成長期に）支持されたような、「①福利厚生は縮小しない、②企業は従業員を囲い込み続ける、③従業員を選別しない」という３つの考え方（企業サイドの意思）とは180度逆の、「①企業の福利厚生諸制度をスクラップ・アンド・ビルドし、総じては費用面で縮小させたい」「②企業は従業員を流動化させたい」「③企業は従業員を、企業にいてほしい人材（基幹人材）とそうでない人材（流動化人材）などに選別したい」という意識への「変化」は顕著であった。

つまり、「経営の意思のありか」を探れば、①「社会通念」が一定でなく変化するものであること、②その変化の方向性などが、ある程度明らかとなった。特に、「企業は従業員を囲い込み続ける」といった考え（実は、政策立案者側の思い込み）を前提にして、「税制」はフリンジ・ベネフィットの「非課税」範囲を拡大させてきただけに、「企業は従業員を流動化させたい」という現下の「経営の意思」と、「税制」との乖離は激しくなっている。

筆者は、日本の中期的な政策として一定の規範性を持つ「労働力移動の円滑推進」と、この「企業の意思の変化」は整合的であることを踏まえて、「成熟市場型」政策としてフリンジ・ベネフィットに対する「税制の運用」は、（その理論通り）「課税を原則とする運用を行うべきである」という結論を導いたのである（第４章 第３節〔３〕）。

青木教授も指摘される「制度を制度たらしめている人々の意思」は、うつろいやすく、であるからこそ、政策立案者はその「意思のありか」を常に模索する必要があるのである。特に、筆者が本書を通じて示した「個々の企業の総和が経済である」という見方に立って、できるだけ定量的に、そして定期的に、

「意思のありか」、すなわち「市場の声（“Voice”）」を聞く必要がある。なぜなら、先に述べたフリンジ・ベネフィットの非課税運用変更の例に見るまでもなく、「高度規制型」では当然視された制度も、「成熟市場型」ではその制度の内容・執行を変化させる必要があり、その「高度規制型」と「成熟市場型」のGapを認識するうえでも、市場の“Voice”を聞き続ける作業が欠かせないからである。

【「成熟市場型」政策のメンテナンスの仕掛け】

本書では「高度規制型」の発想を「成熟市場型」の現代においても引きずってしまったために「税制」がうまく機能していない事例を縷々見てきた。ここで筆者が繰り返し指摘してきたのは、昔（高度成長期）と今（成熟経済状況下）とでは、人々がほぼ共通して持っている一定の考え方、すなわち「社会通念」が大きく変化してしまっているという点である。この「社会通念のうつろい」に対してどれだけ「税制」が機動的に対応できるかということが、誘導手段としての税制の「政策目的の貫徹度合い」につながっているものと思われる。

つまり、世の中が「高度規制型」から「成熟市場型」になったために、「高度規制型」をリニューアルするという作業がますます重要となってきている。

「成熟市場型」政策の実現手段としての「税制（法要件）」は、「成熟市場型」という基本的な考え方の枠内で、より民間部門（個人・企業）にとって「使えるもの」となるよう、常に変化に対応できるような状態である必要がある。

換言すれば、「成熟市場型」政策を定期的にメンテナンス（維持）するには、そうしたメンテナンスを保障する制度をどう設計すればよいか、ということが筆者の最後の提案となる。税制に関して言えば、常に「使える税制」であるためには、どのような仕組みで「適応（adjust）機能」を確保するかが肝要である（このadjustのために、政策立案者が市場の“Voice”を聞き続けることを必要とすることは、すでに指摘した）。

しかし、本書で明らかとなったのは“Voice”を発しにくい、中小企業の存在である。大企業の場合は、経団連や日経連などの経済団体を通じて、政府に対して諸政策に関する意見具申を行う機会（パイプ）が整備されているが、中小企業および個人事業者等は（大企業と比べて）相対的に、政府に対して意見を言う機会が少ない（個人事業者に至っては、ほとんどそうした機会がないと言っても過言ではない)。

政策が実際に中小企業に至るまで、どの程度浸透しているかを知るために、筆者は本書第２章 第２節〔１〕で詳しく調査した。すなわち、租税優遇措置に関してアンケート調査（実証研究）を行ったところ（租税優遇措置で今回調査した各項目のうち、「大〜中堅企業」と「中小企業」に共通適用される８項目での認知度と利用度を比べたところ)、結果は、ほとんどの項目で「大〜中堅企業」の経理担当責任者の方が、「中小企業」の担当者に比べて、当該措置について「よく知っている」と答え、すべての項目で「大〜中堅企業」の方が、利用度が高かった。

政策目的通りの効果を貫徹させる、すなわち、税務当局ないし政策当局の側に立って租税優遇措置を活用してもらうには、特に、「中小企業」で経理に携わる実務担当者に「知らしめる努力」が必要であるといえる。情報の徹底に関する企業規模間格差という視点からすれば、中小企業向けのＰＲをもっと拡充すべきであり、実際には税務や会計のプロとしての税理士や公認会計士が中小企業の税務に深く関与している実態にかんがみ（第２章に掲載した**図表Ⅱ-2「税」に関する情報入手について**を参照されたい(80頁)。税理士が、小規模事業者にとって経営コンサルタント的な役割を果たしている現実が読みとれよう)、彼らをして、租税優遇措置の活用促進に資するような使い勝手向上（法の利用しやすさアップ）のための、情報のフィードバックを受けることが重要であると考える。

具体的には、(2001年11月時点で65,690名の登録税理士を抱える)「日本税理士会連合会」などの協力を仰ぎ、傘下の会員税理士に対して、①企業・個人事業主向けの政策税制で「使えない」措置はあるか、②どのように要件・手続などを修正設計すれば「使えるようになる」かといったアンケート調査を定期的に行い、「成熟市場型」政策の実現手段としての「税制」を「使えるもの」とするための“Voice”を出させるのである。

実際、日本税理士会連合会は、毎年10月に「税理士からみた経済実態診断」と題して定期的に郵送アンケート調査を行っている。この調査は、全国の中堅・中小企業経営者の景況感を把握するため、1994年秋から景気診断アンケート調査として始められ、2001年度で第14回を数えるに至っている。

すなわち、同調査は、中小企業の経営者（零細企業・個人事業者を含む）の景気実感を（彼らと日々接触している）税理士の目を通して、総合的に浮き彫りにすることを目的に実施されているものである。日本経済を支える数多くの中小企業に目配りし、経営者の実感を探っている点に特徴がある。ちなみに、同調査における調査対象は、「従業員５人以上を雇用し、開業10年以上の全国の税理士約1,000人」であり、調査方法として「北海道、東北、関東/甲信越、東京都、北陸、名古屋/東海、近畿、中国/四国、九州/沖縄の９ブロックに分けて会員数に応じて任意抽出」を行う大規模なものである（2001年度の調査の回収率は74.2%と、かなり高い回答数を得ている）。

この定例調査に見られるように、税理士(会)自身も中小企業（小規模事業者）の実態把握を志向し、彼らの“Voice”を代弁しようとしている点には留意する必要がある。

すなわち、こうした定例調査に前述のような「使える税制」調査を加えれば、中小企業の経営行動も含めて、その“Voice”をつかむことが可能となる。それを政策立案者に提示する仕組み（システム）を構築すれば、政策立案者はそうした“Voice”を踏まえて、民間部門に真に影響を与えるような「税制」を創り出す（あるいは既成の「税制」を修正する）ことが可能となろう。

【〔結論３〕の内容】

以上のように、筆者の結論の３つめは、政策立案者は、民間の意思のありかを正確に把握する必要があるということである。

すなわち、かつての（「高度規制型」時代の）「上意下達」による情報の一方的な流し込みではなく、様々な“Voice”が政策立案者へ入るように、そのパイプを目詰まりさせないことが肝要となる。また、このパイプが健全に機能すれば、「成熟市場型」パラダイム内での変化のさざなみ（あるいは仮に、将来的に「成熟市場型」のネクストパラダイムが現われる場合でも、その変化の兆し）をつかめるはずであり、その動きに基づいて「税制の適応（adjust）」が円滑に行われよう。

また特に、“Voice”を発しにくい中小企業への目配りが肝要であり、中小企業にとって経営コンサルタントの役割を果たし、あるいは彼らの状況をつかんだうえでの情報発信を志向している税理士(会)を、「成熟市場型」政策のメンテナンスの仕掛け（システム）として活用することを提言しておきたい。

筆者の問題意識である「③高度成長期の政策を成熟経済下でどう適応させればよいか」という点は、「安定・成熟的（stable）な経済下では何を要件に制度を組み上げればよいのか」と読み替えることができる。そして、この答えは、「もっと市場の声（“Voice”）を聞くこと」ということになる。

「高度規制型」における官から民への「上意下達」の世界とは違い、「成熟市場型」では民意の中（市場の“Voice”、経済の内側）に政策の評価・今後の方向性を見出す姿勢が、官僚には求められている。換言すれば、政策立案者は、自身が関与している政策を上意下達で「上から」見ていたのを、従前は、下に位置付けていた「民間」の意思のありかから、虚心坦懐に見つめ直す作業（視点を移動させること）が肝要となってきている。

すなわち、政策立案者は、「高度規制型」と「成熟市場型」の「Gapの認識」および、今後（成熟経済下において）、「効く（効果を発揮し得る）」制度作りのために、市場の“Voice”を聞き続けることが必要である。

---

(1) 山下淳『行政法（第2版）』有斐閣（2001）144頁。

(2) 高林康一「運輸省における行政指導」『行政と経営（昭和38年第3号）』（1963）

(3) 新藤宗幸『行政指導－官庁と業界のあいだ－』岩波新書（1992）118頁,120-122頁。

⑷　中里実「誘導的手法による公共政策」『岩波講座　現代の法４　政策と法』（1998）297,298,303頁。

⑸　経済産業省の産業企画部　新規事業課の「エンジェル税制のご案内」より引用。下記のアドレスのホームページなどを参照されたい。

http://www.kansai.meti.go.jp/info/angel.html（ただし、これは近畿経済産業局のアドレス）。

⑹　前掲注⑸と同様、経済産業省のホームページに「エンジェル税制の手続きスキーム」が記されている。

http://www.chusho.meti.go.jp/sesaku_info/gijyutu_koujyou/tebiki/tebiki020.html

ここでは、本文で引用したような内容を記載した「確認チャート」がダウンロードできる。

⑺　前掲注⑹「確認チャート」を参照されたい。

⑻　筆者の問い合わせ経験による（2001年10月12日に問い合わせ）。担当部課は「近畿経済産業局 新規事業課 TEL 06-6941-0997」である。

⑼　筆者の問い合わせ経験による（2001年12月17日に問い合わせ）。担当部課は「中国経済産業局 新規事業課 TEL 082-224-5658」である。

⑽　前掲注⑼で入手したファックス情報による。

「『エンジェル税制』における投資先ベンチャー企業に係る確認書の交付について」と題された経済産業省新規産業課の発行（平成13年11月付）の書類によれば、「確認書公布先企業名及びエンジェル数」は、①アークタム（東京都文京区、エンジェル６名）、②エコ・リファインジャパン（仙台市、エンジェル54名）、③アクシム（郡山市、エンジェル３名）、④エンゼル証券（大阪市、エンジェル９名）、⑤エル・エイ・ビー（大阪市、エンジェル６名）、⑥イズミソフトサービス（大阪市、エンジェル１名）、⑦エフエードットコム（東京都渋谷区、エンジェル20名）、⑧デューン（鳥取県八頭郡、エンジェル18名）、⑨マイクロバイオ（仙台市、エンジェル12名）、⑩ワールドビジョン（東京都渋谷区、エンジェル７名）、⑪エコ・リファインジャパン（前掲②が再度「確認」を受ける、エンジェル８名）、⑫サウンドグラフィックス（東京都品川区、エンジェル７名）、⑬ケーソフトエンタープライズ（東京都世田谷区、エンジェル２名）、⑭日本システムバンク（福井市、エンジェル23名）、⑮ビーロード（金沢市、エンジェル３名）ということで、重複を避けて計算すれば、総計14社（エンジェル数179名）となっている。

⑾　日本経済新聞朝刊（2001年12月14日）

⑿　前掲注⑼で紹介を受けたのが（社）中国地域ニュービジネス（ＮＢＣ）協議会であり、２ヶ月に１度の割合で、ベンチャー企業と投資家のマッチングの場を設定している。また

筆者のヒアリングによれば、九州エリアでも九州地域ニュービジネス協議会で同様の動きが見られる。

なお、(社)中国ＮＢＣおよび九州ＮＢＣのホームページは次の通りである。

http://www.cnbc.or.jp/ 、http://www1.i-kyushu.or.jp/qshu-nbc/

(13) 三和総合研究所の「ベンチャーコラム」に本文中のような意見が掲載されている。詳しくは、http://www.rbw21.com/COLUMN/2000/c000516.htmlを参照されたい。

(14) まったくのアイディアレベルではあるが、本文中で述べた「税制適格であることの付帯書」について、公認会計士や税理士が「付帯書」を発行後、税理士会等に四半期に一度くらいの頻度で「当該企業名」の報告を（彼らにとってのメリットは別途考える必要があるが）義務付けるようにすれば、一般投資家から見て「エンジェル税制の適用を受けることのできる企業群」のリストが作成可能である。いずれにしてもここでは、企業・一般投資家双方にとって行政に「届出」をしなければならないという実務上の煩雑さを解消し、民間部門を主語において自由な経済取引（出資等）を活発化させる仕組みを構築することの重要性を指摘しておきたい。

(15) 加藤寛「官に頼らず官を恐れず」『新しい日本のかたち』実業之日本社（1998）97頁。

(16) 「市場メカニズム」重視の流れの強まりは、政策誘導手法としての「税制」が、その存在感を増していることと無関係ではないと筆者は考える。

すなわち、市場メカニズムとは、市場に参加する個々の活動主体の「利潤達成意欲（利己心）」を競わせる側面を持っている。個々の活動主体として考えられるのは企業や個人であり、企業の場合は「利潤」を追求し、個人の場合は「所得」の向上を求めて活動する場が“市場”に他ならない。税制は、企業の利潤・個人の所得に影響を与えるものであるから、より自由で激しい競争が求められる昨今においては、個々の活動主体の「利潤達成動機」が一層刺激され、それに影響を及ぼす税制も、自ずと“市場”において重要な位置を占めるに至っていると考える。

以上のような考え方に関しては、実証的に分析する必要があり、これは筆者の将来的な研究課題の１つとしたい。

(17) 例えば、市場で引受け手のない企業の社債を政府（日銀など）が購入し、当該企業の資金繰りに協力したと仮定する。本来、この企業は、市場によって淘汰されるはずであるが、政府の当該措置によって延命することになる。当該企業が製造業の場合、その設備は温存され、当該企業が属する業界全体として見た場合の、各社の設備の総和は、一定水準を保ったままとなる。競争力のない企業は本来、淘汰され、その設備は廃棄されて、業界全体としての設備の総和が減少し、“市場”における需要と供給の均衡がとれるはずのものが、当該企業が救済されてしまうと、需要と供給のバランスが崩れ、本来、勝者に回る企業の、得られるはずの利益を減少させてしまう。こうした限界企業の救済は、市場における公正な競争を行っている他の企業群にとってモラル・ハザード（まじめに経営するより政府に依存した方がよいとする考え）をもたらすおそれが強い。

⒅　中前忠『十字路』日本経済新聞夕刊（2001年10月31日）

⒆　青木昌彦『あすへの話題』日本経済新聞夕刊（2001年９月14日）

第3節　むすび

「高度規制型」と「成熟市場型」という作業仮説を用い、企業課税（政策）と企業行動の関連をいくつかの分野において実証的あるいは歴史的に検証し、「成熟経済下における政策税制のあり方」を明らかにする。これが本書で行ってきたことである。

このような作業で期待されたのは、「政策税制」研究、ひいてはそれを包括する「経済的インセンティブによる政策実現」研究の新たな展開に資すること、さらには、マーケット・メカニズムがいっそう重要視される昨今において、政策立案者に対して、現行税制に修正を加える、あるいは新規に制度を起案する際の含意（implication）を与えることである。

筆者は、研究開発投資促進税制に代表される法人税関連の租税優遇措置の活用実態把握（第2章）や、産業再生政策における産業再生関連法に関する租税優遇措置の歴史的考察（第3章）、ならびに所得税におけるフリンジ・ベネフィット非課税の実態把握（第4章）などを通じ、政策誘導の1つの手段として用いられる税制が、社会的状況の変化によって、企業および経済に及ぼす影響の変容を考察した。

そこから得られた結論は、以下の3点である。

① 政策立案者は、「高度規制型」と「成熟市場型」のGapを認識して、現行制度を補正するべきである（あるいは新規に政策を立案する場合でも、そうしたGapを意識して制度を構築する必要がある）。

② 政策立案者は、現代がまさしく「市場重視」の時代であることを認識し、民間（企業・個人）の「潜在的競争力」の伸長を支援するべきである。

③ 政策立案者は、①で指摘したGapの認識および今後（成熟経済下において）「効く」制度作りのために、市場の“Voice”を聞き続けることが必要である。

すなわち、正確な事実認識が正確な判断を生むという意味においても、政策立案者が、民間（企業・個人）の「意思のありか」をつかむことの重要性を指摘し、「経済の内側（個々の企業・個人の意思）」から「法律・制度」を見るという、政策立案者にとって必要な「視点の移動」を提言した。

それにしても全体を回顧すると、筆者がなしてきた作業は、政策税制、ひいては経済的インセンティブによる政策実現を対象とした分析のうちの、ほんのとっかかりに過ぎない。

例えば、いくら現代が「市場重視」の時代であるとはいえ、国家としては「マーケットのあり方」にまったく無関心ではいられず、成熟経済下における「政府と市場」の理想的な関係（距離感）を探るうえで、「税制の果たし得る役割（機能）」は何かといった点である。また、法人に対する租税特別措置だけでも項目数で80近く存在し、所得税や法人税に関する実務上の運用の基礎となっている「通達」も膨大な数にのぼる。これらの一つひとつについて、成熟経済下における「目的合理性と手段としての合理性」の検証が必要である。

このように、今後において要求される作業領域は、理論的にも、また実作業としても広大であり、説明しなければならないことは数多い。この点を反省の糧として、本書を出発点に、今後も「成熟経済下における政策税制のあり方」をより深く、広く追求していきたいと考えている。

本書が、法政策、法律と経済（経営）の関係の研究に一石を投じ、今後活発な議論がかわされることを期待したい。また、本研究での発見や議論が、現行の政策税制の修正や新規の制度創設に際して、検討の１つの材料となることを願わずにはおかない。

索　引

■あ　行

■か　行

■さ　行

■た　行

■な　行

■は　行

■ま　行

■や　行

■ら　行

著者紹介

井上(いのうえ) 喜文(よしふみ)

1969年　兵庫県姫路市生まれ
1987年　淳心学院高等部卒業
1991年　神戸大学経営学部卒業
同年　松下電工株式会社入社(93年から故・三好俊夫 同社社長／会長秘書)
1996年　神戸大学大学院 経営学研究科博士前期課程修了
修士(経営学)
1998年　神戸大学大学院 法学研究科博士前期課程修了
同年　税理士登録(近畿税理士会 東住吉支部所属)
2002年　神戸大学大学院 法学研究科博士後期課程修了
博士(法学)

現　在　松下電工株式会社勤務

税制再建(ぜいせいさいけん)——成熟経済下(せいじゅくけいざいか)における政策税制(せいさくぜいせい)のあり方(かた)

2002年5月25日　発行

著　者　井上(いのうえ)喜文(よしふみ)
発行者　成松丞一
発行所　株式会社　清　文　社
URL：http://www.skattsei.co.jp
大阪市北区天神橋2丁目北2－6（大和南森町ビル）
〒530-0041　電話06（6135）4050　FAX06（6135）4059
東京都千代田区神田小川町3の4（三四ビル）
〒101-0052　電話03（3291）2651　FAX03（3291）8663
広島市中区銀山町2の4（高東ビル）
〒730-0022　電話082（243）5233　FAX082（243）5293

印刷・製本　大村印刷株式会社

ISBN4-433-27982-X〈O-K〉